武陵文库
民族学研究系列

U0624947

土家族历史文化散论

黄柏权 著

中国出版集团
世界图书出版公司
广州·上海·西安·北京

图书在版编目（CIP）数据

土家族历史文化散论 / 黄柏权著. -- 广州：世界图书出版广东有限公司，2014.4（2025.1重印）
ISBN 978-7-5100-7802-6

Ⅰ. ①土… Ⅱ. ①黄… Ⅲ. ①土家族－民族历史－中国－文集②土家族－民族文化－中国－文集 Ⅳ. ①K287.3-53

中国版本图书馆 CIP 数据核字(2014)第 062503 号

土家族历史文化散论

策划编辑 胡一婕
责任编辑 翁 晗
封面设计 陈 璐
投稿邮箱 stxscb@163.com
出版发行 世界图书出版广东有限公司
地　　址 广州市新港西路大江冲25号
电　　话 020-84459702
印　　刷 悦读天下（山东）印务有限公司
规　　格 787mm × 1092mm 1/16
印　　张 19
字　　数 400 千
版　　次 2014 年 4 月第 1 版　　2025 年 1 月第 3 次印刷
ISBN 978-7-5100-7802-6/C·0036
定　　价 88.00 元

《武陵文库》编委会

总 序

李绍明

武陵山是一地理学名词，指我国南部一座山脉，其来源与汉代于此置武陵郡有关。起始于贵州苗岭山脉，武陵系其支脉。发源于梵净山(主峰 2494 米)，盘亘于渝湘之乌、沅二江之间，入湘蔓延于澧水之南，止于常德县西境，平均海拔 1000 米左右，为乌江、沅江、澧水分水岭，呈东北——西南走向。

武陵山区一带的民族，在汉代统称武陵蛮，主要指今恩施土家族苗族自治州及湘西土家族苗族自治州一带的先民。东汉至宋在沅水上游五溪地区的又称五溪蛮。

武陵郡始置于汉代高帝时，治义陵(今湖南溆浦南)，辖境相当于今湖北长阳、五峰、鹤峰、来凤等县，湖南沅江流域以西，贵州东部及广西三江、龙胜等地。东汉时移至临沅(今常德西)，其后辖境缩小。唐改朗州，又复置武陵郡。宋置朗州武陵郡，寻废。总之，历史上的武陵郡这片区域即今恩施州南部、宜昌市南部、常德市南部、张家界市、湘西州、怀化市大部、铜仁地区、原黔江地区东部这一大片区域。武陵应先有郡名，然后有山名。

现今上述地区主要聚居的少数民族为土家族、苗族、侗族。除此，还有一些其他少数民族诸如白族、瑶族、布依族等等。当然，汉族仍是此区人口众多的民族。

武陵地区的民族皆有悠久历史，而且世居该地多年，为开辟这片土地贡献甚大。学术界一般认为土家族族源与古代巴人有关，苗族族源与古代苗蛮人有关，侗族族源与古代百越人有关。如今武陵地区完整地具有汉藏语系之下的四大语族的民族，即汉语族的汉族，藏缅语族的土家族，苗瑶语族的苗族、瑶族，以及壮侗语族的侗族。此四大语族下的这些民族长期在此互动交融，形成既有分又有合，你中有我、我中有你的局面，这在其他地区较为罕见。

在今天的武陵地区，一般而言，土家族主要居于北部，苗族主要居于南部，侗族主要居于更南部。当今除土家、苗族的自治州、县外，侗族有芷江、新晃、玉屏、靖州、通道、三江、龙胜、通道等单独或联合的自治县。元明清时期，土家族有较大的土司，完整的政权形式；苗族仅有较小的土司及不甚完整的政权，侗族有一些中等土司，政权较完整。从民族互动而言，长期以来，土家与苗关系密切，尤其是魏晋以来，盘瓠种人多势众，故中原人以为武陵、五溪皆为盘瓠种的人群。而元明以来，由于中央王朝"以夷制夷"，多以土家土司以统苗众，至于侗与土家亦有密切关系，自五代宋末以来，一些侗族土司北上统治了武陵南沿一些地带，长此以往，有一些亦融合于土家之中。还有一个更大的历史背景，即明末清初武陵地区改土归流，废除"蛮不出峒，汉不入境"限制。土家地区大量吸收了汉文化。而苗因居深丘，原社会经济较为特殊，受汉文化影响较少，其民族特色保留较多。惟有侗族所受汉文化涵化，介乎二者之间。不如土家，而较苗民为深。

若就文化多样性而言，武陵地区三大少数民族文化亦各有特色。土家、苗、侗均有自身独特文化，但此三族的文化又有相互交融的现象。且呈现出地域不同的变异，武陵地区有三条江穿流其间，鄂西的清江，湘西的沅江，黔东北和渝东南的乌江，此三江流域所在的三族既有民族的共同性，又有地域的差异性。比如，土家族所谓"北跳丧，南摆手"。即以清江与沅江(含酉水)流域有所区别，而乌江流域，尤其是酉阳、秀山一带，既有摆手，又有跳丧。在原黔江地区与鄂西地区，土家与苗互通婚姻，彼此界限愈模糊，只有从姓氏方面遗留一些痕迹。唯有湘西腹心地区的土家族与苗族文化特色较为突出。

武陵民族文化研究，可以从多学科多视角出发，仅以一级学科的民族学和社会学(含二级学科的人类学)而言，基础研究仍然相对薄弱。20余年来，可以说武陵民族地区的民族学、人类学研究已经步入正轨，但相对而言，基础研究仍然不够。比如，迄今为止仍无此区域宏观的民族志著作，仅有一些中观或微观之作。即令如此，能够称之为范式的民族志或民族学、人类学著作，仍然不多。基础研究十分重要，涉及学科的根本，也涉及对这一区域科学认识，一切均应从此入手。否则，其成果即成无本之木或无源之水。个人认为，这是武陵民族区域研究仍须注意之点。

其次,许多学科均有其应用部分即学以致用。民族学、人类学尤其如此。民族学研究对象是民族及其文化,人类学中的文化人类学(社会人类学或社会文化人类学),着重于民族文化传承与调适研究,在这方面大有用武之地。近期国家倡导物质与非物质文化遗产的保护,是我国建设有中国特色社会主义进程中刻不容缓的事。带有抢救性质,是传承民族文脉的大事。今后仍须努力。当然,社会主义经济建设、政治建设、文化建设、社会建设,还有许多现实的重大课题。这在武陵民族地区都需要大家不断努力。

三峡大学是武陵民族地区的一所高等学府,面对中部崛起的大好机遇,肩负着更好地服务于地方经济文化建设的重任。该校武陵民族研究院组织编辑出版武陵文库,是一项系统的文化工程。武陵文库从多角度、多层面展示武陵地区调查资料和学术成果,以便让外界进一步认识它,了解它,支持它的发展。同时对推进武陵民族地区的学术研究和民族学科建设,具有深远的现实意义。

总之,武陵地区从民族学、人类学的角度而言,是一个富矿。希望有识之士发挥自己的聪明才智,对其进行深入研究和探讨,在不久的将来会有更多的精品力作问世!

目录

历史拷问

信仰研究

文化探微

研究综论

歷史拷問

关于土家族形成时间问题的讨论

关于土家族形成的时间问题经过几十年的研究，目前仍是众说纷纭，难以取得一致意见。因此很有必要对各种观点进行讨论，取其科学合理的说法。

最早对土家族的族称和土家族形成时间进行研究的是著名学者潘光旦先生，他在《湘西北的"土家"与古代的巴人》一文中分析了"土"、"土家"称呼的来历，他认为，"土家"之"土"，导源于"土龙"之"土"，"土龙"的子孙自然是"土人"或"土家"了，"土龙"源于"土龙地主"，是江西进入的彭氏为稳固统治采用的一种手段。据潘先生考证，"土兵"之称第一次见于文献记载是北宋宝元二年(1039年)(《宋史》卷493)，"土人"的记载是南宋绍兴四年(1134年)(《宋史》卷494)。"土家"之称则见于近代这一带的地方志。最后，他指出：经过一个比较长的时期，"土龙"之说算是发生了作用，也可以说，从这时候起，湘西北的人成了"土家"。潘先生虽然没有明确说出土家族的形成时间，但联系前文的考论，可以窥视"土家"形成于宋代的构想。

自潘光旦先生提出以上观点后，1981年编写的《湘西土家族》、1983年编写的《鄂西土家族简史》、1986年出版的《土家族简史》都沿袭了潘光旦先生的说法，普遍认为从宋代起文献里出现了"土兵"、"土丁"、"土人"的记载，并未明言土家族的形成。

对土家族形成时间的研究是伴随着土家族的历史问题，特别是族源问题的讨论而广泛展开的。1983年9月，湘西土家族苗族自治州人民政府组织了有史以来土家族研究第一次规模巨大的学术讨论会，不少学者就土家族的族源和土家族形成的时间等问题发表了许多新的见解，从此，开启了对土家族形成时间问题的讨论。

一、土家族形成时间的八种观点

第一种观点认为是巴文化时期。渔君在《巴文化研究与民族形成浅议》一文中，充分运用考古资料和文献资料，结合摩尔根和恩格斯关于民族形成的理论，认为巴文化早在原始社会末期已经形成，早期巴文化是一个稳定的连续性较强的民族文化，已与同时代、同地域的早期楚文化有了区别。随着巴文化的形成和连续不断地发展，已形成了自身的地域、自身的文化、共同的经济生活和自己的语言，以及不太健全的文字。“由于部落联盟和军事民主制的建立，除了可以保护本部落的生存外，更主要的是能使部落有了一个更大的、更稳定的地盘。地域范围的相对稳定，人们之间的信仰和心理素质也更趋一致，这样同一地域、共同语言、共同经济生活以及表现为共同文化上的共同心理素质的民族条件就具备了”[1]。虽然作者表述得不是很明了，但隐含的观点很是清楚。

第二种观点认为是春秋战国时期。已故学者杨昌鑫先生在对汉代说、唐末五代说、宋代说等观点进行否定后指出：在原始社会末期，阶级社会萌芽——廪君时代，土家族共同体业已形成，但是属最初类型，还极不稳固，民族四个特征虽初步具备，但是还极不完善、显著。按照马克思关于民族形成由低级向高级发展的理论，土家族从低级向高级发展的过程始于周，终于秦。即是说，春秋战国时期是土家族形成民族稳固共同体时期，这一时期，民族四个标志完全形成，并加入到中华民族成员的行列中。其理论依据是恩格斯、马克思关于民族形成的理论。其论据是：从周至秦民族聚居的共同的固定的地域逐渐形成；以巴人为核心为主体的新型共同体形成；经过融合、集结，表现在土家族民族文化特点上的共同心理素质形成；以巴语为民族共同语言的语言特征形成；在共同的聚居区内，形成了共同的经济生活[2]。

第三种观点认为形成于汉朝。祝光强先生在《对若干土家族史问题的探讨》一文中指出：“民族的形成，只能按照斯大林同志所阐述的‘四个共同’为标准。”其论据是：有其基本相同的语言；秦汉时，这里的少数民族首领多次率众反抗朝廷，并取得过胜利；容美土司王田舜年所著的《容阳世述录》有“自汉历唐，世守容阳”等语；唐末彭氏进入湘西后被“土化”了。据此，作者认为“上述事实说明，早在汉朝这里的人们就形成了一个具有四个特征的，比较稳定的共同体了。”[3]

第四种观点认为形成于唐朝中叶。彭南均先生认为：“土家族先民融合了其他氏族、部族和部落联盟，历经各个历史朝代，约在唐代中叶，基本形成了具有共同语言、共同地域、共同经济生活、共同文化以及反映在文化上的共同心理素质的稳定的人们共同体。”其理由是：土家族自古就居住在湘鄂川黔边，有一个安定的聚居区；他们有共同的经济生活；唐代中叶已具备和使用共同的交际、交流思想的重要工具——土家语；土家族的共同文化在唐代中叶已经形成。所以“从土家族的民族特征，可以看出它是一个古老的民族；从时代特征来看，它在唐代中叶已基本具备了形成一个民族的内因和外因。”[4]

第五种观点认为形成于五代以后。《中国少数民族》说：“可以断定，大约自五代以后，湘鄂地区土家这一稳定的人们共同体，开始逐渐形成为单一民族。”[5]彭善坤等也支持这种观点，他在《土著先民——土家族的主体》一文中，根据保靖县的历史沿革、出土的文物、族谱等论证了土家族是当地土著先民融合了外来部族成员形成的，形成的时间与《中国少数民族》一书的说法相一致[6]。持这种观点的人没有过多的发挥和论证。

第六种观点认为形成于唐宋以后。伍新福先生在《关于土家族历史研究述评》一文中说：“但一般并不完全否认江西吉安人是唐宋以后所形成的今天土家族的一个组成部分。”[7]伍先生是借用了崔蜀远的说法，也未展开论述。

第七种观点认为形成于宋代或两宋。《黔江土家族苗族简况》一书说：“到了宋代，原对土家族先民以‘巴’、‘賨’、‘夷’、‘蛮’的称呼逐渐减少，而‘土兵’、‘土丁’、‘土人’等称谓开始出现。这些冠以土字称谓，应是专指土家族而言的，是为了区别与之比邻的苗族而出现的。可以说，在此时期，川鄂湘黔比邻地区的土家族，逐渐形成了一个比较稳定的人们共同体。”[8]这种观点引用了《土家族简史》（初稿）的说法。1986 年正式出版的《土家族简史》仍然沿用了初稿的说法。[9]支持此种观点的人较多，陈奇文先生在《再谈土家族形成的时间问题》中说：“我认为，两宋时代土家族体已经形成。”[10]并以充分的理由论证了他的观点，否定了秦汉说、清朝说，他认为：两宋时，土家族体已相当稳定，而且形成了具有相当规模的人们共同体；土民各酋长所辖地区，立柱结盟，构成一个整体；民族经济生活共同体已形成；土客的界限非常明显。因此，两宋时，土家族已经形成。持这种观点有刘美崧、余军等。[11]

第八种观点认为形成于土司制度时期。伍湛在《土家族的形成及其发展轨迹述论》一文中说：“如果说从周秦至唐宋（公元前四世纪前后至公元十二世纪）这一千六百年是我国土家族的初期（亦即萌芽期），那么，从元、明到清初雍正年间(公元十三世纪中叶)历时四百余年,则是土家族的定型期。”[12]胡挠和刘东海二位先生也支持此种说法,他们认为,居住在湘鄂川黔边区的巴人,由于大山的阻隔,交通极为不便,与外界基本处于隔绝状态;又由于在羁縻州和土司制度时,土司与土民大多数是同一民族,故民族语言、风俗习惯以及心理素质得以长期保存,因而没有被汉族融合,终于形成一个单一民族体。[13]

以上八种说法各有各的依据。有的论据十分充分,如杨昌鑫先生的“春秋战国说”,彭南均先生的“唐朝中叶说”,陈奇文先生的“两宋说”,伍湛先生的“土司时期说”都有详细的考论,理由也很充分。“唐宋以后说”、“五代以后说”实际上很宽泛,可以纳入“两宋说”。上述各种说法基本上反映了土家族形成时间研究的大致情况。

二、产生分歧的原因分析

1. 对马克思主义民族形成理论运用和理解的差异

从以上各种观点的论据可以看出,几乎每一个论者都运用了马克思主义关于民族形成的理论。一些人运用的是恩格斯、马克思的说法。“巴文化时期说”的论者就依据了摩尔根和恩格斯的理论,他分别引用了摩尔根在《古代社会》和恩格斯在《家庭、私有制和国家的起源》的说法。摩尔根说:“在氏族制度下,民族尚未兴起,要等到同一个政府所联合的各部落已经合并为一体,就像阿提卡的雅典人四个部落的合并,斯巴达的多利安人三个部落的合并,罗马的拉丁人和萨宾人三个部落的合并那样,才有民族兴起。”[14]恩格斯说:“最初本是亲属部落的一些部落从分散状态中又重新团结为永久的联盟,这样就朝民族的形成跨出了第一步。”[15]由于摩尔根和恩格斯都表达了部落联盟是民族形成的基础或第一步的意思,所以,早期巴文化时期已具备了这一条件,当时,廪君使其他四个氏族或部落臣服,建立了部落联盟,而联盟的建立,使部落有更大更稳定的地盘,地盘的稳定又使人们信仰和心理素质更趋一致,这样同一地域、共同语言、共同经济生活以及表现为共同文化上的共同心理素质的民族条件就具备了。[16]不仅运用了摩尔根和恩格斯的理论,还运用了斯大林对民族形成条件的论述。

如果说“巴文化时期”的论者的论述还比较含混不清的话,那么“春秋战国说”论者则明确、肯定。杨昌鑫先生在论述其观点时也是依据恩格斯和马克思的话语。恩格斯说:“劳动本身一代一代地变得更加不同、更加完善和更加多方面。除打猎和畜牧外,又有了农业,农业以后又有了纺纱、织布、冶金、制陶器和航行。同商业和手工业一起,最后出现了艺术和科学,从部落发展成了民族和国家。”[17]马克思说:“物质劳动和精神劳动的最大一次分工,就是城市和乡村的分离。城乡之间的对立是随着野蛮向文明过渡、部落制度向国家过渡,地方局限性向民族的过渡而开始的。”[18]杨昌鑫先生认为,根据马克思主义民族形成理论,土家族形成的历史就应追溯到巴务相与黑穴四姓结盟的廪君时代,廪君“君乎夷城,四姓臣之”表明已出现城乡分离,阶级分化,部落制度已向国家过渡,形成民族的阶级社会。他进一步说,依据马克思主义民族形成理论,民族有从低级到高级阶段发展的过程,土家族形成也有这样一个过程,所以“在春秋战国时期,为土家族形成民族稳固共同体时期。”[19]在民族形成的时间上采用了马克思的说法,而在民族形成的问题上则以斯大林关于民族的定义为依据。

祝光强先生在论述土家族问题形成时开宗明义地指出:“民族的形成,只能按照斯大林同志所阐述的‘四个共同’为标准。”“所以这‘四个共同’是相辅相成,缺一不可的关系。分析土家族的形成,只能按这个标准来进行。”根据这个标准运用史料论述了土家族共同语言、稳定共同的形成时间,但他最后又指出:“马克思、恩格斯提出的这个论断,即阶级社会在湘鄂川黔边区确立之日,就是土家族形成之时。”[20]最后还是把马克思关于民族的产生、形成的论述作为立论的依据。

另一些学者则完全依据了斯大林关于民族的定义。彭南均先生在提出“唐朝中叶说” 时指出:“民族的形成, 各民族有它自己的时代特征和民族特征,我们既不能生搬硬套斯大林关于民族的定义,又不能完全地抛弃民族形成的条件。”“我们以土家族先民于唐代中叶已具备共同地域、共同语言、共同经济、共同文化及其共同心理素质等基本条件,作为民族形成的依据,是可以成立的。”[21]虽说不生搬硬套,在论述时则完全是按照斯大林关于民族形成的条件框定。

陈奇文先生在论述其观点时说，要弄清这个问题必须首先解决弄清这个问题的前提条件，第一，对斯大林同志关于民族的定义要有一个全面的理解，要突出“四个基本”和“稳定的共同体”。“四个基本”讲的是“由所有这些特征结合而成的”，就是要综合起来观察，不能硬套；“稳定”讲的是这个“共同体”长期发展在四个方面的综合因素比较稳定才能形成民族。根据他对斯大林关于民族定义的理解，他认为两宋时，土家族体已相当稳定，形成了一个共同的政治、经济、文化生活的实体，也逐渐产生了共同的心理素质、文化艺术、风俗习惯，共同经济生活也已形成，并且土客的界限十分明显。[22]依然用了斯大林的说法。

“土司时期”论者虽然没有明显提出运用谁的理论，但在提出自己的观点找依据时，仍然忘不了套用斯大林关于民族形成的几个条件。如胡挠、刘东海先生认为，在羁縻州和土司制度下，土家族已成为一个稳定的共同体，民族语言、风俗习惯以及心理素质得以保存，终于形成了一个单一民族。[23]马克思、恩格斯是以原始族群为研究对象的，所以得出了民族是原始社会末期形成的结论；而斯大林是以资本主义民族，主要是从20世纪初俄罗斯族群和沙皇俄国的实际情况为研究对象，提出了关于民族的定义。研究土家族形成的学者由于有的以马克思、恩格斯的说法为依据，有的又以斯大林的论述作标准，于是导致了在土家族形成时间问题上的不同说法。

2. 族源认识上的差异

探索民族的形成过程，必然要涉及族源问题，由于土家族的族源众说纷纭，莫衷一是，也影响了对民族形成时间的不同看法。如“春秋战国说”的论者，虽未明显地提出巴人一元论，但按其“廪君时代，土家族共同体业已形成”的说法，实际上巴人就等于土家人，土家人就源于巴人。在后面的论述中又进一步说道：“从周至秦，濮、賨等这些少数民族大解体、大分化、大融合，但都融入到强大的巴族之中，结成了新的稳固的民族共同体——土家族。”[24]濮就是巴，徐中舒先生在《巴蜀文化续论》中说：“巴、濮的上层部族虽然不同，但是他们的人民，原来都是江汉平原上农业公社的成员，他们本来就是一家。”[25]賨即是巴人，因巴人的赋税叫“賨”，所以巴人又称“賨人”。这种融合只不过是巴人的不同支系而已。正因为土家族由巴人发展而来，所以主张这种观点的人就把春秋战国时期巴人相关的记载装入斯大林关于民族形成的四个标准框架中，四个框中有了内容，民族形成的条件就成熟了。

又如“宋代说”在族源上多为多元说论者。如刘美崧先生认为，“蛮蜒”是土家族的主流，在其发展过程中，先后有濮人、楚人、巴人等其他部族不断加入，经过长期杂居共处，汇集众多源流，才融合和发展为宋代以后的土家族。[26]时间形成得越晚，民族的互动越多，所以在族源上必然呈多元性。因此，从对土家族形成时间的各种观点看，越往前，基本主张单一巴人说；把土家族形成定在唐以后的学者多主张多元说。由此可见，族源认识上的差异也是造成土家族形成时间问题争议的原因之一。

3. 对土家族社会发展进程认识上的差异

任何民族都有自身发展的历史及其发展规律，土家族也不例外。由于对民族发展进程的认识不同，也会导致对民族形成时间认识上的差异。如“巴文化时期”论者和“春秋战国说”论者就以为廪君时代巴人就开始从原始社会向阶级社会过渡，土家族已形成。“秦汉说”的作者则认为，秦汉时，阶级社会在湘鄂川黔边区确立，土家族形成。“唐朝中叶说”的作者认为，唐朝土家族地区已建立了封建领主制经济，按照马克思主义民族理论，在唐代中叶，土家族初步形成为一个封建时代的民族。[27]主张“两宋说”的陈奇文先生则认为，古代巴人有几个发展阶段，一是氏族时期，即指巴氏一姓形成的群体；二是部落时期；三是部族时期，即巴子国时期。而土家族是居住在湘鄂川黔一带以巴人为主体融合其他部落如濮、奴、獽、蜒以及当地土著部落长期演化而形成的人类共同体。只有弄清巴人与土家族的联系与区别，才能弄清土家族的族源及形成时间。正因为巴人至土家有一个历史发展阶段，所以宋代才完成土家族的形成。[28]伍湛先生则认为元明清土司制度的推行，使土家族社会从奴隶制生产方式迅速转化为封建制生产方式，由奴隶制经济发展到封建领主制经济，在这一转变过程中，土家族也由一个不稳定的人们共同体变成了一个相对稳定的人们共同体，由“蒙昧民族”、“野蛮民族”进而为文明民族。[29]可见，由于学者们对土家族社会历史的进程认识上的差异，也导致了对土家族形成时间的分歧。影响土家族形成时间不同看法的因素除以上所举外，还涉及对族称的理解、对材料的运用等方面的差异。其中最关键的是对马克思主义理论的运用和理解问题。

三、关于土家族形成的认识

从以上讨论的情况看，几乎所有的学者在论述土家族形成时都运用了马克思主义民族形成理论，特别是斯大林关于民族的定义。毫无疑义，马克思、恩格斯关于民族的形成和斯大林关于民族的定义，对确认土家族及其形成时间具有重要的指导作用，如1982年4月24日，由国家民委发布的《湘鄂川黔四省边境邻近地区部分群众恢复土家族成分工作座谈会纪要》就指出："会议认为，早在1956年，根据斯大林关于民族形成的四个要素结合土家族的实际，已经确定了土家族是单一的民族，现在不存在识别问题。"[30]但是，也可以看到，在运用和理解时生搬硬套的做法很普遍，为了说明土家族在某个时代已经形成，便想方设法找四个因素存在的理由。如关于语言因素，渔君先生为了说明早期巴文化时期已具备了民族形成的四大要素，便认为"从巴蜀图语中，我们认为巴人有其自己的语言，并且还有不太健全的文字。现在的巴人后裔土家人的语言仍然存在不少古代巴人的语言因素。"[31]所谓巴蜀图语最多只能是一种不成熟的文字，怎么能说是巴人的语言呢？既然巴文化时期已形成了民族，怎能用今天的土家语去证实古代巴人的语言呢？杨昌鑫先生也说："从周至秦期间，巴、濮……等民族部落和氏族之间，在融合结为新的民族共同体过程中，在生产、生活中彼此间交流思想感情，交往联系，必然要形成共同相通的语言，并进一步发展为共同的民族文字。这个共同的语言则是古巴语。现今土家族语言，则是古巴语的连续。"[32]

在历史上是否存在过巴语？巴语是否与土家族有连续性？本身就很难说，非得说春秋战国时期有这种语言，从而成为构成民族的要素，以论证民族的形成。祝光强先生为了论证自己的观点也认为："从土家族语言看，湘鄂川黔边接壤地带是土家族赖以生存的共同地域。湘西土家语称土家为'备基卡'，鄂西土家语称土家为'贝锦卡'，川东土家语称土家为'比兹卡'，相距千里，其语言基本相同，说明这个地域是由一种共同的语言联结在一起的。……我们虽然说不清楚土家语在这一地域成为共同语言有多么长久，但是，起码可说已决不止于宋代。"[33]尽管拿不准土家语什么时候形成，但还是要用今天知道的土家语去说明汉代的事情，否则，民族形成的四大要素就不具备。彭南均先生为了论述土家族形成于唐代中叶的观点，也采用同样论证办法："土家族先民在唐代中叶已经具备和使用共同交际，交流思想的重要工具——土家语。由于没有文字记载，语言的状况无从可考。但是，从土家语现状可以推断，如果当时没有共同的语言，便不可能进行交际，也无法组织生产，更无法维持社会生活。"[34]在唐代，土家族有没有统一的语言，也只能推测。不仅在语言要素上如此找依据，在共同地域，共同经济生活，共同心理素质上同样如此。这样做的结果，导致材料运用的牵强和失实，论据就站不住脚。

因此，在讨论土家族形成问题时，要用全面的发展的实事求是的观点运用马克思主义的理论。解放以后，我国理论界就民族的定义问题进行多次讨论，学者们发表了各自的见解。在这些见解中，何润先生的观点比较适用于中国民族的实际情况，他说："民族是人们在历史发展到一定阶段形成有共同地域、共同经济生活、共同语言和文化、共同族体性格和族属意识的稳定的社会共同体。"[35]根据有关民族形成的理论，结合土家族历史发展的实际，似乎可以作如下定论：土家族初步形成于两宋，而最终定型于土司时期。理由如下：

第一，进入两宋以后，土家族聚居的武陵山区，再没有出现大规模的族群互动现象。长期在这一带活动的巴人和"蛮左"已稳定下来，即是五代时进入湘西的彭氏及百工之人已安定下来。同时，北宋初年，湘鄂川黔边蛮酋首领都先后臣服，宋政府在荆湖路设立了 18 个羁縻州，夔州路设 49 个羁縻州，还开始在来凤设散毛宣抚司，巴东郡设巴东安抚司，忠州南宾县设石柱安抚司。在羁縻州下，宋王朝采用"树其酋长，使自镇抚"的统治办法进行统治，[36]湘鄂川黔边土酋大姓彭、田、向、冉等不仅出任羁縻州知州，还授予各种虚衔，以示荣宠。同时还以恩信怀柔、加强军事控制等办法对土首豪酋加以控制，这些措施既密切了地方与中央政府的联系，也限制了大规模的人口流动，对促使民族共同体的形成提供了必要的外部环境。元、明、清三朝，在今土家族地区普遍设立土司制度，建立了数十个大小土司。土司制度下实行"蛮不出境，汉不入峒"的限制政策，明政府还在土司内地和土汉边缘区设卫所，加强控制。这些措施，更限制了人口的流动。整个土司统治时期，除中央政府征调和向中央政府朝贡的外出人员外，极少人员进出武陵大山，对进一步稳定湘鄂川黔边区宋代已形成的稳定的人们共同体起了十分重要的作用。按伍湛先生的说法，土司制度是土家族形成的“温床”。由于几百年的土司统治使土家族形成了十分稳定的族体，以至于雍正年间“改土归流”后的移民浪潮和近现代多次大规模的族群互动，也未能把土家族的民族特征冲刷融合掉。200多年后，中华人民共和国政府根据土家人民的要求和土家族仍具有的民族特征，将土家族确认为单一民族。

第二，宋朝开始，湘鄂川黔边的生产方式取得了突破性进展。宋神宗时，牛耕开始传入这一地区，随后，汉族地区的生产技术和工具也逐步传入，山地农业经济逐步代替采集和渔猎占主导地位的狩耕互济的原始经济生活。明朝以后，又逐步引进了适合山地种植的马铃薯和红薯，以后又引进了玉米，在土司统治时期山地农业经济最终在土家族山区确立其主导地位。在元、明、清土司时期，无论是使用的生产工具，还是耕作方式、农作物品种，在湘鄂川黔边都基本相同，手工业产品也初步形成自身的特色，如土锦、生活用具等。这可从明清时期的方志中找到许多记载。山地农业经济生活和手工业的发展为民间的交往提供了条件，它必然冲破采集、狩猎所形成的封闭，才可能对生产技术、作物品种、工具等进行必要的交流，交流交往的结果又为共同语言、文化心理素质、民族性格和自我意识的形成提供了场景。

第三，在长期生产、生活和交往中，湘鄂川黔边的“土人”逐步形成了民族的语言及其文化。两宋时土家语是否成熟定型，目前尚无强有力的证据，但是土司统治时期，土家语肯定成为族内通用的语言，这可以从族谱和方志上得到证实[37]。具有土家族特色的文化也已形成，如玩摆手、敬土王、相信土老司等等。

第四，民族的性格已经形成。土家族的民族性格是“悍而直”，这种民族性格在土司时期已经形成。如乾隆《辰州府志·风俗》卷14记载湘西北“土人”的性格时说：“崇尚朴素，负性刚劲。”同治《来凤县志·风俗志》说：“隶土籍者，悍而直。”正因为“悍而直”，才被明政府征调到东南沿海抗倭，并取得数十次战役的胜利。

第五，族属意识形成。族属意识即民族的认同意识和分界意识。早在宋代，土家族的分界意识已经出现。在此前对居住在湘鄂川黔边的少数民族一般称为“蛮”、“夷”，从宋代起，逐步用“土”代替，如“土兵”、“土丁”，不过这种称呼是中原文人对世居在这里的人群的一种认识，一种分界意识，民族的自我意识并不明显。在长达600多年的土司统治下，一方面，“土人”不但作为后来“土家”的专称，另一方面族群的分界意识更加明确，如《咸丰县志》说：“今就本县氏族列之，大致分土家、客家二种。土家者，土司之裔。……客家者，自明以来，或宦或商，寄籍斯土而子孙蕃衍为邑望族者也。”同治《利川县志》卷1说：“盖以马、向、覃、田、孙、冉、陈、黄八姓土家，故名八乡。”民国《永顺县志》卷6：“永顺隶楚极边，土人、苗民、汉人杂处。”这些改土归流后修的地方志所记载土司时期的情况应是真实可靠的。由于汉人的进入，土家与外来汉人“客家”、苗民的族际分界已很明确，毫不含糊，在外族的眼里看来，“土家”就是与其他族群不同。

与此相关联的是民族的自我意识也十分明显。土家族自称“比兹卡”，潘光旦先生认为“比兹”与“伏羲”有关联。到底从什么时候起土家人自称为“比兹卡”，目前还很难考证，但改土归流后，土家族文人自称“土家”的却不乏其人。同治年间贡生、永顺藉著名诗人彭勇行（1836—1893）一生中写了许多竹枝词，在这些竹枝词中，多处用到“土家”一词，如《古溪州》有“土家自古住溪州”句。彭勇行之胞弟彭勇功在《摆手》中写道：“新春摆手闹年华，尽是当年老土家，问到村人为何事，大家报赛土王爷。”又如无名氏《土家妇女》写道：“土家妇女善持家，日上东山夜织麻，莫笑小姑年纪小，机床学织牡丹花。”[38]知识分子是民族的精英，他们的意识在一定程度上可以代表人民的意识，这些清朝时期的土家族知识分子已明确意识到“土家”及土家文化的存在，表明民族的自我意识早已形成。由于此种自我意识的稳固性，以至成为中华人民共和国成立后，土家族人提出自己是“土家”，而不是“苗家”，要求中央调查确认民族成分的内在驱动因素。

以上认识，是在拜读了各位学人的论述后的一点思考，其目的是抛砖引玉，引起人们对土家族形成时间问题的关注和研究，以期取得一致的看法。

【参考文献】

[1]渔君：《巴文化研究与民族形成浅议》，载《民族研究》，1990年第1期。
[2]杨昌鑫：《对土家族民族共同体形成时间的再认识》，载《中南民族学院学报》，1999年第3期。
[3]祝光强：《对若干土家族史问题的探讨》，载《湖北少数民族》，1984年第4期。

[4]彭南均:《源远流长 正本清源——关于土家族的几个主要问题》,载湘西土家族苗族自治州民族事务委员会编《土家族历史讨论会论文集》,1983年12月内部印刷,第249页。

[5]马寅:《中国少数民族》,北京:人民出版社,1981年版,第554页。

[6]彭善坤:《土著先民——土家族的主体——从保靖的历史、文物探土家族源》,载《土家族历史讨论会论文集》,1983年,第506页。

[7]伍新福:《关于土家族历史研究述评》,载《土家族历史讨论会论文集》,1983年,第298页。

[8]黔江土家族苗族简况编写组:《黔江土家族苗族简况》,1984年7月内部印刷,第30页。

[9]土家族简史编写组:《土家族简史》,长沙:湖南人民出版社,1986年版,第10页。

[10]陈奇文:《再谈土家族形成的时间问题》,载《湖北少数民族》,1986年第3期。

[11]刘美崧:《试溯湘西土家族的族源》,载《土家族历史讨论会论文集》,1983年,第230页;余军:《试论土家族地区发展的两个主要阶段》,载《鄂西民族经济》(内部刊物),1999年第2期。

[12]伍湛:《土家族的形成及其发展轨迹述论》,载《贵州民族研究》,1986年第1期。

[13]胡挠,刘东海:《鄂西土司社会概略》,成都:四川人民出版社,1993年版,第10—11页。

[14]摩尔根:《古代社会》(上册),北京:商务印书馆,1997年版,第102页。

[15]恩格斯:《家庭、私有制和国家的起源》,载《马克思恩格斯选集》第4卷,北京:人民出版社,1972年版,第89页。

[16]渔君:《巴文化研究与民族形成浅议》,载《民族研究》,1990年第1期。

[17]《马克思恩格斯选集》第3卷,北京:人民出版社,1965年版,第515页。

[18]《马克思恩格斯选集》第3卷,北京:人民出版社,1965年版,第56页。

[19]杨昌鑫:《对土家族民族共同体形成时间的再认识》,载《中南民族学院学报》,1999年第3期。

[20]祝光强:《对若干土家族史问题的探讨》,载《湖北少数民族》,1984年第4期。

[21]彭南均:《源远流长 正本清源——关于土家族的几个主要问题》,载《土家族历史讨论会论文集》,1983年,第249页。

[22]陈奇文:《再谈土家族形成的时间问题》,载《湖北少数民族》,1986年第3期。

[23]胡挠,刘东海:《鄂西土司社会概略》,成都:四川人民出版社,1993年版,第11页。
[24]徐中舒:《巴蜀文化续论》,成都:四川人民出版社,1982年版,第98页。
[25]徐中舒:《巴蜀文化续论》,成都:四川人民出版社,1982年版,第98页。
[26]刘美崧:《试溯湘西土家族的族源》,载《土家族历史讨论会论文集》,1983年,第230页。
[27]彭南均:《源远流长 正本清源——关于土家族的几个主要问题》,载《土家族历史讨论会论文集》,1983年,第249页。
[28]陈奇文:《再谈土家族形成的时间问题》,载《湖北少数民族》,1986年第3期。
[29]伍湛:《土家族的形成及其发展轨迹论》,载《贵州民族研究》,1986年第1期。
[30]《土家族百年实录》(下册),北京:中国文史出版社,2001年版,第1185—1186页。
[31]渔君:《巴文化研究与民族形成浅议》,载《民族研究》,1990年第1期。
[32]杨昌鑫:《对土家族民族共同体形成时间的再认识》,载《中南民族学院学报》,1999年第3期。
[33]祝光强:《对若干土家族史问题的探讨》,载《湖北少数民族》,1984年第4期。
[34]彭南均:《源远流长 正本清源——关于土家族的几个主要问题》,载《土家族历史讨论会论文集》,1983年版,第247页。
[35]何润:《论斯大林的民族定义》,载《民族研究》,1998年第6期。
[36]《宋史》卷493《蛮夷列传一》。
[37]彭勃:《土家语研究及实录》,1998年内部印刷,第39页。
[38]彭勃:《溪州古诗录》,永顺县少数民族古籍整理领导小组编辑出版,1989年版,第1、43、24页。

(原载《湖北民族学院学报》2002年第2期)

土家族官兵抗倭事迹述略

明朝嘉靖年间的抗倭斗争是我国历史上第一次抗击外来入侵的伟大民族战争，以往的历史教科书和一些知识性读物在论述这一重大历史事件时，或称为"东南沿海人民的抗倭斗争",或称"戚继光、俞大猷领导的抗倭斗争"。其实这种提法有不周全之处。史书已明确记载,在抗倭斗争中,湖广士兵和广西俍兵在肃清倭患的战斗中起了十分重要的作用。如果把传统的提法改为"以东南沿海人民为主体的各族人民的抗倭斗争"或"戚继光、俞大猷等领导的各族人民抗倭斗争"更确切些。这对还历史真面目,对各族人民进行爱国主义教育,增强民族团结都具有重大的现实意义,充分体现了中华民族的历史是各族人民共同创造的,中华各族人民在反对外来入侵的斗争中总是团结一致的。为了阐述以上理由,将土家士兵在抗倭中的事迹陈述于后。

土家族是一个勇敢善战的民族,其先民巴人从参加周武王讨伐商纣王的战争开始,在历史上一直以勇猛著称。明朝中叶倭寇不断骚扰我国东南沿海,土家人民同仇敌忾,积极参加抗倭斗争,并取得了辉煌战果。

据《嘉靖东南平倭通录》记载,早在嘉靖三十二年(1553年)三月普陀山战役中就有土兵参加。嘉靖三十三年(1554年)正月,倭寇在攻陷江浙许多要塞后,又从太仓出发,劫掠苏州、松江,接着又攻陷嘉善、崇德等县。六月又劫掠嘉兴府,后撤退至柘林,倭寇来势凶猛,"纵横往来,若入无人之境"。[1]当时的浙江及江南总督王忬,面对倭寇的骚扰竟一筹莫展,朝廷在无可奈何的情势下,只得调李天宠为总督,并命兵部尚书张经总督江南军务。此二人上任后,即晓谕四方,大量征兵。据陈懋恒《明代倭寇考略》记载:"卫兵不足用,于是调各地客兵。调兵可考者,京营神枪手三千,辽东义勇卫虎头枪手三千,涿州铁棍手三千,河间府义尖儿手三千,……定保二司兵三万,容美等司兵一万,永顺宣慰司兵三千,保靖宣慰司兵三千。"[2]在征调的士兵中,容美土司兵一万名,应包括容美(今恩施土家族苗族自治州鹤峰县)土司兵及附近的九溪卫(今湖南慈利县)、桑植长官司(今湖南桑植县地)、麻寮所(今鹤峰和湖南石门县的一部分)等处的士兵,由宣府田世爵及其子田九霄、田九龙、田九章等率领。田九龙之岳父、桑植宣抚使向世禄也带兵参加,当时田世爵已是八十高龄。保靖宣慰司(今湘西土家族苗族自治州保靖县)兵三千人,由宣慰彭荩臣和彭翅率领,其时彭荩臣的儿子年仅弱冠也带兵参战。永顺宣慰司(今湘西自治州永顺县)兵三千人,由宣慰彭翼南及彭明辅、田菑、田丰等率领,其时彭翼南年仅十八,刚袭宣慰职,彭明辅已不在位。重庆酉阳士兵也应征前往。湘鄂西及渝东南土苗兵丁约三万多人开赴东南沿海抗倭。所以魏源在《圣武记》中高度赞扬了土家士兵的爱国热情,“调兵三千,辄以六千至,调兵六千,辄有万人”。

土苗士兵在土司王的亲自率领下,自带粮食,于嘉靖三十三年(1554 年)冬长途跋涉三千里赶赴东南前线,在前后五年的抗倭战斗中,参加的重大战役有十五次,消灭了倭贼大量有生力量,为彻底平息倭患起了不可低估的作用。土兵参加的战役主要有:

1. 胜墩战役(嘉靖三十四年正月)

嘉靖三十四年(1555 年)正月,倭寇聚集胜墩,广西瓦氏夫人统率的俍兵由南面进攻,刚刚到达的永顺宣慰彭翼南带领士兵从北面进攻,两支队伍南北夹击,斩敌三百余人,倭寇溃败[3]。

2. 三丈浦战役(嘉靖三十四年四月)

嘉靖三十四年(1555 年)四月,盘踞在常熟三丈浦的倭寇,抢掠常熟、江阴村镇。兵备副使任环督保靖土兵千余人,知县王秩指挥孔寿分统官兵三千,分三路围剿倭贼,广大土、汉官兵勇敢杀贼,俘斩二百八十余级,烧倭船二十七只,倭寇逃奔江阴。而“我兵不损一人,自用兵以来,旱战全捷,未有如此者也”。[4]由于土兵、俍兵等少数民族官兵的参战,改变了战场上的形势,史称“调至土兵,贼颇畏忌”。

3. 新场战役(嘉靖三十四年四月)

嘉靖三十四年(1555 年)四月,兵备副使任环与都司李经指挥永顺和保靖土兵围剿新场倭寇,倭寇三千人惧于土兵威力,避免正面交战,于是设下埋伏。保靖土舍彭翅引兵深入，永顺土官田菑、田丰也率兵争相进攻，陷入敌人的包围之中。经过激烈冲杀，彭翅、田菑、田丰等土官、土兵壮烈牺牲，朝廷赐以棺具收殓。新场一役的失败，主要是指挥失当造成[5]。

4. 石塘湾战役(嘉靖三十四年五月)

嘉靖三十四(1555年)年五月，柘林倭寇与新倭汇合，突然进犯嘉兴，左右多次催促张经进兵阻击，张经一定坚持要“待永、保兵至夹攻，庶万全，”[6]永顺和保靖兵至，总督张经派参将卢镗等督永顺、保靖土兵及佷兵，分水路两路进攻，保靖宣慰使彭荩臣参加了战斗。双方在石塘湾相遇，经过激烈战斗，大败倭寇。剩下的倭贼逃到平望。副总兵俞大猷又邀永顺宣慰使彭翼南率兵阻击，余倭逃到王江泾。

5. 王江泾战役(嘉靖三十四年五月)

石塘湾战役以后，受重创的倭寇逃到嘉兴以北的王江泾，“永顺兵攻其前，保靖兵蹑其后，参将汤克宽引舟师由中路蹴之，贼遂大败，斩首一千九百八十余级，焚溺死者称是。余众奔柘林”。[7]《明史》称：“自军兴以来称战功第一。”[8]王江泾一战扭转了抗倭的被动局面，可以说是抗倭斗争的重大转折点。因此朝廷大加奖赏，给彭荩臣、彭翼南各赐三品服，授昭毅将军，加右参政管宣慰事，赐彭明辅银币，保靖士兵六千人赴总督军门前受奖。

6. 陆泾坝战役(嘉靖三十四年七月)

嘉靖三十四年(1555年)七月，倭寇犯松江，保靖宣慰彭荩臣率土兵激战十昼夜，倭寇逃到苏州。接着彭荩臣与俞大猷、任环合兵追至陆泾坝，斩首五六百级，毁舟三十余艘，溺死者甚众，残余的倭寇冒暴雨逃到柘林。陆泾坝战役的胜利肃清了苏州地区的倭患。这次战役中，土家士兵与敌人展开肉搏战，“论者皆谓我兵有死之心，无生之气。而又益以荩臣善战之兵，其胜宜地”。[9]赵文华在上奏中说：“臣以为荩臣等报效之勤宜势，……兵部覆议，上命降敕奖励彭荩臣、彭明辅，各赐银二十两，纻丝一表里，官舍彭翼南准实授生员，彭守忠与给冠带。”[10]巡抚直隶御史周如斗也上奏：“永顺、保靖之兵，屡战多捷，……官舍彭翼南、彭守忠等实心干济，请优赏以示。”[11]

7. 后梅战役(嘉靖三十四年十月)

嘉靖三十四年(1555 年)十月，倭寇由福建窜入浙江宁波、奉化一带，容美士兵在田九霄的率领下，迎头痛击倭寇。倭贼闻风丧胆，落荒而逃，逃到后梅一带，藏于民舍。容美兵又追至后梅，将寇贼团团围住，痛击倭寇。[12]

8. 清风岭战役(嘉靖三十四年十二月)

嘉靖三十四年(1555 年)十二月，倭寇到嵊县一带骚扰，田九霄率土兵与兵备副使谭纶所率官兵，设下埋伏，并诱敌深入。倭贼窜入包围圈，遭到重创，狼狈逃到清风岭。容美士兵随尾追击，俘斩五百八十余级，获骏马五十二匹。与此同时，四川酉阳土兵也参加了剿灭高桥倭寇的战斗。

9. 黄家山战役(嘉靖三十五年正月)

嘉靖三十五年(1556 年)正月，福建倭寇窜入浙江边界，与钱仓倭寇汇合。原任留守王伦督容美土司田九霄率兵驻守曹娥江边，倭寇无法渡河，落荒逃走。官兵追至三江民舍，连战斩首二百级。接着又追至黄家山，几乎全歼逃跑的倭贼。

10. 乍浦战役(嘉靖三十五年七月)

嘉靖三十五年(1556 年)七月，倭寇合于乍浦，企图出海。参政任环率容美土兵与官军堵倭寇的出海之路，永顺施溶峒长官汪相、腊惹峒长官向銮，率领土兵直捣倭巢，在战斗中汪相、向銮壮烈牺牲，但取得了乍浦战役的胜利，肃清了乍浦一带的倭寇。

11. 沈家庄战役(嘉靖三十五年八月)

嘉靖三十五年(1556 年)八月，副总兵俞大猷率官兵和永顺、容美、保靖诸司土兵，将勾结倭寇的大海盗徐海、陈东等围困于沈家庄，经过激烈战斗，斩首一千六百余级，徐海投海自杀，土兵追入海中割其首级。陈东、叶大麻等大海盗也伏法。

12. 山阳战役(嘉靖三十六年)

嘉靖三十六年(1557 年)，容美土兵进剿山阳、后梅等处的倭寇，斩首四百八十余级，生擒五十六名，射伤溺死者无数。

13. 丹阳战役(嘉靖三十六年七月)

嘉靖三十六年(1557 年)七月，容美土兵奉命征剿丹阳倭寇，斩首六百余级，接着又攻捣柘浦、明山倭寇巢穴，斩首二百八十余级，生擒三十名。不久，田九霄又督率二弟田九龙等，领兵纵火烧毁倭巢，斩首六十余级。

14. 舟山大捷(嘉靖三十七年二月)

为了彻底扫平江浙沿海的倭寇，嘉靖三十七年(1558 年)二月，明军向盘踞在宁波、舟山的残余倭寇发起总攻。倭寇恃险顽抗，明军久攻不克。朝廷又征调湘鄂川土兵，容美、永顺、喇嘛等土兵先后赶到。在俞大猷的统一指挥下，土兵趁大雪，四面发起进攻，焚烧倭巢，倭贼死伤大半，舟山大捷对彻底肃清倭患起了关键性的作用。

15. 岑港之战(嘉靖三十七年七月)

嘉靖三十七年(1558 年)七月，倭寇再次发起进攻，以舟山之岑港为巢穴，凭借火器，依险列栅，势甚猖獗。为了彻底剿灭倭贼，胡宗宪亲临指挥。年已八十三岁的田世爵率兵参加战斗，重创敌人，倭头目汪印山、陈礼等被俘。后来田世爵卒于芜湖，朝廷为嘉其功，封其父为宣武将军，封其母为恭夫人，田世爵本人也封为宣武将军，田九龙袭容美宣慰司职，并奖赏银两。

抗倭斗争是我国古代史上一次大规模的反对外来入侵的战斗，在明朝政治腐败、军备松弛、奸臣弄权、军队战斗力削弱的情况下，湘鄂川边境的土兵为了保卫国家的安全和民族的利益，毅然响应号召，奔赴东南抗倭前线，继承和发扬其祖先勇敢善战的传统，与各族官兵一道，对倭寇发动了一次又一次攻势，歼灭了倭寇大量有生力量，有力地打击了倭寇的嚣张气焰，为平息倭患起了重大作用，应记入中华民族反对外来侵略斗争的史册。

【参考文献】

[1]《明史》卷 322《外国列传·日本》。

[2]陈懋恒:《明代倭寇考略》,北京:人民出版社,1957 年版,第 191 页。

[3]《土家族简史》编写组:《土家族简史》,长沙:湖南人民出版社,1986年版,第107页。
[4](明)郑若曾:《筹海图编》,北京:中华书局,2007年版,第409页。
[5]《土家族简史》编写组:《土家族简史》,长沙:湖南人民出版社,1986年版,第107页。
[6]《明史》卷205《张经传》。
[7](明)夏燮:《明通鉴》,北京:中华书局,2009年版,第2336页。
[8]《明史》卷205《张经传》。
[9](明)郑若曾:《筹海图编》,北京:中华书局,2007年版,第603页。
[10]《明世宗实录》卷423,嘉靖三十四年六月癸未。
[11](明)朱九德:《倭变事略》,上海:上海书店出版社,1982年版,第22页。
[12]鹤峰五峰县统战部编:《容美土司史料汇编》,1984年版,第88页。

(原载《中国湘鄂渝黔边区研究》第二集)

文武兼治的土司王田舜年

田舜年(1640—1706)字韶初,又字眉生,号九峰。生于明朝崇祯十三年(1640年),清朝康熙十四年(1675年)承袭父职,为湖广容美(今鹤峰)等处军民宣抚使,后赠骠骑将军加三级。康熙四十二年(1703年)其子丙如袭职。在政二十九年,康熙四十五年(1706年)出游武昌时病故,终年67岁。田舜年是一个地道的土司王,残暴而喜于征伐,好大而独断专行,但他又有别于一般的土司王,他治政有方,刻苦好读,广交文友,崇尚礼节。他大胆引进汉文化,实行文化开放政策,是一个著述家,一个戏曲爱好者,一个有涵养的封建文人。

一、忠上联外,扩充实力

容美田氏在容美的统治有悠久的历史,从唐元和元年(806年)田行皋从高崇文讨平刘辟,授施、溱、溶、万招讨把截使开始,一直到雍正十三年(1735年)改土归流,历时930年。其间征伐不断,内乱屡起,时盛时衰,到清初田舜年统治时又出现空前的盛况。

田舜年出生于明末大动乱的年代,其父田甘霖曾被明末农民起义军刘体纯部所俘,后以重金赎回,顾彩在其《容美纪游》中称:"少被家难,辛苦备尝。"此事在田舜年心灵里留下了刻骨铭心的记忆。于是他发奋读书,先后求学于武昌、江陵,但"屡试棘围不第"。[1]这给他人生重重一击,然而他没有因此消沉。"少被家难"磨炼了其顽强的意志和独具个性的人格,四处求学给以后的政治活动产生了潜移默化的影响。他从家难中懂得了强有力的政权和军队是保守安宁和维护地方的基础;他从汉文经典史籍中吸收了不少统治经验,以至使其在治政生涯中有别于一般的土司王。他于康熙十四年(1675年)袭职后,为了加强统治,防止前事重演,使容美土司的声威从农民起义军的破坏之中重振,对内对外采取了切实可行的措施。

首先,臣属中央王朝,保持与中央王朝的联系,通过中央王朝的封敕,提高自己的地位。田舜年的先辈就十分重视与中央政权保持臣属关系，也注重吸收外来文化和信息。田舜年在与外地文人的交往中，在封建文化典籍里，了解到汉文化的博大精深，中央王朝的强大。所以他不像一般的土司王坐井观天，夜郎自大。他袭职时，清朝已定鼎中原几十年，国力一天天强盛，他深知统一不可逆转，于是成为识时务者。袭职不久，于康熙二十年（1681 年）上疏朝廷，诉说其父田甘霖"鞠躬尽瘁"，忠于王事之诚心，痛陈自己在平定吴三桂叛乱中"同心戮力，统兵杀贼"的功绩，并交出吴三桂强授的伪印和伪谕，以表悔过之心。历数自己"数年以来，大义名号，兵不解甲，马不卸鞍，食不下咽，率众堵截，不费朝廷一矢一粒"之赤心，"伏乞敕部格外优加容美等处军民招讨都使司之职，换给敕印，臣粉身碎骨，难报高天厚地之恩"。并请求奖赏将士，"以鼓忠义"。[2]当康熙二十一年（1682 年）四月接到宣慰使司新印时，即率领群臣迎接，恭设香案，向北叩首谢恩。接着又请求中央给其父加封褒奖。经田舜年再三奏请，湖广都使司、湖广湖北等处承宣布政使司的代请，兵部于康熙二十七年（1689 年）五月依旨降敕，田舜年为容美等处宣慰使司加三级赠骠骑将军，其妻刚氏封一品夫人，其父田甘霖赠荣禄大夫，其母覃氏赠一品夫人，祖父田玄赠骠骑将军，祖母田氏赠夫人。

田舜年似乎还不放心，又请求进京面见皇上。康熙二十八年（1669 年），田舜年获准进京叩见皇上。田舜年宽心多了，因为他得到了万岁爷的奖赏，意味着有了强大的政治靠山。田舜年这样做，无论其动机如何，是经过入微分析的，具有较高的理性判断。这一举动顺应了历史发展的必然趋势，表现出他的远见卓识和深谋远虑的政治头脑，从而成为他巩固统治，提高地位的前提条件。

其次，采取联姻联合的方式，征强抗弱，扩充实力，扩大影响。他与中原的封建帝王一样，用婚姻关系、盟友关系，钳制别人，保全自己。田舜年的大女婿田雨公是忠峒宣抚，次女婿刘天门是容美下属司椒山安抚，三女婿覃承产是东乡安抚，孙女婿是施南宣抚，大儿媳是桑植土司女。还与保靖、酉阳、忠孝三土司结成盟友。容美周围的土司都与其联姻或联盟。田舜年往往以盟主的身份发号施令，控制和指使盟友。曾联合保靖土司趁永顺土司"主幼不治事……谋讨之"。[3]通过征战，其势力不断扩大，"惟桑植、永顺、保靖及蜀之酉阳，势位与之相埒，其余忠峒、唐崖、散毛、大旺、高罗、木栅、忠孝、东乡等名目，不可悉数，皆仰其鼻息而懔其威灵”。[4]田舜年俨然成了一方之霸主，辖地方圆二千余里，威震武陵，不可一世，对外政策获得了较大成功。

二、威礼并用，治政有方

田舜年在对外政策获得成功的前提下，加强内政，利用中央政权给予的权力，实行家天下的宗法统治，不断巩固其军政合一的土司政权。

田舜年集军政权力于一身。其官属委以同姓亲戚，“以诸田之贤者领之”。其军队分前、后、左、中、右五营副总兵官，其中以中营最重要，故“以应袭长子领之”，其余四营也为“同姓之尊行领之”。[5] 田舜年的长子田丙如为中营副总兵官，田庆年为石梁安抚司兼左营副总兵官，田克敦为后营副总兵官，田遂如为右营副总兵官，田□(字不明，待考)年为前营副总兵官。下设四十八旗长官，“分风、云、龙、虎等字为旗。旗有长，上有参将、游击、守备、千把总各官，下又有大头目，分管旗长，若千户，皆有执照”。[6]“另有主文字及京省走差者，曰干办舍人”。[7] 以上文武百官都在田舜年的直接控制下，充分发挥其职能。

田舜年还加强对下属各司的严密监视和控制。“环署有安抚司衙门四：一水浕；二椒山；三五峰；四石梁，皆容美属邑也，向俱外姓，今君使其子婿遥领，虽有地方，不之本任，四司之人，日来候焉”。[8]以上各司兵“皆听容美调遣……自高古村菩提寨以西，皆有哨台，有警放狼烟，此起彼应，半日即达于容美司治。”[9]

为了解下情，田舜年经常微服下访，据《百顺桥碑文》记载：康熙二十七年“二月，舜始亲至各处。初七先至水浕，结茅居住，后又至白溢，经由五峰至石梁，凡所辖域亲至焉。……十二月，已排解差官至，始由红土、新路转南府而回到平山之次日，即下中府。”[10]由于田舜年“性喜迁移”，经常往来司属各地，地方的一举一动都在他的目睹之中。稍不如意，即予以撤换，甚至处以极刑。

田舜年认识到，军队不但是维护和巩固统治强有力的保障，还是扩充实力、邀功请赏的必备工具，因而他十分重视军队的建设和训练。容美较长时期采取寓兵于农、兵农合一的旗长制度，实行全民皆兵。军队平时耕种，把守关隘，战时出征。田舜年治军严格，极重训练。“其兵皆素练习，闻角声则聚，无事则各保关寨。盔重十六斤，衬以厚絮，如斗大；甲重三十斤，利箭不能入。火枪打百步。一人搏虎，二十人助之，以必毙为度，纵虎者重罚。"[11]由于军队训练有素，战斗力强，一次，桑植、东乡两土司合兵犯容美，"容美以四十八人破其千骑，红黑诸苗闻容美兵至，辄丧胆，诸司兵不及也"。[12]对待俘虏也有理有节，"得俘问三声，不降，则杀而葬之，曰义士也。降则缭其足，令种田，期年而后释之，编为客兵"。[13]

田舜年在位时，军队分为土兵和客兵，从中挑选出亲兵和仪仗队。他不仅是最高的行政长官，也是军队的最高统帅。每当"国有征伐，则为大将，生杀在掌"。[14]平时则命五军兵官、参将、旗长、守备、千总、百户率领，分头进行生产、练兵、守关。他靠着这支军队维护着自己的土司政权和家天下统治，也靠这支军队"屡奉檄从征，著有劳绩"[15]取信于朝廷。

田舜年治政期间，制定了较完备的刑律，作为巩固统治的辅助工具。"其刑法，重者径斩，当斩者，列五旗于公座后，君先告天，反背以手掣之，掣得他色者皆可保救，惟黑色无救；次宫刑；次断指；次割耳。盖奸者宫，盗者斩，慢客及失期会者割耳，窃物者断指，皆亲决。余罪则发管事人棍责，亦有死杖下者。是以境内懔懔，无敢犯法"。[16]

田舜年性情残暴，喜于刑杀。顾彩在容美期间，看到田舜年每天早晨要割掉数人耳朵，顾彩对此种野蛮行为多次劝阻，并夺其刀以作裁纸用。

田舜年执法严厉，无论谁，只要触犯刑律都得治罪。田舜年的少年伴读袁和尚，在为僧行医过程中，因用药不当致死人命，田舜年非得治其死罪不可。经顾彩再三说情，才免于一死，但被逐出治所。浙江文人皇甫介，起初田舜年以上宾待之，因为行为不端，欲治其死罪，其子田丙如多方面营救方免，但从此以后，降居列臣，常被玩侮如倡优。因此，田舜年手下人都认为"吾主法甚严"。[17]

田舜年虽然残暴，执法苛严，但他更重视封建礼仪在治政中的作用，把封建等级制度、宗法制度与刑法结合起来。顾彩在《容美纪游》中写道："国中属员皆讲君臣礼，长子丙如虽已袭父职，每在父所，青衣带刀侍立，听指使如家将，客在父坐，不敢举手，父退，则又臣其将校，虽妹婿弟侄，拜跪肃然矣。"君君、臣臣、父父、子子的封建伦理关系不能有丝毫僭越。在司中，田舜年就是太上皇，所有的下属必须恭敬顺从。座次也有严格的规定，"宴客，客西向坐，主人东向坐。”“子进酒于父，弟敬酒于兄，皆长跪，俟父兄饮毕方起；父赐子，兄赐弟，亦跪饮之。如有他司土官在席，皆丙如与对跪相劝，君公然以父辈自居，不酬酢也”。[18]田舜年随时以盟主的身份出现。

司中官属各有称呼，称田舜年曰“太都爷”，称其子田丙如叫“主爷”，司属各官互相称“爵爷”，土民称土司王曰“都爷”，土司王之妻曰夫人，土司王之妾曰某姑娘，土司王的幼子曰官儿，土司王之女曰官姐，子弟之任事者曰总爷，下属各官叫舍人，等级关系十分明显。[19]

田舜年也与一切封建帝王一样，讲究避讳，“讳父名并讳嫌名，以父名甘霖，司中最禁甘字，即言干亦以桔字代之，若云不相干，则曰不相涉，柑子曰橘子，猪肝曰大心，甚至并讳酣甜等字，邯郸梦改曰黄粱梦，犯者必被面叱”。[20]这种严格的等级和日常礼节，实际上把田舜年置于金字塔的顶端，无形之中使之成为土司中的尊者、长者、至高无上的土皇帝。

田舜年从儒家经典里吸收了“仁义孝悌”等天纲人伦，并把这些封建伦理道德规范与质朴的天命观念结合起来。他在位期间，修了许多文庙、桓侯庙之类的庙宇。在芙蓉山下的文庙里，铸了一个重五千斤的孔夫子铁像，让弟子习礼于此。他不但要求弟子学习封建礼教，自已也把“忠孝仁义”寓于言行之中。他在康熙二十七年（1688年）的《请封诰》里称：“窃惟圣世之盛典，莫大于至孝，臣子之报本，莫大于至亲。……切思普天率土，莫非王臣，赐美深仁，何分文武。……盖为君者，欲其臣忠；为父子者，欲其子孝。臣不忠于君，则非臣节；子不孝于父，则非子道。君、父俱属天伦，忠孝自当一体，忠同而孝亦同也。”[21]在他的奏章和诗文里，到处可见“仁义忠孝”的内容。其“忠孝”观念显然受到封建文化的强烈影响。宣扬这种思想的目的，对上忠于皇上，以获取赏赐和恩宠，捞取政治资本；对下则要求所属臣民无条件地忠于他，维护其家天下的统治。

田舜年也时时体现出“仁爱”之心。这当是土家山区古朴民风所染，是田舜年的人生经历与儒家“仁爱”思想相融而成。他能体恤民情，甚至与民同乐。每年五月十三日纪念关公诞辰演出，他与民同观，并给予饮食。外来客居容美的商贾“有岁久不愿去者，即分田授室”。外出巡察，经常结草居住。在不出征时，“平日亦布衣草履，跨驴而行，绝不类官长也”。[22]臣民在其身上既看到威严的一面，也看到了友善的一面。他感情丰富，重友情，当游居容美的中原文人顾彩辞别时，居然“慷慨欷歔，泣数行下”。[23]

由于田舜年治政有方，境内出现了较为安定的局面，时人称“夜不闭户”，“道不拾遗”，“过客遗剑于道，拾者千里追还之”的安定环境，[24]为经济文化发展提供了保障。同时，田氏还注意发展生产，引进外来劳动力，重视发展商品经济，优待商贾，大兴铜、铁、硫、磺等矿业，兴办手工作坊，修路架桥，发展交通。容美一时成为湘鄂西及川东地区的贸易中心，“客司中者，江、浙、秦、鲁人俱有，或以贸易至，或以技艺来，皆仰膳官厨”。[25]田舜年统治时期，容美土司达到巅峰状态。

三、刻苦好读，勤于著述

田舜年出身于书香门第，从小养成了读书的习惯。待其长大成人后，更感到要维护统治需从封建文人的经史子集中寻找依据，吸取经验教训。还在田舜年少的时候，家里就从京师请来了老师，专授史学，所以他对史学有特殊的兴趣，年过花甲后仍对史书爱不释手。田舜年少时试图走科举成名之路，“屡试棘围不第”，但他从未放弃过学业。为了有一个好的读书环境，他在司城和行署都修了读书的书房。他治学严谨，“某日读某书，阅某史，至某处，辄用小印章以志之”。[26]他“博洽文史，工诗古文，下笔千言不休”。[27]他勤于著述，在理政之余，不歇地著书立说，计有《二十一史纂要》、《容阳世述录》、《六经撮旨》、《田氏一家言》、《白鹿堂诗抄》等书。还有大量的传记、序言、碑文、散文、诗歌，有据可考的有《五峰安抚司列传》、《石梁安抚司列传》、《水浕安抚司列传》、《晴田峒记》、《平山万全洞记》、《九环坡碑约文》、《一家言跋》；诗作有《山居》五首、《荷花》、《荷笔》、《荷饯》、《中秋登子耀如闻喜楼》等。还与华容文人严首升、昆陵文人毛会建、中原文人顾彩等人有不少唱和之作。他的作品，对于研究容美土司的历史、文化是十分珍贵的资料。

当时文人对田舜年的著述给予了很高的评价。明太史严首升在《田氏一家言叙》中评道：“今韶初使君，其家嗣也，克昌世业，刚大塞于天地，而诗文又冠绝古今，卷帙盈笥，灿然如万花谷矣。”姚淳焘在《宣慰土司田九峰二十一史纂序》中说田舜年：“尊贤礼士，饱饮诗书，以著述名家，私心固已异之，既又闻其编辑史略，二十一朝互有商榷，芟繁摘要，考误析疑，殆类通儒之所用心，非苟焉而已也。”南郡文人伍鹭在《白鹿堂诗序》中赞曰：“韶初使君博极群书，风采如高岗，凤珠玑，如万斛泉，重振大雅，苦心构句，烂乎如金谷之方春，萧然若山阴之欲秋，使人把玩过日几几海上移情耳。”[28]《清史稿》称田舜年：“奉檄从征有劳绩，颇招名流习文史。”[29]清初著名剧作家孔尚任称赞其“颇嗜诗书”。

容美土司连续七八代不断的文人群体的成果在田舜年这里作了最后的总结，近一个世纪的文化积淀丰富了田舜年的学识，坚持不懈的耕耘又使他成为容美土文化的集大成者。《田氏一家言》即是他告慰祖宗、光耀后人的心血之作，是土家族文化史上的不朽作品。

四、嗜好戏剧，颇有建树

田舜年是一个爱好十分广泛的土司王，除对历史、文学有较深造诣外，对戏剧也有特殊的爱好。他从小就受到艺术的熏陶，其祖父、父亲、叔父都是戏剧爱好者，其母覃氏不仅识字，而且颇知音律。他年少时就有了较厚的戏剧艺术功底，袭职后，在大胆引进汉文化的同时，也注重外来戏剧艺术的引进工作。

他当政时，为了促进戏剧艺术的发展，亲自主持修建了众多的戏园、戏厅、戏房，计有宜沙别墅成天楼、细柳城众春园、中府百斯庵、宣慰司署戏楼、爵府槿树园、来阁园、天兴楼。夫子庙、关公庙、长松园、半云间等地也设有小戏厅。每逢宴客、祭祖、节日、诗会等都要演出。如每年五月十三日，“以关公诞演戏于细柳城之庙楼，大会将吏宾客，君具朝服设祭，乡民有百里来赴会者，皆饮之酒，至十五日乃罢”。[30]观赏演出的不只是宾客和上层人物，还有不少土民，表明当时的戏剧活动具有广泛的群众基础。

由于田舜年对戏剧艺术的偏爱和重视，当时，容美的戏剧艺术已达到相当高的水平。田舜年、田丙如父子各教养有一个戏班子，田舜年的戏班子“女优皆十七八好女郎，声色皆佳，初学吴腔，略带楚调。男优皆秦腔，反可听”。其子田丙如的戏班子水平似乎更高，顾彩记道：“丙如自教一部乃苏腔，装饰华美，胜于父优，即在全楚亦称上驷。”[31]从中可以看出田舜年父子的艺术水平已有相当高度，他们的戏班子吸收其他戏剧表演艺术的有益成分，并与当地的民间表演艺术融为一体。戏班子不但上演“容阳竹枝词”之类的民间小调，还把未正式刊行的名剧《桃花扇》搬上了舞台。史载：“九峰宴客，女优桓演《桃花扇》侑酒。”[32]孔尚任在《桃花扇本末》中也写道：“每宴，必命家姬奏《桃花扇》，亦复旖旎可赏。”没有较高水准的导演和戏班子，要演出名剧《桃花扇》是难以想象的。

在田舜年的倡导下，外地戏剧艺术纷纷传入容美，使得汉剧、青阳戏、昆曲、秦腔、苏腔、吴腔、梆子戏在鄂西南地区广泛流传，并与当地民间音乐结合，形成了土家族自己的地方戏剧剧种——南剧、梆子戏、花鼓戏等。因此，田舜年及其先辈为土家族表演艺术作了拓荒性奠基工作，理应载入土家族的艺术史册。

五、礼贤下士，广交文友

田舜年是一位具有极强的进取心和开拓精神的土司王，在“土不出境，汉不入峒”的情势下，他大胆引进汉文化，广泛接交山外文人。史称其“尊贤礼士，饱饮诗书。”他特别渴求汉文化，对外来文人总是以上宾礼待，在名流面前，他没有土司王固有的野蛮、专横，变得谦逊好学。他在给梁溪文人顾彩的邀请信里十分谦虚地写道：“弟舜年荒徼武夫，见闻僻陋，常愿得交海内大君子。”[33]

由于田舜年求才心诚，并用很高的代价引进，因而与其有交往或长期客居容美的文人不乏其人。有被称为“南洪北孔”的著名剧作家孔尚任，田舜年曾两次与其谋面长谈，并派其舍把唐柱臣向孔先生学诗。梁溪文人顾彩在田舜年的邀请下，游居容美近半年，与田舜年结为至交，写下了洋洋万言的《容美纪游》。在田舜年当政期间，居住容美的文人有蜀郡孝廉高冈、荆郡痒生钟南英、岳郡痒生祝九如、浙江文人皇甫介、江南周先生、袁和尚等。与田舜年有密切往来的文人还有岳州武进士田灼、南郡文人伍鹭、乌程人姚淳焘、昆陵人毛会建、华容人严首升等。田舜年对他们都给予很高的礼遇，这些文人对容美文化的繁荣起了巨大的作用。

为了有组织地、系统地吸收进汉文化，田舜年组织了一个文化人班子，专司对外文化交流和组织司内文化活动。“主文字及京省走差者，曰干办舍人”。这些文化人是田舜年引进汉文化、广交名流的得力助手。

为使外地文人有用武之地，也为了司内弟子有学习的机会，田舜年当政时经常组织诗会、宴会及演出活动，使容美辖地文化活动空前活跃。据《容美纪游》载:“每月初二、十六为诗会期,风雨无废。”康熙四十二年二月,“二十一日,宴集行署西园,题曰‘九峰读书台’,竹石幽秀,分韵赋诗”,“二十二日,君来桓侯庙赐答,携酒馔至,饮竟日,作诗”。四月“十六日,雨。举诗会,悉召钟(南英)、祝(九如)、皇甫(介)诸客,惟高君惮险不至,命石工磨崖间片石如镜,朱书刻之,诗成随写于上”。五月,“初五,晴。端阳大会,诗牌集字”。以上只是顾彩在容美游居几个月的时间所参加的较大规模的文化活动。由此可知,田舜年治政期间文化活动的频繁。这些文化活动成为田舜年及其子弟交往的重要手段,也是容美文化繁荣的重要因素之一。

六、好大喜功,性喜游乐

田舜年毕竟是一个土司王,他与一切帝王一样,好大喜功,独断专横。他在位期间,大兴土木,重修了晴田洞、万人洞;修建了万全洞、九峰桥、百顺桥以及众多的戏园、亭台楼阁;广立丰碑,凿石刻字,千古留名,光宗耀祖。

田舜年性喜迁徙,好游乐。顾彩记道:“九峰性喜迁移,每到一处,不数日又迁而他往,……行则家眷及将吏宾客皆迁。”甚至居民也随主迁移。每到一处,必举行宴会,宴会必命女乐前奏丝竹。他还阉割良人以充内侍,供其役使。无限度的工程建筑,无度的游乐宴请,消耗了大量的人力物力,影响了社会生产的发展和人民生活的安定,“百姓襁负以从之”。[34]

【参考文献】

[1]顾彩著,高润身注:《容美纪游注释》,天津:天津古籍出版社,1991年版,第4页。

[2]田舜年:《批陈忠赤疏》,载同治《宜昌府志》卷14《艺文志》。

[3]顾彩著,高润身注:《容美纪游注释》,第81页。

[4]顾彩著,高润身注:《容美纪游注释》,第1—2页。

[5]顾彩著,高润身注:《容美纪游注释》,第44页。

[6]道光《长乐县志》卷16《杂记志》。

[7]顾彩著,高润身注:《容美纪游注释》,第44页。

[8]顾彩著,高润身注:《容美纪游注释》,第43页。

[9]道光《长乐县志》卷16《杂记志》。

[10]《百顺桥碑文》,载湖北省五峰土家族自治县地方志编纂委员会编纂《五峰县志》,北京:中国城市出版社,1994 年版,第 661 页。

[11]顾彩著,高润身注:《容美纪游注释》,第 54 页。

[12]顾彩著,高润身注:《容美纪游注释》,第 55 页。

[13]顾彩著,高润身注:《容美纪游注释》,第 55 页。

[14]顾彩著,高润身注:《容美纪游注释》,第 43 页。

[15]《田氏族谱》卷 1,见道光《鹤峰州志》。

[16]顾彩著,高润身注:《容美纪游注释》,第 53—54 页。

[17]顾彩著,高润身注:《容美纪游注释》,第 7 页。

[18]顾彩著,高润身注:《容美纪游注释》,第 44—45 页。

[19]鹤峰《田氏族谱·田舜年》。

[20]顾彩著,高润身注:《容美纪游注释》,第 54 页。

[21]鹤峰《田氏族谱》。

[22]顾彩著,高润身注:《容美纪游注释》,第 43—44 页。

[23]顾彩著,高润身注:《容美纪游注释》,第 97 页。

[24]顾彩著,高润身注:《容美纪游注释》,第 54 页。

[25]顾彩著,高润身注:《容美纪游注释》,第 47 页。

[26]同治《宜昌府志》卷 16《杂载》。

[27]顾彩著,高润身注:《容美纪游注释》,第 4 页。

[28]鹤峰五峰县统战部编:《容美土司史料汇编》,1984 年内部印刷,第 292 页。

[29]《清史稿》卷 512《容美土司列传》。

[30]顾彩著,高润身注:《容美纪游注释》,第 78 页。

[31]顾彩著,高润身注:《容美纪游注释》,第 45 页。

[32]馆藏抄本《容美纪游·序》,见《容美纪游注释》,第 1 页。

[33]顾彩著,高润身注:《容美纪游注释》,第 6 页。

[34]顾彩著,高润身注:《容美纪游注释》,第 115 页。

(原载《民族论坛》1997 年第 1 期)

鄂西土家族地区改土归流的必然性和进步性

土司制度，是我国封建王朝在西南、中南少数民族地区所采取的“以夷制夷”、授予少数民族首领以官职、以统治当地人民的一种政治制度。它滥觞于元朝，完善于明朝，清初得到发展。这一制度，在巩固统一的多民族国家过程中，曾起过积极的作用。可到清初，它已成为巩固统一的多民族国家的障碍，于是才有雍正年间的改土归流运动。

一、历史必然性

鄂西土家族地区，在18世纪初也实行了“废土设流”措施。这是有其历史必然性的。

首先，是统一的多民族国家发展的必然趋势，清帝国的强大促使这一趋势的成熟。自秦建立统一的多民族国家之后，经过几次民族大融合，到清初，已经形成了以汉族为主体的统一的多民族国家，在广袤的国土上生活着五十多个少数民族。“国初平定，凡蒙古色目人散处诸州者，多已更姓易名，杂处民间，……久之固已相忘相化，而亦不易以别识之也。”[1]这一具体历史过程，是各民族人民在平等基础上的相互关系的发展史，这一过程也是以不可分割的经济联系、文化交流为纽带，便利于较落后的兄弟民族不断地接受先进民族的先进生产方式的影响，促进社会前进的过程。反映出各民族间的自然融合趋势，是势不可挡的。到清初，这一自然融合冲击着各种阻碍各民族间交往的藩篱，迫切需要打破“国中之国”的土司，以及“土蛮不许出境，汉人不许入峒”的禁令[2]。清帝国的空前强大为打破这一狭小的地域概念创造了条件。清初，经康熙大力经营，平定了“三藩”叛乱，粉碎了准部上层分子的叛乱。击败了沙俄对我东北的入侵，对西藏地区加强管理。政治统一，经济繁荣，军事强大，国力昌盛。“及叛藩戡定，余威震于殊俗。至雍正初，而有改土归流之议。四年春,以鄂尔泰巡抚云南兼总督事,奏言……欲安民必先制夷,欲制夷必改土归流”。[3]从雍正四年起,清政府开始在鄂西南地区实行改土归流措施。

其次,土司制度严重地阻碍了社会的发展。土司的割据,威胁着多民族国家的统一。本来土司制度是当时的封建王朝无力对西南边疆少数民族地区进行直接统治而采取的一种特殊的统治形式。“虽在控驭直隶之内,不过供差发属羁縻而已,法令所不及也”。[4]因而,土司制度本身就存在着严重的割据性,他们“各长其长,各世其世。”“彼之官,世官也,彼之民,世民也。”[5]他们“保有疆土,自相君长。视王朝德政之盛衰,兵力之强弱,以为叛附”。土司握有政治、经济、军事大权,父死子继,兄终弟及。还有设官命官之权,司下设有“总理”、“家政”、“舍把”大小土官,设有军政合一的族甲制度,管理户口、差役,训练军队。他们有自己的军队、法庭、监狱。“土人有罪,小则土知州长官等治之,大则土司自治。若客户有犯,则付经历,以经历为客官也。”[6]俨若一个小朝廷,“虽受天朝爵号,实自王其地”。[7]容美、施南、散毛诸土司,各占地数百里,并拥兵自恃。土司往往以此为资本,邀功请赏,扩充势力,一旦羽毛丰满,就起而反上。譬如,雍正年间,容美土司田旻如自造宫室,阉割良人以充宫中,自造武器,抵抗清军,违抗朝命。[8]虽然土司“上欺朝廷,下诳上宪”,[9]但“土司无革职削地之罚。直至事上闻,行贿详结,上司亦不深求,以为镇静,边民无所控诉。”[10]“土官有罪,罚而不废。”[11],这更使土司有恃无恐。土司制度的这种封闭性、割据性,严重阻碍了各族经济文化的交流和发展,不利于国家的统一和安定。清朝统治者内部一些有识之士早已看出这一问题的严重性。康熙二十年十二月,巴东知县齐祖望上奏曰:“各宪业已宽其既往,而该土司未必不肆害于将来。当此之时,倘不申明法纪,严加禁制,使土司无敢萌其觊觎之私,……诚恐数十年后,边人终未得高枕而卧也。”强烈呼吁朝廷严拿、革职,“应按律治罪。”[12]魏源也在《西南夷改流记》中尖锐指出:“若不铲蔓塞源,纵兵刑财赋事事整饬,皆治标而非治本。”[13]可知,废除割据势力土司,势在必行,刻不容缓。

土司之间的仇杀侵扰,破坏了生产的发展和人民生活的安定。各土司之间为了争夺财产、人口、土地,经常混战。雍正四年,“桑植土司向国栋恃强负固,与容美、永顺、茅冈各土司寻衅仇杀,贪暴不仁,民不堪命”。[14]雍正二年,彭御彬“以追缉泽蛟为名,潜结容美土司田旻如、桑植土司向国栋,率土兵抢虏保靖民财”。[15]嘉靖十三年，“容美宣抚田世爵纵令土目田文祖、张琦、周万雄统兵出境，杀死本县（巴东）应捕刘聪、火甲罗廷端、吴鲜九等数命；掳民丘六、刘荣等百余家，并绑弓兵汪高进峒”。二十一年“田宣抚亲统甲兵一千余人，前至长阳、巴东二县交界地名盐井寺驻扎，使令土军虏掠各都民陈铁、高妙德、胡时富、汪七等一百余户，席卷回峒。”[16]明末清初，百户土司与卯洞土司为争夺人口土地，干戈不息，达数十年。容美土司田九霄每当外出，“民皆闭户，鸡犬无声。”[17]土民视土司如虎狼，他们“僻在边隅，肆为不法，扰害地方，剽掠行旅。”[18]“一世结仇，几世不休。”这种土匪行径，严重地破坏了生产，扰乱了鄂西人民的生活，直接威胁国家的统一与安定，所以鄂尔泰奏言：“欲百年无事，非改土归流不可。”[19]。

第三，土司对土民的残酷压榨和掠夺，使土民无法生存，迫切要求改土归流。土司在其统辖的范围内，就是名副其实的皇帝，土司的意志就是法律。“土司杀人不请旨，亲死不丁忧。”[20]“其刑法，重者径斩，……次宫刑；次断一指；次割耳。盖奸者宫，盗者斩，慢客及失期会者割耳，窃物者断指，皆亲决。余罪发管事人棍责，亦有死杖下者，是以境内懔懔，无敢犯法。”[21]土司“虐使土民，非常法所有。”[22]“土民一人犯罪，土司缚而杀之，其被杀者之族，尚当敛银以奉土司，六十两、四十两不等，最下亦二十四两，名曰玷刀银。”[23]顾彩在容美亲睹土司“其每旦必割数耳”，其残忍可见一斑，而且土民无处申诉，或有上告者，土司即“遣土弁半路截杀”。[24]鄂西土民只好忍气吞声，受土司法律的约束。

土司把土民当成牲畜看待，可以买卖、转让、赠送。在土司辖区，“田产子女，唯其所欲，苦乐安危，惟其所主，草菅人命，若儿戏然，莫敢有咨嗟叹息于其侧者。”[25]唐崖土司覃鼎夫人田氏在游玩峨眉山时，随身带去的百余名婢女，就沿途择配，若家奴一般，随意送人。[26]土司中等级森严，不可逾越，大臣须跪饮土司所赐的酒，就连住房也有严格区分。土司盖屋“绮柱雕梁，砖瓦鳞砌。百姓则叉木架屋，编竹为墙。舍把头目，许竖梁柱，周以板壁。皆不准盖瓦，如有用瓦者，即治以僭越之罪。俗云：只许买马，不许盖瓦。”[27]土司严格限制土民，自己却过着穷奢极欲的生活。宴会有女优歌舞，“每逢岁时令节，各官舍把下乡，俱令民间妇女歌舞侑觞。”[28]连民间结婚，土司也要享受“初夜权”，土司之残暴，令人发指，若不废除，土民“终身无见天日之期”。[29]

土司还在经济上实行超强经济剥削。土司是无薪俸的,《明史·职官志一》记载:“凡土司之官九级,自从三品至从七品,皆无岁禄。”土司借此巧立名目,杂乱摊派。土司陋习达几十种之多。“凡舍把准理民间词讼,无论户婚田土以及命盗各案,未审之先,不分曲直,只以贿赂为胜负。迨既审后,胜者又索谢恩礼,负者亦有赎罪钱。甚有家贫无力出办者,即籍没其家产,折卖其人口。”养蜂之家须交蜂,无蜂之家买而供之。凡新土官上任,民间要送“贺礼”,外来人须送当地土舍礼物,才能安身耕种。“每年每户派送食米,并鸡鸭肉肘。自土官、家政、总理以及该管舍把四处,断不可缺,虽无力穷民,亦必拮据以供。”“每逢年节,凡商贾客人,俱须馈送土官、家政、舍把、总理等礼物”,否则“非强取其货物,即抄掠其资本”。[30]此外还有“火坑钱”、“烟户钱”等等,可谓多如牛毛。他们“取于下者百倍,一年四小派,三年一大派。……土司一取子妇,则土民三载不敢婚。”[31]这些摊派,使本来就贫穷的鄂西土民难以为生,加之掠夺战争、自然灾害,他们只得“挖蕨捣粉,并采可食野草和饭充腹,然亦辛苦备尝矣”。[32]为了生存,鄂西土民“流寓纷纷复他徙,贫者难迁腕徒扼。”[33]此外,他们还要承担繁重的徭役和兵役,服役“每季役只一旬,亦自持粮,不给工食”。[34] 这些无偿的徭役、兵役像魔鬼一样缠在鄂西土民身上,他们经常随土司出征,短则几个月,长则几年,田地荒芜,妻子儿女无所相依。

为了摆脱土司的摊派、徭役和兵役,鄂西土民多次起来反抗。在明成化、弘治年间,施州卫崇宁里土民几次发动起义。延续几十年的明末农民战争中,鄂西人民与起义军配合,袭击土司。[35]这些起义都遭到了土司的残酷镇压。雍正年间,当清政府在西南少数民族地区改土归流的时候,鄂西土民纷纷要求内附,“边民争备粮请兵”,“呼请改流”。[36]“被害男女纷纷来归,情愿编入版籍,以免残虐。”[37]雍正十二年湖广总督迈柱奏称:“为楚北众土司公吁归流,情词恳切,……本年五月初八日,据忠峒宣抚司田光祖等十五土司赴臣衙门连各具呈词称:……请急早改土归流等情。”[38]容美土民更是“归流念切,土众若得改土之恩旨,皆欣欣向化,得遂云霓之望”。[39]“土民云称土主不仁,愿为天朝皇民”。[40]鄂西土民改土归流的呼声,促使改土归流的顺利进行,是鄂西改土归流成功的群众基础。

第四,鄂西地主经济的发展和民族融合,为改土归流提供了条件。土司统治时期,鄂西土家族地区占统治地位的是封建领主经济,这是土司制度赖以存在的经济基础。土司占有大片肥沃的土地，土地上的生产者实际就是农奴。土民只有“零星犄角”分地。[41]土司的剥削形式是劳役地租。明清之际汉族人民不断迁入，带去了先进的技术和工具，经济不断发展，地主经济成分增多，劳役地租已不能满足土官的要求，急需改变剥削方式。土司制度后期，冲破了“土汉不许买卖土地”的旧规，出现了土地买卖现象。康熙五十四年，散毛土司覃煊以六百两银子，将客寨一带地方卖给铜仁、辰州的冉静庵、熊本龙，冉、熊二人招入二百六十余户佃农耕种。[42]容美土司于雍正初年，用一千两银子买了麻寮土司唐姓千金坪一带三十里山场。[43]此外，容美土司还在石门、枝江、宜都等地大购土地、房产。土司把大量土地租佃出去，收取实物或货币地租，使土民从繁重的徭役、兵役和劳役地租剥削下解脱出来，人身依附关系大大减弱，他们可以自由地支配时间，经营自己的土地。从而土司就失去了寓兵于农的军队和农奴。领主经济的崩溃，势必动摇其上层建筑——土司的统治。

自唐宋对鄂西少数民族地区实行羁縻政策以来，虽然统治者三令五申强调“蛮不出境，汉不入峒”，但民族自然融合、平等交往势不可挡。永乐二年，施南、金峒土民，不顾明令，迁入施州地方。弘治年间，忠路、忠孝等司土民，已迁到施州都亭等里，施南、唐崖土民迁到黔江夹口等地。[44]汉人通过各种渠道来到鄂西，容美境内“江、浙、秦、鲁人俱有，或以贸易至，或以技艺来，皆仰膳官厨，有岁久不愿去者，即分田授室”。[45]特别是在抗倭斗争和明末农民战争中，土、苗、汉等各族人民并肩战斗，鄂西人民同他们结成了深厚的友谊，接受了汉族先进的文化。民族之间的密切交往，须废除土司的禁令，拆毁土汉疆界和关隘，打破土司狭小的天地[46]。

二、历史意义

鄂西改土归流从雍正四年开始到十三年结束，这是鄂西历史一个转折点，具有其进步意义。

首先，促进了民族融合和统一的多民族国家发展和巩固。改土归流打破了土司据地封闭状态，撤毁了原来设的界碑和关卡，使鄂西连成一片，也使鄂西与周围地区相通。就以土家族较集中的来凤县而论，“自改土而后，披荆斩棘，行李往来，遂为三省之要区，四冲之捷径。”[47]“（鹤峰）州设流之后，常德、澧州及外府之人，入山承垦者甚众。”[48]咸丰“自归流后，外来寄籍者不少，然皆耕凿相安，两无猜忌……，近者愈迁愈甚，接踵而至者遍满乡邑，有非我族类之感焉。”施南“商贾多江西、湖南之人。”[49]川、鄂、湘交界各族人民互通有无，密切交往。湖广、川、赣、陕、江、浙、闽、粤等省的商人、仕官都来到鄂西，有的定居下来。各地区、各族人民互相学习，互相影响，在鄂西土地上终于形成了一个以汉族和土家族为主体，包括苗、侗等族的民族大家庭。

改土归流后，鄂西地方纳入中央直接统治，有利于国家统一。“自此，土司所属之夷民，即我内地之编氓；土司所辖之头目，即我内地之黎献。民胞物与，一视同仁”。[50]改土后，鄂西设恩施、宣恩、咸丰、利川、建始、来凤六县，设鹤峰州，辖长阳、长乐二县。这些州县由中央派流官管理，很快完备建制，“至新设之府、州、县等官，需用吏役，应照经制召募，并设铺兵，以速邮传。”[51]接着就“建城池、衙署、祭祀坛庙、祠宇、仓库、监狱、营房、塘房、墩堡、瞭楼及铺兵栖址，孤贫养济，官渡船只，并山路陡险急须开修通利。”[52]这些措施，有利于中央对刚改土后的鄂西进行有效管理，有利于鄂西土家族地区经济文化交流，有利于统一的多民族国家的巩固。

其次，促进了鄂西社会经济发展。土司制度的废除，其赖以生存的经济基础也随之瓦解。土民对土司的依附关系有所松弛，同时不少土兵从征战中解放出来，充实了劳动生产力，他们的劳动积极性空前高涨，为鄂西经济发展提供了前提。

改土过程中，废除了土司规定的陈规陋习，重新清查户口，统一赋税，“分疆划境，丈亩均田。”[53]除去正赋外的一切杂派，仅雍正八年就革除了土司陋例二十一条，其中有：“禁止蜂蜜黄蜡陋例”、“禁绝谢恩赎罪”、“严禁火坑钱”、“除外来商旅馈送土官礼物”、“雇民夫宜酌夫定价”等，这就大大减轻了土民的负担。同时，还规定鹤峰州交税粮银与原额不变，即九十六两，忠峒等司亦同，并减免原容美等司税粮三年。[54]人民负担减轻，生活有了保障，有利于扩大再生产。

改土归流后，还采取了积极措施，鼓励发展生产。废除了原来不许土地买卖的禁令，允许土地买卖，自由开荒。鹤峰第一任知州晓谕人民：“民间有主荒土，到处尚多未开，原限本年全熟，因何宽缓延挨，来正如有未垦，外地招农进来，不论有主无主，概作官土赏栽，并即发给印照，永远管业不改。"[55]鹤峰州"设流以后，常德、澧州及外府之人，入山承垦者甚众。"[56]鄂西大片荒地被开垦出来，1754—1774年间，施南府垦出荒地55396亩。[57]大片沃地被利用，"包谷不粪而获，每市斗价值四十文，较官斗仅值二十文"，为社会经济的发展奠定了基础[58]。

此外，官府还鼓励人民兴修水利，施肥除草，引进先进生产技术，多种经营，鄂西地区"向来刀耕火种，不用灰粪"。鹤峰第一任知州毛峻德劝告土民："农桑为国之本，……愿尔崇本力农，……更宜积粪和灰，著土免致瘦瘠。水田旁开水塘，并备车戽沟洫，……塘上多栽桑麻，桐树、棉花并植。"还劝告土民"开塘引流"，"多收草粪"，用"石灰暖地"。[59]还引进了铁犁、铁耙、铁镰。施南府的"高低田地，皆用牛耕，……农器诸类悉具，而筒车转水灌田，尤为事半功倍。"[60]"高山使用黄牛，低山使用水牛。"[61]广泛地推行区田法，用水碓、水磨、水碾碾米磨面，提高了生产力。

改流后，鄂西农业生产发展很快，施南府"户口较前奚啻十倍，地日加辟，民日加聚，从前所弃为区脱者，今皆尽地垦种之"。[62]农作物种类增多"近日种包谷者多，其种固好，可以作米、作酒、作糖、作糕饼，亦种之美者也。"[63]"凡七里高处，无水源所在，均宜种包谷……如东乡椿木营、忠洞之鸟脊岭等处，均宜种洋芋……如高罗之九间店，忠建里之经历寨等处，宜稻宜甘薯。"[64]稻谷有早稻、中稻、晚稻，分粘谷、糯谷，仅来凤一县稻谷就达二十多个品种。棉花也开始种植。[65]这就扩大了食物范围。遇到年成好，吃饱用足还有余。"鹤峰州境，节年丰熟"。人们把吃不完的粮食用来喂猪、酿酒。[66]生活水平不断提高。

手工业和商业贸易也有了发展，改土时废除了土汉关卡，禁止勒索商人，鼓励民间多种经营。改流后，"女勤于织，户有机声"。[67]土家姑娘织的"西朗卡布"被称为土家之花。此外，木匠、铜匠、裁缝各业俱有。施南府"百工多系本地居民，亦有外来者，……精于艺者，或居肆置物以货。"[68]集市贸易繁荣，商品经济兴旺，鹤峰州内"舟楫之往来，连络不绝；商贾之货殖，各种俱全；人事之繁华，已至其极"。[69]汉族地区的商人纷纷进入鄂西抢购山货。民间米盐交易，"或期以三日，或期以五日，其交易之区曰场，亦有以市、镇、街、店称者。"[70]施南"商贾多江西、湖南之人，其土产之苎麻、药材以及诸山货，概负载闽粤各路,市花布绸缎以归","贾人列肆,所卖汉口,常德,津、沙二市之物不一;广货、川货四时皆有,京货、陕货亦以时至。"[71]鄂西土产运销各地,几乎全国各地的产品都可在鄂西市场上买到。这既方便了人民的生活,也促进了各族人民经济文化的交流。

第三,促进了文化事业的发展,革掉了许多愚昧落后的风俗。鄂西地区,原来"其俗信巫尚鬼,……识字知文者鲜焉。"[72]改土归流后,废除了"禁部中夷人不许读书"的愚民政策。[73]鼓励修文习武。毛竣德任鹤峰知州后,即提出设义馆,令民间子弟上学,7岁以上的孩子必须上学,父母不得阻止。为了扩大民间子女入学机会,在施南府设了府学。各县设了县学、乡学,实行科举考试。乾隆三十六年(1771年),在施州设了考棚,许多人进校学习。施南"文教事兴,人皆向学。不独世家巨室,礼士宾贤,各有家塾,即寒素子弟,亦以诵读为重而洁清自重。"以"风土边鄙,人物朴固"的利川而论,土著"尚朴陋,自改土以来,流人麇至,民勤耕稼,士习诗书,旧俗渐易,其与郡城大率相同。"[74]出现了"乡举选贡,均已有人,厥后人文蔚起,月异而岁不同"的局面。[75]汉族地区的文化典籍传入闭塞的鄂西,像《三国演义》、《西游记》、"孟姜女"故事广泛流传,为土家人民所喜爱。汉族文化的传入,鄂西风气为之一变,对鄂西文教事业产生了深远的影响。

发展教育事业的同时,也革除了许多愚昧落后的习俗。鹤峰第一任知州上任后,马上发布了"禁端公邪术"、"禁乘丧讹诈"、"禁轻生"等布告。对那些弄鬼弄神、蛊惑人心的人,处以绞刑;对那些趁别人父母身亡而敲诈者,先是阻止,不听则绳之以法;还劝告土民珍惜生命,不宜轻生;劝人们尊老爱幼,"父母衣食不给,子弟当供奉之"。在婚姻方面,禁止同姓逼婚,婚姻须"必各情愿","外姻远族不得干与"别人婚事,"男女婚配,必须年纪相当。"禁止厚礼浪费,允许妇女再嫁。[76]这些无疑是进步的,改变了一些愚昧的风俗。鄂西"是则风俗之三变矣"。[77]此后,鄂西"士皆秉礼,民亦崇实",人情已"犹近华风"。[78]这是一个伟大的进步。

总之,鄂西土家族地区改土归流是统一的多民族国家发展的必然趋势,是巩固国家统一的必要措施,也是鄂西社会经济发展的必然结果,是鄂西土民的迫切愿望。改土归流,促进了民族融合和国家的统一,促进了鄂西少数民族地区经济文化的发展。

【参考文献】

[1]丘浚:《内夏外夷之限》,见《名臣经济录》卷16《兵部》,台湾影印文渊阁四库全书本。

[2]道光《长阳县志》卷之二《建置志》。

[3]《清史稿》卷512《湖广土司列传》。

[4]刘彬:《永昌土司论》,《皇朝经世文编》卷86《兵政十七·蛮防上》。

[5]刘彬:《永昌土司论》,《皇朝经世文编》卷86《兵政十七·蛮防上》。

[6]同治《永顺府志》卷12《杂记》。

[7]《明史》卷311《四川土司列传》。

[8]鹤峰五峰县统战部编:《容美土司史料汇编》奏章文告部分,1984年内部印刷。

[9]《田氏族谱》卷3,见中共鹤峰县委统战部等编《容美土司史料汇编》,1984年内部印刷,第386页。

[10]《清史稿》卷288《鄂尔泰传》。

[11]《元史》卷103《刑法志二》。

[12]齐祖望:《请严边防》,同治《宜昌府志》卷14《艺文》。

[13]魏源:《圣武记》卷7《西南夷改流记上》,北京:中华书局,1984年版,第284页。

[14]同治《桑植县志》卷2《建置志》。

[15]《清史稿》卷512《湖广土司列传》。

[16]同治《宜昌府志》卷10《兵防上》。

[17]容阳堂《田氏族谱》卷1,见《容美土司史料汇编》,第372页。

[18]《清世宗实录》卷64,雍正五年十二月已亥。

[19]《国朝先正事略》卷13《鄂文端公》。

[20]同治《桑植县志》卷8《土司志》。

[21]顾彩原著,高润身注:《容美纪游注释》,天津:天津古籍出版社,1991年版,53—54页。

[22]赵翼:《檐曝杂记》卷4《黔中倮俗》,见《唐宋史料笔记丛刊》,北京:中华书局,1982年版,第68页。

[23]蓝鼎元:《鹿洲初集》卷1《论边省苗蛮事宜书》。

[24]《朱批谕旨》第28册"雍正八年十一月二十八日云贵广西总督鄂尔泰奏",光绪石印本,第51页。

[25]《皇朝经世文编》卷86《兵政十七·永昌土司记》。
[26]咸丰土家族简介编写组编印:《咸丰土家族简介》,1980年,第13页。
[27]嘉庆《龙山县志》卷16《艺文下》。
[28]同治《永顺府志》卷12《杂记》。
[29]魏源:《圣武记》卷7《西南夷改流记上》,北京:中华书局,1984年版,第284页。
[30]袁承宠:《详革土司积弊略》,同治《永顺府志》卷11《檄示》。
[31]魏源:《圣武记》卷7《西南夷改流记上》,北京:中华书局,1984年版,第284页。
[32]同治《宜昌府志》卷16《杂载》。
[33]同治《宜昌府志》卷16《杂载》。
[34]顾彩原著,高润身注:《容美纪游注释》,天津:天津古籍出版社,1991年版,第55页。
[35]鄂西土家族简史编写组编印:《鄂西土家族简史》,1983年,第40—41页。
[36]魏源:《圣武记》卷7《西南夷改流记上》,北京:中华书局,1984年版,第290页。
[37]《清世宗实录》卷72,雍正六年八月己酉。
[38]中共鹤峰县委统战部等编:《容美土司史料汇编》,1984年内部印刷,第47页。
[39]中共鹤峰县委统战部等编:《容美土司史料汇编》,第38页。
[40]中共鹤峰县委统战部等编:《容美土司史料汇编》,第492页。
[41]戴逸、李文海主编:《清通鉴》卷87,清世宗雍正八年庚戌,太原:山西人民出版社,1999年版,第3007页。
[42]《雍正皇帝朱批谕旨》卷213《朱批迈柱奏》。
[43]道光《鹤峰州志》卷14《杂述》。
[44]童昶:《拟奏制夷四款》,载同治《增修施南府志》卷29《艺文》。
[45]顾彩原著,高润身注:《容美纪游注释》,天津:天津古籍出版社,1991年版,第47页。
[46]中共鹤峰县委统战部等编《容美土司史料汇编》引《九溪卫志》。
[47]同治《来凤县志》卷4《地舆志·形势》。
[48]同治《宜昌府志》卷16《杂载》。
[49]同治《增修施南府志》卷10《典礼志·风俗》。
[50]《清世宗实录》卷64,雍正五年十二月己亥。
[51]乾隆《鹤峰州志》卷上《沿革》。
[52]乾隆《鹤峰州志》卷上《沿革》。
[53]光绪《古丈坪厅志》卷4《建置》。

[54]《德沛奏》,见《容美土司史料汇编》,第 52 页。

[55]毛峻德:《劝民告条》,载乾隆《鹤峰州志》卷下《风俗·文告》。

[56]同治《宜昌府志》卷 16《杂载》。

[57]同治《增修施南府志》卷 12《食货志》。

[58]同治《宜昌府志》卷 16《杂载》。

[59]乾隆《鹤峰州志》卷下《风俗·文告》。

[60]同治《恩施县志》卷 7《风俗志》。

[61]同治《咸丰县志》卷 14《食货志》。

[62]同治《恩施县志》卷 7《风俗志》。

[63]鹤峰山羊隘《向氏族谱》。

[64]道光同治《宣恩县志》卷 10《风土志》。

[65]同治《来凤县志》卷 29《物产志》。

[66]乾隆《鹤峰州志》卷下《风俗·文告》。

[67]同治《来凤县志》卷 28《风俗志》。

[68]同治《增修施南府志》卷 10《典礼志·风俗》。

[69]《甄氏族谱》,见《容美土司史料汇编》,第 491—492 页。

[70]光绪《利川县志》卷 7 卷《户役志》。

[71]同治《来凤县志》卷 28《风俗志》。

[72]《甄氏族谱》,见《容美土司史料汇编》,第 491 页。

[73]沈符德:《万历野获编》卷 30《土司》。

[74]同治《增修施南府志》卷 10《典礼志·风俗》。

[75]王惟球:《改建刘家司义学记》,载道光《鹤峰州志》卷 13《艺文》。

[76]乾隆《鹤峰州志》卷下《风俗·文告》。

[77]同治《恩施县志》卷 7《风俗志》。

[78]同治《增修施南府志》卷 10《典礼志·风俗》。

(原载《湖北少数民族》1985 年第 2 期)

略论土家族知识分子在辛亥革命中的历史作用

土家族是聚居在我国湘鄂川黔交界处的一个少数民族，虽地处我国腹地，但交通闭塞，其历史发展进程较为缓慢。历史跨入近代，情况却为之一变。令人瞩目的革命斗争，特别是直接推动武昌起义的“川湘鄂黔边武装起义”“令世人震惊”。震惊之余，细细探究，不难发现这场运动与土家族地区知识分子的活动密切相关。

一

如果说改土归流后的百余年是土家族旧式知识分子零星出现的时期，那么19世纪末20世纪初则是土家族地区新式知识分子群体形成的时期。

1840年的鸦片战争，中断了中国历史发展的正常进程，中国开始沦为半殖民地半封建社会。1860年《北京条约》签订后，侵略者的魔爪开始深入中国内地。面积广大、资源丰富的土家族地区成为侵略者的商品倾销市场和原料掠夺基地。洋货充斥土家地区，桐油、茶叶、药材等山货特产为侵略者掠走，古老的土家地区家庭手工业破产，农村凋敝不堪。鸦片泛滥成灾，“食鸦片者几逾半，惰懒不可生产”，“遍地烟毒，状不可言”。[1]洋教士横行乡里，鱼肉百姓。他们表面上发善心，办育婴堂，实则“常有刳腹剖心之惨”。[2]在清政府“护教抑民”的政策下，洋教士与地方官吏勾结一起，“私设公堂，讯案笞人，出示收捐”，“夺人妻女，占人产业”。[3]清政府为了支付赔款和满足官吏的享乐，“横征暴敛，人民怨声载道。”[4]

在侵略者掠夺过程中，土家地区各族人民进行了一次又一次的反抗斗争，他们参加了抗英斗争、太平天国运动、反洋教斗争，这些斗争都失败了。斗争的失败和中国面临被列强瓜分的严重危机，使有志于救国图存的知识分子陷入无限的困惑和思索之中。此时，以孙中山为首的资产阶级革命派的崛起，给土家族地区的知识青年带来了希望的曙光，他们仰慕孙中山提出的“共和主义”，立志“以颈血洗专制之腥污”[5]。此时，清政府创办新式学校和新军，派遣留学生去外国学习，又给土家族地区青年接触资产阶级革命思想提供了可能性。

1898年，清政府下令各省兴办中小学堂，鄂督张之洞是积极的推行者。到1902年，湖北省就创办大中小学堂1300多所，闭塞的土家族地区也出现了各种学堂，如1903年恩施设立官立小学。以后各县都设立了中小学堂和各类实业学校。巴东、恩施、建始等县高小学堂办得较有名气[6]。新式学堂造就了土家族地区第一批具有新的时代气息的知识分子，这批具有新思想的知识分子数量较多，仅咸丰1909年就有高等小学堂学生83人，初等小学堂学生534人。1910年，恩施有中学堂2所，学生263人；实业学堂3所，学生184人；普通学堂26所，学生842人。在当时民族危机加深和革命思想影响下，一部分人已萌发反清思想。土家族青年温朝钟，1904年考入黔江县中学，他认为清政府的学校是“君主牢笼术，汉族两百余年之耻”[7]，毅然弃学参加革命。这些处于阵痛时期的知识分子，痛恨现实，企图摆脱痛苦。但他们思想迷茫，不知采取何种手段。

当时，还有部分土家族青年冲破地域限制，到外域或省城求学，或参加新军。如贵州沿河县土家族青年席正铭，22岁入贵州陆军小学堂，两年后又升入武昌陆军第二中学堂，后参加武昌起义，曾任都督府参军。四川黔江土家青年程昌祺、陈宿航于1904年留学日本，就读于弘文师范学校。他们后来参加了中国同盟会，回四川进行革命活动，并介绍温朝钟等人参加同盟会。鄂西土家族地区在外求学和留学者更多。据统计，从1899年到1910年，鄂西先后有65人在外留学，这些人先到革命最活跃的武昌读书，继而到海外资产阶级活动中心日本东京留学，直接受到资产阶级革命思想影响。他们如饥似渴地学习，传阅革命书刊，参加进步活动，寻求救国救民的真理。他们很快成为资产阶级革命的拥护者、宣传者、参加者。据不完全统计，鄂西土家族青年有24人从事革命宣传活动。如利川留日学生范腾霄，先在武昌六普学堂读书，开始受到资产阶级革命思想的影响，经张荣楣（恩施人）介绍，结识了刘静庵，与其一起从事革命活动，后经宋教仁的介绍加入了同盟会。他在海军雷电学院学习期间，主编了《海军杂志》，编写了《甲午海战史》，鼓吹革命。他还以同盟会湖北分会交际专员的身份，寄进步书刊回汉口，购《民报》4000 份回省[8]。他在自传中写道："余留日虽在学中，对于湖北学界革命运动之联系并未中断，与静庵（刘静庵，湖北日知会负责人）、鸿勋（范鸿勋，鄂城人，日知会会员）时有函件往来。新近如同乡牟鸿勋、甘辑熙（均为共进会员）等，更情绪激烈，间三数日即有函件往复。"[9]在外国留学的土家族青年中，除极个别外，都在革命思想影响下，投身于资产阶级革命中。

在国内，土家族地区知识分子或"讲学之暇，辄与少数同志纵谈及此"[10]，或"侧身军界，联络军中同志，持铁血主义"[11]，与留学国外的知识分子遥相呼应。如建始土家族青年吕大森，1893 年入湖北武备学堂深造，深受资产阶级民主革命思想影响。1903 年 4 月，为反对沙俄侵略我国东北，武汉革命人士和爱国学生在上海"拒俄大会"通电影响下，发起了拒俄运动，吕大森在大会上慷慨陈词，痛斥清政府的腐败和帝国主义侵略行为，产生了极大的影响。1904 年，吕与刘静庵、朱元成、曹亚伯、胡瑛、张难先等在武昌多宝寺街设科学补习所，吕被推为所长，并捐资 50 元作为会费，积极倡导革命。来凤土家族青年向炳昆在武昌文普学堂求学期间，受革命党人的影响参加了革命团体日知会，并任干事。1906 年，他在任《湖北日报》编辑时，利用舆论阵地鼓吹革命。后又与谢石钦、高震霄、黄丽中等一起创办了《长江日报》，宣传反清革命。巴东土家族青年邓玉麟 1897 年在宜昌投入新军，受到革命思想的影响，倾向革命。1908 年结识了孙武，参加共进会，成为孙武的得力助手，他还在武昌开同兴酒楼，联合革命志士。在武昌起义过程中，邓玉麟做了许多踏实工作，成为辛亥武昌起义的主要策划者和领导者之一。

同样在土家族地区也形成了具有资产阶级革命思想的知识分子群体，如川黔鄂交界处就形成了以温朝钟、黄玉山、王克明等为核心的知识群体，他们组织了"铁血英雄会"，被统治阶级诬为"十八家反王"。[12]

总之，在 19 世纪和 20 世纪之交的社会大动荡时期，土家族有了自己新的知识分子群体，他们虽然分布于故土、武昌、东京，但他们都接受了资产阶级革命思想，并分别参加了同盟会、共进会、日知会等革命组织，许多人是辛亥革命的组织者和领导人，正是他们给长期闭塞落后的土家族山寨带来了资产阶级革命的火种。

二

“在中国的民主革命运动中，知识分子是首先觉悟的成分。”[13]“中国知识分子，如同古代的士大夫一样，确乎起了引领时代步伐的先锋者的作用。”[14]闭塞落后的土家族地区因为出现了资产阶级知识分子，革命斗争的发展超乎寻常，他们在民主、救亡的双重变奏曲下，海外与国内联合，省城与家乡相呼应，里应外合，锲而不舍，演出了轰轰烈烈的一幕又一幕悲壮的历史剧。

土家族地区的资产阶级知识分子，一部分活跃于海外、武昌等地，更多的是回乡宣传革命思想，发动革命运动，成为土家族地区资产阶级革命的领导者。“施之人士，多游学在外者，革命思想，遂由是而输入焉。”[15]利川留日学生范腾霄，购《民报》、《革命军》等书刊4000份，寄回给在湖北新军中的同乡牟鸿勋和甘绩熙，以及家乡好友余炳厚，“厚读之，恒闻鸡起舞，以光复为志”。[16]在武昌读书的建始籍学生吕大森、朱和中，在武汉办了“乐群印刷社”，翻印《猛回头》、《警世钟》等小册子，由张荣楣、康秉均（均为恩施人）协助潜运散布于施南各县，四川黔江土家族青年程昌祺与家乡知识分子密切联系，始终注视家乡的革命运动。

在家乡的知识分子也积极从事革命组织发动工作。1904年，施南府的初级师范体育教师余庆之，“在校中秘密联合二三同学，倡议设一教育研究会，盖托名，实为进行革命事业也”。[17] 1904年武汉科学补习所与湖南华兴会密谋，乘那拉氏寿辰之际在武昌长沙并举，派吕大森、何自新、康秉均、刘汉卿等到鄂西一带联络会党，他们与哥老会首领吴白云等日夜策划，后事未成功，科学补习所被封。1905年2月，刘静庵发起成立革命团体日知会，“大森、秉均、汉卿复与湘人曾伯勋组织日知会分会于（施南）府城”[18]，准备响应湖南萍乡起义。萍乡起义失败后，刘汉卿在施南府被捕，1907年，施南日知会分会解散。在川鄂黔交界处，以土家族知识分子温朝钟、黄玉山等人和汉族知识分子王克明为核心的知识分子群体进行了大规模的革命活动，其范围波及整个土家族地区。他们组织了“风俗改良会”和“铁血英雄会”，成为领导革命的机构。1909年，“铁血英雄会”改为“川鄂湘黔铁血联英会”，提出了“义联英俊、协和万邦、推翻满清、打倒列强、复兴汉族、实行共和”的政治纲领。联合川黔鄂湘四省的革命力量，以推动整个土家族地区革命为己任。温朝钟在川鄂湘黔广泛联络，与许多知识分子保持联系。其他土家青年也积极运动革命。1910 年,土家族聚居区在“铁血联英会”领导下,形成了一股强大的革命力量,土家族地区革命有一触即发之势。

三

土家族地区知识分子的活动,直接推动了资产阶级革命运动的发展。首先,他们的宣传工作奠定了土家族地区资产阶级革命的思想基础。土家族是一个勇敢善战的民族,在近代史上进行了多次反抗内外敌人的斗争。在民族危机的时刻,知识分子没有气馁,毫不畏惧,毅然投身于推翻清政府的斗争中,把资产阶级革命思想传到落后的土家族地区。在民主共和思想的影响下,土家族地区“人多悟焉”[19],连当时的咸丰县令徐培也为资产阶级革命思想所感,与革命党人温朝钟彻夜详谈,并为起义出谋划策[20]。利川南坪乡自治会长余炳厚,阅读《民报》后,决心“以光复为志”。资产阶级革命思想深入到土家族地区各族人民心中,成为不可动摇的信念。

其次,知识分子的宣传组织活动和革命精神感染了各民族人民,奠定了较为牢固的群众基础。知识分子在土家族地区从事革命活动中,先后建立了教育研究所、科学补习所、日知会、风俗改良会、川鄂湘黔铁血联英会等组织。在知识分子带动影响下,各族人民积极参加革命。温朝钟倡导革命后,“继以三四年内,川鄂边即有六七千人参加了社会组织”。如此多人参加革命运动,在土家族地区历史上是少有的。广大知识分子能把目光投向广大农民群众,与其他地区革命只依靠会党相比较,无疑是一个进步。他们设立的群众组织,其成员每人发一块刻有密码的钢片作证件,五人为一组,十人为一班,五班为一朋,五朋为一社,五社为一联社,组织之严密是辛亥革命前其他地方起义中少有的。

土家族是一个淳朴善良、乐于助人的民族,在当时的群众中,知识分子是神圣的,而知识分子不摆架子,与民众息息相通,更是受人欢迎。温朝钟为了组织发动革命,为人治病,“惟饥餐渴饮,他无所受”,经常接济穷苦人,甚至把外衣也给了人。黄玉山出资修桥筑路,办公益事业。谭茂林等人把全部资产捐给“铁血英雄会”,购军火武器。[21]范腾霄为了革命,顾不上妻女。邓玉麟变卖家产以资革命之急。[22]土家族知识分子为了革命勇于牺牲的品质,以及脚踏实地的作风起了很好的表率作用。

其三，土家族地区知识分子的运动，导致了武昌起义前夕影响最大的湘鄂川黔边起义。1910年广州之役失败后，宋教仁等人力主“就沿江各省，同时并举，先立政府，然后北伐。”[23] 1911年7月在上海成立了“中国同盟会中部总会”，致力于发展长江地区革命事业。温朝钟、黄玉山等人身居武陵山中，却密切注视着全国形势的发展，把土家族地区的革命运动与全国的运动结合起来。1910年12月，温朝钟等在四川彭水县凤池山朝阳寺召开“川鄂湘黔铁血联英会”骨干分子会议，研究了起义方案，初步议定1911年8月23日，以“期”为号，同时并举。后因温百川告密被迫提前于1911年元月起义。从起义战略来看，1911年1月11日起义军攻下黔江县城后，再次研究行动方案时，温朝钟、黄玉山主张取彭水，出涪陵，沿长江发展；王克明等则主张再进黔江城，以此为暂时的根基，伺机夺酉阳，与贵州沿河地区同盟会联络，由龚滩而下，攻彭水；第三种主张是取道咸丰，经恩施，出巴东，顺江东下，与湖北同盟会会师。[24]这三种方案都与同盟会总体计划一致。所以，它是辛亥革命的重要组成部分，直接推动了武昌首义的成功。正如历史学家冯天瑜教授所说，温朝钟起义因发生于偏僻的鄂川交界处，不太引人注意，以往著述也极少论及这次起义。而实际上，温朝钟起义其规模之大和对清廷的打击之沉重，在辛亥革命前夕全国各地反清暴动中都是名列前茅的。特别是温朝钟所率义军，剪去发辫，标名“国民军”，并一度攻占县城，所显示的斗争水平也超乎一般。这次由革命党人温朝钟领导的会党起义，理应在辛亥革命史上占据一席地位。[25]

其四，促使了土家族地区官府的迅速反正。早在武昌起义前夕，革命党人就认为，起义后“一旦北军南下，端军还击，鸠合荆州八旗，顺江东下，则武昌腹背受敌，将不能久守”。[26]于是决定攻占鄂西，堵川军东进，革命党派土家族知识分子向炳昆携带秘密机关愿书表册，赴恩施运动，向以办学为掩护，“于8月2日起程，22日到恩施，即与康秉均等秘密活动，他们秘集会长首领，商筹准备发难，且运动新军响应。”[27]由于知识分子运动，鄂西土家族地区官府迅速反正。10月初，宣恩宣布反正。10月28日，施南府宣布反正。10月31日“勒令道府、县缴销印符，以为推翻满清之证据”。向炳昆、吕大森、谭寿田前往建始县活动。咸丰率先响应，知县张鸣凤商之于前任知县徐培和乡绅，诸乡绅认为是“人人当为之事”，便在普山召开群众大会，控诉清政府的民族压迫政策，提倡剪辫，成立民团，维护社会治安。[28]利川县南坪乡自治会长余炳厚“亲赴各地演说，并劝令剪发”，利川“合境人心以安”。[29]巴东“地方异常欢迎”反正，11月10日反正，“公举新任县官”[30]。鄂西土家地区基本是传檄而定。土家族其他地区也积极响应武昌起义，1911年11月22日，革命党人占长沙，宣布湖南独立。湘西各县纷纷响应，11月底，凤凰宣布独立，继后，龙山、永川、保靖相继独立。1911年11月，重庆宣布独立，酉阳各族人民响应起义，组成义军于11月中旬攻入县城，酉阳独立。不久又收复秀山县。[31]1911年12月13日，黔江人民在同盟会员谭国材率领下，攻占县城，黔江宣布独立。辛亥革命在川东南土家族地区也取得了胜利。

土家族居住区，历代统治者和中原文人都称之为“蛮夷”之地，在这块蛮荒的土地上，土家、苗、侗、汉各族人民和睦相处，团结一致，曾多次参加反对内外敌人的斗争。然而，这些斗争影响都不大。历史进入19世纪末20世纪初，土家族地区的各族知识分子接受了资产阶级革命思想，并播撒在家乡的土地上，土家族各族人民眼界大开，主张民主共和、反对专制的号声在他们心中激荡。在资产阶级知识分子的领导下，爆发了声势浩大的资产阶级革命运动，并取得了胜利。它是整个辛亥革命的一部分，它不仅在土家族历史上占有重要地位，在中国历史上也占有重要位置。

【参考文献】

[1] 湖北省政府民政厅编:《湖北县政概况》,武汉:汉口国华印务公司,1934年版。

[2] 光绪《利川县志》卷13《艺文志》。

[3]《议员刘德标劣迹》,见《民报》辛亥8月14日。

[4]《时报》民国二年5月23日。

[5]《邓玉麟革命小史》,湖北省博物馆等编:《武昌起义档案资料选编》中册,武汉:湖北人民出版社,1982年版,第220页。

[6] 陈东原:《中国教育史》,北京:商务印书馆,1935年版。

[7] 民国《咸丰县志》卷12《杂志》。

[8] 贺觉非:《辛亥首义人物传》,北京:中华书局,1982年版,第49页。

[9] 中国人民政治协商会议湖北省委员会编:《辛亥革命回忆录》第3辑,武汉:湖北人民出版社,1958年版,第71页。

[10]《周之瀚革命事略》,湖北省博物馆等编:《武昌起义档案资料选编》,第489页。

[11]《甘绩熙自述》,湖北省博物馆等编:《武昌起义档案资料选编》,256页。
[12]民国《咸丰县志》卷12《杂志》。
[13]毛泽东:《五四运动》,《毛泽东选集》第2卷,北京:人民出版社,1991年版,第559页。
[14]李泽厚:《中国现代思想史论》,北京:东方出版社,1987年版,第344页。
[15]雷震章:《施南光复始末记》,湖北省博物馆等编:《武昌起义档案资料选编》,第135页。
[16]《利川县四邑自治联合会事略》,《武昌起义档案资料选编》中册,第163页。
[17]甘绩熙:《躬与辛亥武昌首义及阳夏鏖兵之经过实录》,见丘权政等选编《辛亥革命史料选辑》上册,长沙:湖南人民出版社,1981年版,第388页。
[18]雷震章:《施南光复始末记》,湖北省博物馆等编:《武昌起义档案资料选编》,第135页。
[19]民国《咸丰县志》卷12《杂志》。
[20]民国《咸丰县志》卷12《杂志》。
[21]民国《咸丰县志》卷12《杂志》。
[22]《邓玉麟革命小史》,湖北省博物馆等编:《武昌起义档案资料选编》,第222页。
[23]张相文:《南园存稿》卷8《宋教仁传》。
[24]梅兴无:《辛亥革命时期鄂川边区的反清起义》,载《中央民族学院学报》,1987年第5期,第16页。
[25]贺觉非、冯天瑜:《辛亥武昌首义史》,武汉:武汉大学出版社,2006年版,第138页。
[26]民国《咸丰县志》卷12《杂志》。
[27]民国《咸丰县志》卷12《杂志》。
[28]冉焯乎:《咸丰县反正以来始末记》,《武昌起义档案资料选编》中册,第154—155页。
[29]《利川县四邑自治联合会事宜》,《武昌起义档案资料选编》中册,第163页。
[30]佚名:《恢复荆宜施鹤始末》,《武昌起义档案资料选编》中册,第90页。
[31]《酉阳民族成分普查资料》(内部资料)。

(原载《中南民族学院学报》1991年第5期)

试评咸黔庚戌武装起义

20世纪初的中国,民族灾难深重,国内阶级矛盾激化。正如光绪三十三年(1907年)九月上谕里说:"现值时势多艰,人心浮动。""近年各省时有匪徒啸聚……事起一隅,动关全局。"[1] 1905年,中国同盟会成立以后,领导了一次又一次武装起义,这些起义都有人作了系统的探讨。然而发生在湖北省恩施自治州咸丰县和四川省黔江土家族苗族自治县(今黔江区)交界处的"咸黔庚戌武装起义",却因其发生于僻远的山沟,久久被人忽视,迄今少人问津。笔者不揣鄙陋,就这次起义作试探性的评价,以求抛砖引玉。

一

咸黔庚戌武装起义的领导人克服了以往会党起义准备不足、忽视发动群众的弱点,进行了较为充分、周密的准备,其组织准备工作有以下几方面的特点。

1911年以前,在同盟会领导的各次起义中,大多以会党为群众基础,这些起义的组织准备工作都是短暂的,带有极大的冒险性。咸黔庚戌武装起义的领导人则截然不同,他们把敏锐的目光投视到更深、更下层的农民群众之中。他们发动农民群众是通过循序渐进、不断深入、持久地进行的。

首先,他们利用自身的威望和地位去影响、带动广大农民群众。从起义的领导层来看,多是乡间文人、绅士,都有较高的名望。主要领导人温朝钟是清末秀才,"少孤性敏,读书过目无忘"。1906年赴成都考通省师范学校,名列榜首。他还继承和发展了家传医学,为民治病,"惟饥餐渴饮,他无所受"。其医术和医德遐迩闻名,博得了"温神仙"的称号。他还好施舍,乐于助人,深得民众爱戴。黄玉山读书深通大义,家富有资产,任过区长,是乡中耆老名绅,捐资济贫,修路行善,办公益事业,"主持自治公务,以慎以勤,士民咸嘉赖焉"。王克明是"黔江世家子,名著于乡"。王云笠是温朝钟的老师,黔江著名文人。[2]当时的川鄂边一带,仍交通闭塞,文化落后。在愚昧的芸芸众生之中,文人自然有如鹤立鸡群,甚而被奉若神明。在淳朴的山民中,行善做好事被认为是最崇高的品德,他们会以崇敬、紧跟、馈赠等方式去回报。因而,温朝钟、黄玉山等以其自己的学识和崇高的品德赢得了山民们的尊敬和拥护,为倡导革命奠定了良好的社会基础。

咸黔庚戌武装起义最大的组织特点是利用革命思想发动农民群众。章太炎先生说:“以前的革命,俗称强盗结义;现在的革命,俗称秀才造反。”[3]咸黔庚戌武装起义也具有这一新的时代特征。温朝钟、王克明、黄玉山等都属于小知识分子,尽管他们受的是旧式教育,然而他们在剧烈的社会变革面前,逐步地抛弃了旧思想,接受了资产阶级革命思想,并将作为发动组织群众,准备武装起义的武器。早在1904年,温朝钟就开始抨击君主专制,与“田夫野老”畅谈时事,抨击朝政,萌发了资产阶级革命思想。[4]1907年加入同盟会后,更多地接受了资产阶级革命思想,积极开展资产阶级革命活动。他利用乡间集市,民众聚集的地方进行宣传鼓动。遇民间婚丧事故,宴客众多之机,无论识与不识,他必往庆吊,大开演说。其内容:一是操练武术,团结救国;二曰不吸鸦片,强种保国;三为妇女放足,发挥力量;四,不当洋奴,奋发自强。常以“扬州十日”、“嘉定三屠”,揭露清王朝的残暴罪行。由于温朝钟擅长演说,能使听者感动,真诚信服,又与咸黔二邑诸同志翻印旨在揭露清王朝反动统治的《灭汉八策》,激动人心,援引同志。[5]黄玉山以数千金与裴从之印铁卷革命军万余册,布之邻邑。[6]黄玉山还出资“遣其侄黄盛湘、外甥王治安游川、湘演说,联络同志。”[7]他们由一乡到各乡,到处演讲,经长期宣传发动,“人多悟焉”,川鄂边群众云集响应,“近邑不入其党者,盖亦鲜矣”。[8]到1909年,已有数万群众响应温朝钟倡导的革命。咸丰县令徐培也为之说动,与朝钟“彻夜谈”,还为朝钟出谋划策,谓“时尚未可,勿徒取祸”。[9]可知革命思想影响之深。

温朝钟等革命党人能够根据当时的社会实际,注意到了占人口绝大多数的农民群众,并深入农民群众之中,宣传革命,宣传反清思想,用资产阶级革命思想去影响、唤醒他们,与以往同盟会只依靠会党头目号召会党的组织形式相比,是一个伟大的进步,他们的举动是惊人的,为咸黔庚戌起义赋予了新的内容和特色。

同时,他们利用同学、亲戚关系,利用宗教迷信联络各方反清义士。咸黔庚戌武装起义领导人的身上既有新时代的灵光,也有旧时代的残痕,他们是处于阵痛时期的中国社会的特殊产物。他们要革命，敢于革命，所以能用革命思想去组织发动群众，但他们的认识水平，所处的环境决定了无法摆脱传统思想的束缚，所以他们在领导起义过程中利用了宗法关系、亲戚关系作为联络的纽带。王克明和温朝钟同中秀才，亲如兄弟；黄玉山是温朝钟的叔丈人，两人志趣相投；王云笠是朝钟的老师，两人无话不谈；谭茂材、谭作霖、裴丛之、施云山等则是温朝钟、黄玉山的挚友。正是通过以上关系把他们紧紧地联系在一起，成为坚强的领导核心，被统治者诬为“十八反王”。

温朝钟等领导人也沿袭了农民起义的传统方式—，利用宗教迷信进行组织和团结广大农民群众。1910 年，温朝钟在川鄂交界处小南海朝阳寺“拜旗”起义。当温朝钟等在研究攻打黔江方案时，天空划过一道流星，温朝钟明知是自然现象，但却趁机利用这一现象，烧香求佛，安排观音菩萨讲话。于是士气大振，攻下黔江后，温朝钟才向将士说明观音是人所为。起义开始，还求助于土家族白虎神的保护。

宗教迷信是愚昧落后的产物，是人们企图抗争又无力抗争的解脱方式，是愚弄人民和麻痹人民的鸦片，宗教迷信的狂热是不稳定和持久的，往往会导致善始而不能尽终。这一弱点是促成这次起义失败的一个原因。也应该指出在愚昧落后的山民中，宗教迷信会把分散的人们凝聚成一体，他们更适合于神的召唤。以宗教迷信作为组织起义的辅助手段会达到聚集众徒，鼓舞士气的效果，起义过程证实了这一点。

咸黔庚戌武装起义还建立了领导核心和群众组织。1906 年温朝钟从重庆返回后，吸收了黄玉山、王克明、裴丛之等为同盟会员，组织成立了“风俗改良会”，成为起义的领导机关。“风俗改良会”以川鄂交界处的小南海为活动中心，以“南海诗社”为掩护，商讨革命事宜。由于形势的发展，又将“风俗改良会”改为“铁血英雄会”。温朝钟等认为，要推翻帝制，改造黑暗社会，救民于水火，必须以铁与血来雪耻，鲜明地提出了用革命暴力推翻清朝统治的宗旨。1909 年“铁血英雄会”改为“川鄂湘黔铁血联英会”。

此次起义成立了以同盟会员为核心的领导集体，并深入到第一线组织指挥，这是以往同盟会领导的历次起义所未有的。1906 年，同盟会成立后的第一次起义——湘赣边起义，虽然同盟会起了领导作用，但没有成立以同盟会为核心的领导集体，掌握实权的是洪江会的头目。1907 年至 1908 年，孙中山在两广、云南领导的六次起义，也是授予会党首领以头衔和权力，组织起义，结果均以失败告终。咸黔庚戌武装起义自始至终都是以同盟会员为核心的集体直接领导的，他们深知掌握革命领导权的重要，到处“布列其同党”。[10]这一创举是用血的教训换取的。

从领导机关的名称看，也赋予了新的内容。“风俗改良会”即是主张冲破几千年的传统思想，“男剪发辫女放脚，禁烟禁娼禁赌博，三教九流齐联合，推翻满清谋生活”。[11]这是对封建思想的挑战，其旨在联合一切力量革故鼎新，推翻专制。“铁血主义”是革命知识分子大无畏精神的体现，早已出现在资产阶级知识分子的言论和行动中，“铁血英雄会”不但体现了温朝钟等革命党人敢于牺牲的品德，也表现此次起义是在资产阶级革命思想影响下有领导的二次暴动，具有暴力革命思想的闪光。“铁血英雄会”改为“湘鄂川黔铁血联英会”说明起义领导人能随革命形势发展改变战略眼光，能站在历史发展的较高层次上面对全局，就这一点说，领导者们已超越了小生产者的意识，具有了资产阶级革命家的远大眼光。

与此同时，在农民群众中也建立了比较严密的组织。温朝钟等把发动起来的群众全都编入“社会”，改编无论男女。其编制为：五人为一伍，十人为一班，五班为一朋，五朋为一社，五社为一联社，由社友推举正、副社长。凡社友均发刻有秘密符号的钢片，以示区别，便于联系。[12]其组织形式是较严密的，与流氓无产者、流民组织松散的会党相比，前进了一步。会党是一群随聚随散的乌合之众，以义气维持其组织，而“社会”是经过人为的发动组编而成的，所以其稳定性和战斗力在会党之上。在攻克黔江以后，根据革命形势发展的需要，温朝钟等革命党人把响应起义的数千名群众，按《革命方略》的原则，改编为“国民军”，剪去发辫，戴白袖章，上衣前后书“国民军”三字，参照新军编制，每十人为一棚，十棚为一队，五队为一营，两营为一标，四标为一师，各有长官。[13]从这里不但可以看出其组织的严密，而且也反映出领导者思想发展的脉络。从“社会”到“国民军”，从“风俗改良会”到“川鄂湘黔铁血联英会”，从低层次到高层次，说明领导者们不拘于时，不坐井观天，总是与当时的潮流并进齐发的。此也是咸黔庚戌武装起义胜于以往同盟会起义一筹的一个方面。

其组织准备工作还表现为军事上、物资上的准备。温朝钟等革命党人在发动和组织群众的同时，也认识到军事物质条件对战争的作用。1906 年温朝钟在发动群众的同时，即“探山川之要隘，访草泽之英雄”，观察地势，熟悉地形，并到鄂军中学习造弹技术，向人请教剑术。1910 年起义军在彭水李家营、咸丰蛇盘溪、活龙坪等地招收人马制造枪炮。黄玉山慷慨捐资，暗购军火，其他领导人和会员“皆各输财出力”。[14]

咸黔庚戌武装起义从 1906 年开始酝酿，到 1911 年 1 月起事，前后经历了 6 个年头，其组织准备时间之长，组织之严密，准备之充分，都超过了以往同盟会领导的各次起义，所以它是一次有组织、有准备的武装起义。

二

咸黔庚戌武装起义的爆发不是孤立的，偶然的，它是同盟会成立以后，一系列反清斗争的重要组成部分，是同盟会领导下的一次反帝反封建的、带有资产阶级革命色彩的武装起义。

20 世纪初的鄂西川东地区，经历着剧烈的社会变革，“施南之人士，多游学在外者，革命思想遂由是而输入”。[15]《民报》、《革命军》、《猛回头》、《警世钟》等书刊在鄂西川东广泛传播，许多鄂西、川东籍留学生参加了同盟会，并受命返回故里，宣传资产阶级革命思想，创建革命组织。咸黔庚戌武装起义正是在这一历史背景下发生的。

从领导层来看，或是同盟会员，或深受同盟会的影响。1907 年温朝钟、李为、谈国材经黔江籍同盟会员程昌祺介绍，在重庆加入同盟会，并携带《革命军》、《民报》、《建国方略》、同盟会十六字纲领返回故里，接着吸收黄玉山，王克明、裴丛之、谈茂林、董兰廷、杨松柏等数十人为同盟会员。[16]之后，温朝钟遍游川鄂湘黔，到湖北新军中学习造弹技术，耳濡目染，温朝钟更深地受到了资产阶级革命思想的影响。1910 年，随着革命形势发展，温朝钟赴江津、永川等地，遍访同盟会友。重庆、永川、江津、宜宾等地的同盟会友也派人与“铁血英雄会”联系。在与外面同盟会的交往中，在资产阶级革命思想影响下，咸黔庚戌武装起义的领导人的思想发生了转变，逐步成为小资产阶级知识分子。

起义的口号、纲领、目的与同盟会的纲领相一致。“铁血英雄会”的宗旨即承用了同盟会的十六字纲领。1909 年“铁血英雄会”改会“川鄂湘黔铁血联英会”后，提出了“义联英俊，协和万邦，推翻满清，打倒列强，复兴汉族，实行共和”的政治纲领，与同盟会的纲领基本相同，并赋予新的内容，鲜明地提出了反帝反封建纲领，并有了天下大同思想的萌芽。“推翻满清”比“驱除鞑虏”、“革命排满”有了进步。这是川鄂边各族人民在封建专制和外国侵略者长期欺压下的呼喊，它反映了川鄂边各族人民要求民主自由，赶走外国强盗的强烈愿望，与旧式会党的纲领口号有明显的不同。1906年湘赣起义的誓词是：“誓遵中华民国宗旨，服从大哥命令，同心同德，灭满兴汉，如渝此盟，人神共殛。”[17] 虽然加上了“中华民国”的词句，但完全是一套会党的语言，会党的痕迹暴露无遗。咸黔庚戌武装起义超越了这一水平，当然纲领中未涉及土地问题，表现出中国资产阶级的局限性和共同的弱点。

从起义方略看，咸黔庚戌武装起义与同盟会的总体计划一致。1910年广州“新军之役”失败后，宋教仁等力主经营长江流域，“就沿江各省同时并举，先立政府，然后北伐。”[18] 后来成立了中国同盟会中部总会，以谋长江革命。咸黔庚戌武装起义领导人在商讨作战计划时，温朝钟、黄玉山主张攻克彭水，沿长江发展，或主张攻克咸丰、恩施后，出巴东，顺江而下，与湖北同盟会联合。由于联络员未按期返回，消息梗阻，沿长江发展计划未能实现。这一计划与同盟会的总体计划不谋而合，可以说此次起义是同盟会谋长江革命宏大计划的第一次实施，是同盟会总体计划的第一步，武昌起义证实了这一计划的可行性，所以有人评价它是“辛亥革命的前奏曲”[19]，是有见地的。

“咸黔庚戌武装起义”具有反清反帝性质。20世纪初，中国处于瓜分豆剖的危急存亡之秋，温朝钟等革命党人面对腐败无能的清政府和列强在中国的横行，鲜明地提出了“推翻满清，打倒列强”的口号，在旗帜上写有“扫清灭洋”的字样，表明起义领导者也认识到当时中国社会的主要矛盾。他们看到，要拯救中华民族，建立民国，必须用武力推翻清朝统治，赶走外国侵略者。在闭塞的川鄂边大山这是一次伟大的创举，也表明此次起义具有资产阶级民族民主革命的性质，“扫清”比章太炎等革命党人“革命排满”的主张高了一个层次，区别了阶级矛盾与民族矛盾；“灭洋”丢掉了对帝国主义的幻想，如果说中国资产阶级对帝国主义抱有幻想的话，温朝钟等人已抛弃了这种幻想。义军攻占黔江县城后，捣毁县治，处决一些封建爪牙，捣毁黔江洋教堂，打击了封建统治阶级和帝国主义侵略势力。

咸黔庚戌武装起义在同盟会领导下，在资产阶级革命思想影响下，突破了以往革命党人领导起义的局限，赋予了新的内容，萌发了民主共和、反清反帝的意识，表明20世纪初中国革命的新特点。

三

咸黔庚戌武装起义爆发在武昌起义前8个月，是武昌起义前夕最后的一次影响巨大的武装起义，因此其影响就非同一般了，它促使了全国革命形势的到来。

以往同盟会领导的起义主要在两广，其影响主要在南方，对中部、北部影响不大。而中国的反动势力集中在北方。因此，1910年广州起义失败后，同盟会领导人在战略问题上转了一百八十度的大弯，决意把革命从南方引向中华腹地——长江流域，这一战略的第一次实践是咸黔庚戌武装起义。尽管同盟会的主要领导人对此次起义始料未及，因为它发生在被人忽视的大山中——长江上游，但它绝不是云端里掉下来的金苹果。从时间上看，“咸黔庚戌武装起义”发生在同盟会战略转移之后。中国同盟会中部总会1911年7月成立，咸黔庚戌武装起义原计划在1911年8月23日以“期”字为号起事，不慎泄密才提前到1月起义，其预定时间与武昌起义只相隔一个多月。从全国形势看，阶级矛盾已达到一触即发的地步，全国已是一座即将爆发的大火山。从起义计划看，是下长江，达到大破坏“使彼（清政府）无可收拾”的目的[20]，与同盟会总计划也一致。所以这次起义与全国革命形势紧密相连，反过来也必然推动全国革命形势的到来。所以有人评价说：“惟查温烈士热心改革，赍志以终，不一年义军四起，前清覆亡，黔江一役，实为民国之先声。”[21]

起义发生后，整个清朝统治者惶惶不可终日，四川总督赵尔巽在电奏中称：“贼首温朝钟潜通革党，啸聚千人，分三路扑犯黔江县，当即抽调防营，并分电鄂湘黔各督抚就近驰援，……复又飞调各营驰往剿办，并续电鄂湘飞速会剿。”军机处复电中称：“著赵尔巽迅速调拨就近营队，并著电催鄂湘黔各督抚添派邻近队伍，即速认真合力兜剿，务将该县剋日克复，所有匪众迅即扑灭，无任蔓延为患。”[22] 此次起义不但牵制了湘鄂川黔四省的军队，减轻了对武昌起义的压力。同时，也搅乱了清政府的视线，在清政府手忙脚乱之际，湖北新军伺机起义，因此民国《咸丰县志》称："而鄂军之起也，激于争路同志之奔走号呼，尤激于边鄙小邑之毫无挟持，舍身犯难。"《黔江陈炳昭等呈请四川临时省议会建议通缉文知事并旌表温烈士案》赞曰："温朝钟、王克明、黄玉山等烈士值专制煊赫之时，能首先倡义，……况距发难不逾八月，川楚军起，民国已立。成功虽未目睹，破坏实倡先声。"[23] 咸黔庚戌武装起义的枪声迎接着全国革命形势的到来。

咸黔庚戌武装起义，进一步唤醒了川鄂边各族人民。鄂西、川东地区，层峦叠嶂，交通闭塞。自雍正朝改土归流后，经济发展，文教日兴，人皆向学。鸦片战争后，侵略者的魔爪从沿海不断深入到内地，渗透到川鄂边土家、苗、汉人民的居住区，洋货充斥市场，洋教士横行乡里，"遍地烟毒，状不可言"。[24] 清统治者私设公堂，夺人妻女，占人产业，横征暴敛，人民怨声载道。[25] 川鄂边各族人民进行了一次又一次的反抗，他们参加太平天国运动、反洋教斗争，结果都失败了。在温朝钟等革命党人领导下，川鄂边人民接过先辈的旗帜，高举"推翻满清"、"打倒列强"的义旗，组建了国民军，武陵山中回荡着"民主"、"共和"的声音，尽管民主共和思想第一次传入川鄂边，对山民们来说尤是天方夜谭，然而它毕竟给世代阻隔在大山中的土家、苗、汉各族人民带来了新的希望，新的气息。在民主共和思想的影响下，"人多悟焉"。推翻专制，创立共和的思想已深入到鄂川边各族人民的心中，成为不可阻挡的历史潮流。起义的失败，英雄的牺牲，更唤醒了川鄂边各族人民。武昌起义后，鄂西暴发了辛亥革命，"施南府兵不血刃"，咸丰"欢声雷动，争树汉帜"。王建邦、谈国材率义军余部攻克黔江县城，1911 年 11 月 13 日，成立了军政府，宣布独立，终于迎来了辛亥革命的胜利。

咸黔庚戌武装起义在少数民族反帝反封建斗争史上写下了不朽的篇章，这次起义是以土家族为主体的各族人民联合起义。从领导层看，温朝钟、黄玉山、裴从之、谈茂林、董兰廷、向美田等是土家族，杨松柏是苗族，谢国昌是侗族，王克明是汉族。从起义的群众看，川鄂边是以土家族、苗族、汉族为主体的多民族地区，仅以咸丰和黔江两县为例，1980 年咸丰人口普查，全县少数民族 271057 人，占总人口数的 92.8%，其中土家族 227748 人，占总人口 78%。1983 年黔江县统计，仅土家族和苗族即占总人口的 43.09%。可以想见，20 世纪初川鄂边少数民族比例更大。这次起义是辛亥革命中少数民族起义规模最大的一次，它不仅以其彪炳千秋的功勋载入少数民族斗争史册，成为辛亥革命的一部分，而且为各族人民团结斗争，反对共同的敌人树立了楷模，是一曲民族团结的凯歌，体现了中华民族是不可分裂的整体，中华民族的历史是由各族人民共同创造的，也充分体现了孙中山“民族主义”的精神。

四

咸黔庚戌武装起义从积极准备到失败经历了6个年头，它的失败是必然的。就客观上看，帝国主义、封建势力强大。虽然在此之前同盟会领导了一系列武装起义，对帝国主义和封建主义以沉重打击，并唤醒了中国人民，但同盟会在南方领导起义失败后，才致力于长江流域革命，咸黔庚戌武装起义几乎发生在此同时，因此革命时机并不成熟，准备中带有冒险，所以很快被清王朝扼杀。除客观因素外，主观因素的不足也导致了起义的失败。

第一，组织不严密，战斗力不强。在“铁血英雄会”的领导下，虽然建立了“社会”组织，并有正规编制，势力遍及川鄂边数县，“内外相互联系，不到几个月，就在川湖各地发展有六七万人”。[26] 但是，“社会”成员散布广大农村，川鄂边到处是高山深壑，交通十分不便，地理环境造成其组织松散。同时会员主要是广大的农民群众，平时从事生产，没有得到正规的训练，素质较低，作战能力弱。由自然经济产生的小农意识，使得大多数人目光短浅，安于现状，不求变革，厌恶变革。没有受到商品经济冲击的川鄂边大山区，不求上进的意识更是根深蒂固，固然当时中国的阶级矛盾和民族矛盾已十分激化，但对于山大人稀，自然资源丰富的川鄂边农村，农民并未达到走投无路的地步。没有被逼上绝路的农民是难以铤而走险的，所以革命热情不很高，即便加入了“社会”，也不稳定和持久。由于以上因素，使形式上较严密的组织未能产生应有的效应，仓促起义后，真正参加起义的只有二百余人，沿途响应甚少。当攻克黔江城后，响应起义的有七八千人，在两会坝进行了整编，力量有所壮大。但在清军的进攻下，一触即溃，后退至咸丰破水坪，遭到清军合剿，起义失败。

第二，此次起义虽然提出了明确的反帝反清纲领，但去掉了同盟会纲领中的“平均地权”。起义领导者虽然在思想上认识到了农民群众的力量，但只是纸上谈兵，在组织发动的过程中，在纲领口号里都未涉及封建土地所有制问题、租税问题，而农民感兴趣的并不是响亮的口号而是想吃饱穿暖，他们要的是土地，免去苛捐杂税，所以未能将农民的积极性真正调动起来，用口号宣传唤起的一点热情没有持久性和稳定性，稍受挫折，即会动摇。由于中国民族资产阶级这一的共同弱点，所以他们不能领导革命取得最后胜利。

第三，虽然进行了长期的准备，但由于农民的散漫性，造成了起义计划泄露，被迫提前起义，不但众多的会员未联系上，而且在仓促中，领导人犯了战略性的错误。由于事前未制定出整体作战方案，攻下黔江县城后，发生了战略上的意见分歧。温朝钟、黄玉山主张攻彭水，出涪陵，沿长江发展；王克明主张以黔江为根据地，再取酉阳，与贵州沿河地区同盟会联合，由龚滩而下，攻取彭水；第三种方案主张经咸丰，占恩施，出巴东，顺江东下，与湖北同盟会会合。在争议中拖延了时间，贻误了战机，敌人得以有喘气的机会，黔江县令王炽昌马上纠集几百人的地主武装，酉阳州牧杨兆龙率兵赶到，川军也接踵而至。[27]后湘鄂川黔清军相继而来，温朝钟率领少数人马逃到二仙岩脚下破水坪准备“扼要自固”，又犯了历次农民起义失败的错误，退到交通不便，没有支援，无群众基础的大山沟，后被清军包围，温朝钟等将士大部分牺牲，起义失败。

冯天瑜教授在评价这次起义时指出：“温朝钟起义其规模之大和对清廷的打击之重，在辛亥革命前全国各地反清暴动中，都是名列前茅的。特别是温朝钟所率义军，剪去发辫，标‘国民军’，并一度攻占县城，所显示的斗争水平也超乎一般。这次由革命党人温朝钟领导的会党起义，理应在辛亥革命史上占据一席地位。”[28]这一评价是公正的。

【参考文献】

[1]《光绪朝东华录》光绪三十三年九月丁酉，北京：中华书局，1958年版，总第5748页。

[2]民国《咸丰县志》卷12《杂志》。

[3]《民报》第10期，第96页。

[4]民国《咸丰县志》卷12《杂志》。

[5]民国《咸丰县志》卷12《杂志》。

[6]萧仲仑：《庚戌、辛亥黔江之役》，见中国人民政治协商会议四川省委员会四川省志编辑委员会编《四川文史资料选辑》第11辑，1979年编印，第65页。

[7]民国《咸丰县志》卷12《杂志》。

[8]民国《咸丰县志》卷12《杂志》。
[9]民国《咸丰县志》卷12《杂志》。
[10]民国《咸丰县志》卷12《杂志》。
[11]董伯超:《铁血英雄温朝钟》,见黔江县志办公室、咸丰史志办公室合编《温朝钟反正资料辑录》,1986年编印,第26页。
[12]《温烈士革命事迹采访记略》,见《温朝钟反正资料辑录》,第17页。
[13]民国《咸丰县志》卷12《杂志》。
[14]民国《咸丰县志》卷12《杂志》。
[15]雷震章:《施南光复始末记》,湖北省博物馆等编:《武昌起义档案资料选编》,第135页。
[16]《黔江县政务概览》第五编,党团第一章党务,见《温朝钟反正资料辑录》,第64页。
[17]邹鲁:《魏宗铨传》,《中国国民党史稿》第5册,北京:中华书局,1960年版,第1277页。
[18]张相文:《南园存稿》卷8《宋教仁传》。
[19]张诗亚等:《辛亥革命前夕川鄂边武装起义》,载《西南师范学院学报》(哲学社会科学版),1981年3期。
[20]民国《咸丰县志》卷12《杂志》。
[21]《四川临时省议会咨民政长请通缉黔江文知事并旌表温烈士文》,载《温朝钟反正资料辑录》,第73页。
[22]《宣统政纪录》卷46,宣统二年庚戌十二月。
[23]黔江县志办公室、咸丰史志办公室合编:《温朝钟反正资料辑录》,第72页。
[24]湖北省政府民政厅编:《湖北县政概况》,武汉:汉口国华印务公司,1934年版。
[25]《时报》民国二年5月23日。
[26]田纯卿:《温烈士革命事迹采访记略》,见《温朝钟反正资料辑录》,第17页。
[27]《护理四川总督王人文奏黔江温朝钟潜通革党图谋大举折》,见第一历史档案馆、北京师范大学历史系编《辛亥革命前十年间民变档案史料》,北京:中华书局,1985年版,第805页。
[28]贺觉非、冯天瑜:《辛亥武昌首义史》,武汉:武汉大学出版社,2006年版,第138页。

(原载《武陵民族》1991年第3期)

土家族知识分子在中国共产党创立初期的贡献

土家族是一个勤劳勇敢的民族，在中国历史发展的进程中，每当国难当头时，总是以民族利益为重。在中国共产党创立初期，土家族知识分子或直接参与党的建设，或从事革命活动，为中国共产党的建立和革命力量的发展做出了巨大贡献。

传播马克思主义

十月革命后，马克思主义开始向中国传播，特别是"五四"爱国运动后，宣传马克思主义和社会主义的刊物如雨后春笋，不少土家族知识分子也积极投身到宣传马克思主义的热潮中。酉阳龙潭镇土家族青年赵世炎，1915年以优异的成绩考入北京高等师范学校附属中学，1917年与李大钊相识，开始投身于新文化运动。1919年进北京法文专修馆，被选为学生会负责人，主编《平民周刊》、《少年》、《工读》等刊物，发表了《说少年》等文章。1923年在莫斯科东方劳动共产主义大学学习期间，撰写了《苏俄与美国》、《世界与列宁及列宁主义》、《列宁》等文章，先后在《向导》及国内的一些报刊上发表，对列宁主义在国内的传播起了重要的作用。1924年赵世炎回国以后，先后发表了《工人与党》、《列宁的生平与列宁主义》、《第三次全国劳动大会的经过及其结果》、《上海最近的罢工潮》、《再论上海的罢工潮》等文章，并创办《工人小报》。这些文章对宣传马克思主义和指导工人运动具有切实的意义。此外，中国共产党的创始人之一的溆浦土家族女青年向警予，中国共产党妇女运动领导人赵世兰，瞿秋白夫人王剑虹，施鹤农民运动领导人黄兴武，酉阳龙潭土家族女青年赵君陶，湘鄂西特委领导人万涛等都是马克思主义的积极传播者。正是这些少数民族知识青年的积极参与，才使马克思主义逐步深入到中华各民族的心中，才为中国共产党的创立及在各族人民中发展壮大奠定了坚实的思想基础。

积极参加党的创立及领导工作

中国共产党代表全国各族人民的根本利益，从党成立的那一天起，就有各少数民族的代表参加，土家族知识分子赵世炎、向警予就是中国共产党的创始人之一，他们参与了中国共产党的创立及早期重要革命活动。早在中国共产党成立之前，赵世炎与中国共产党早期领导人李大钊、陈独秀、恽代英、张申府、周恩来等就有密切交往。在旅法勤工俭学期间，赵世炎、蔡和森、周恩来、向警予为建立共产主义小组做了大量切实的工作。1920 年 8 月在法国蒙达尼成立了留法勤工俭学中最早的社会主义性质的青年团体——“工学世界社”。1921 年上半年，赵世炎、李立三、王若飞等在巴黎成立“勤工俭学学会”，是又一个具有社会主义性质的青年团体。1922 年 6 月，赵世炎、周恩来等在巴黎组织“旅欧少年共产党”，领导机构称作“旅欧中国少年共产党中央执行委员会”，选举赵世炎为总书记，周恩来负责宣传，李维汉负责组织。旅欧中国少年共产党的成立，在宣传中国共产党的政策，为国内革命培养干部方面起了重要作用，后来中国共产党的优秀干部聂荣臻、李富春、朱德、邓小平、蔡畅、王若飞、刘伯坚等都是旅欧少年共产党培养出来的。

1922 年底，赵世炎等 12 人前往莫斯科学习，1923 年 4 月赵世炎当选为中国共产党旅欧莫斯科支部委员。1924 年夏，赵世炎参加了共产国际第五次代表大会和赤色职工国际大会。1924 年 7 月，根据中共中央决定，赵世炎与任弼时等回国。回国后担任中共北京地方委员会书记。1925 年 6 月，中共北方区执行委员会成立，赵世炎任宣传部长兼职工运动委员会书记。是年 10 月，他与李大钊到张家口主持召开了内蒙古地区工、农、兵大同盟代表大会，他当选为大同盟中央委员会副书记。1926 年 5 月他代表北方区工会组织到广州出席第三次全国代表大会，被选为主席团主席。5 月底，调任江浙区委组织部长兼上海总工会党团书记及军委书记。1927 年 4 月，中国共产党第五次全国代表大会在武汉召开，赵世炎当选为中央委员，6 月任江苏省代理书记。1927 年 7 月 2 日被国民党特务抓捕，19 日被杀害，年仅 27 岁。

另一名土家族知识分子，中国共产党早期领导人、妇女解放运动先驱之一的向警予，也为党的创立和发展做出了巨大贡献。1920年1月，向警予、蔡和森、蔡畅等到法国勤工俭学，在法期间，她竭力支持蔡和森提出的组织共产党、建立无产阶级专政的主张，拥护十月革命，并做了切实的努力。据1928年7月蔡和森回忆："警予和森恋爱之后，一切热情集中于共产主义运动的倾向，一到法国，遂纠集同志及华工中的先进分子形成这种倾向的组织。"[1]警予留法勤工俭学的两年也即是她与蔡和森一道创建留法共产主义组织的两年。向警予在法国被人们称为"致力于宣传共产主义的传道者"。她和蔡和森在法国给新民学会会员的信中以及对无政府思潮的斗争，不仅引导了留法学生从各种错误思潮的迷雾中走上信仰马克思主义的道路，而且也帮助了毛泽东、何叔衡等同志了解马克思主义和西欧各国的情况及革命经验，为马克思主义在中国的传播和中国共产党湖南党组织的成立，做出了不可磨灭的贡献。

留法学生"二·二八"运动后，赵世炎来到蒙达尼与蔡和森进行多日长谈，随后又多次通信，讨论建立共产党、少年共产党或共产主义同盟的问题，向警予给予全力支持，并提出很多建议。所以，毛泽东在接见斯诺时说："不久之后陈独秀就在上海召集了一次会议，几乎同一个时候，在巴黎的一批中国学生也开了会，打算在那里成立一个共产党组织。……那里的党的创始人之中有周恩来、李立三和向警予。向警予是蔡和森的妻子，唯一的一个女创始人。"[2]可见，蔡和森、向警予等人为创立留法共产主义组织，为旅欧支部的建立起了重要的作用。

1921年冬，向警予回到上海，不久就加入了中国共产党，并分配到党中央机关做妇女工作。1922年7月，中国共产党第二次全国代表大会在上海召开，向警予当选为中央后补执行委员，并担任第一任妇女部长。1923年和1925年党的三大和四大又当选为中央候补执行委员，并继续任妇女部长。

1925年10月，向警予到莫斯科东方大学学习。1926年底回到广州，不久又到武汉，先后在武汉市总工会、中共武汉市委宣传部工作。4月，中共五大在汉召开，向警予出席大会，由于右倾主义的错误，向警予遭到排斥。1928年3月20日向警予被叛徒出卖被捕，在狱中威武不屈，同年5月1日就义，年仅32岁。

此外，赵世兰、赵君陶等人在建党初期也为党的建设做出了巨大努力。

领导和组织留法勤工俭学运动

1915年，蔡元培、吴玉章等组织勤工俭学会，以“勤于做工，俭以求学”为目的，号召青年去法国半工半读，人数最多时达到1700多人。留法勤工俭学不仅为宣传马克思主义和共产主义小组的成立起了重要作用，还培养和锻炼了一批党的优秀领导干部。在组织、领导赴法勤工俭学活动中，土家族知识分子赵世炎、向警予等作了艰辛的努力。在法国勤工俭学期间，赵世炎、向警予等除宣传马克思主义，同各种无政府思潮进行斗争，组织共产主义小组外，还组织了“二·二八”运动、“拒款运动”、“占领里昂中法大学校舍群众运动”。这些运动，不仅打击了北洋政府，还使勤工俭学学生认识到社会主义革命是拯救中国的唯一出路，为旅欧共产主义组织的建立奠定了思想和群众基础。

领导和参加学生运动

新文化运动前后，一批土家族知识分子离开故土，到大都市接受新思想、新文化，许多人成为学生运动的领袖。1919年5月，“五四”运动爆发后，向警予在家乡溆浦带领学生上街游行，组织“十人团”，向群众讲演，宣传救国救民真理。在北京读书的赵世炎，不仅参与“五四”运动的组织工作，还领导了北京高师附中的游行示威活动，被选为附中学生会干事长。正是以此为起点，他走上了革命道路。“五四”运动爆发后，在湖南桃源第二女子师范读书的土家族学生王剑虹与王一知等组织了学生示威游行，高呼口号，抵制日货，组织辩论会等，王剑虹因此成为知名人物。“五四”运动后，王剑虹到上海，进入陈独秀、李达创办的平民女校，从此走上革命道路。

致力于妇女解放运动

在中国共产党成立前后，土家族女知识分子为中国妇女解放运动做出了卓越的贡献。在中共早期妇女活动家中，土家族占了相当大的比重，向警予、王剑虹、赵世兰、赵君陶都在中国妇女运动史上占有重要地位。

向警予从小就受到男女平等思想的影响，1912年她在报考湖南省立第一女子师范学校时，作文的题目就叫《男女平权论》。这种思想在以后求学和办学实践中更加成熟。在旅法勤工俭学期间，她阅读了《妇女声》、《女权报》及有关妇女问题的小册子，制订了女子解放与改造问题的具体计划。1920年5月她撰写的《女子解放与改造商榷》一文在《少年中国》上发表，提出了“女子解放的问题，是新思潮中一个重要的问题，是社会改造的一个根本问题。”并为改善留法勤工俭学女生的窘困而工作。从法国回上海后，在中央机关做妇女工作的同时，还在平民学校上课。后来她主持党中央的妇女工作，成为中共第一任妇女部长。一方面在理论上阐述妇女运动的性质、任务和道路，另一方面就争取妇女的权益作不懈的努力。1923年6月，中共三大在广州召开，会议通过了向警予起草的《中国共产党第三次全国代表大会妇女运动决议案》，同年8月25日，中国社会主义青年团第二次全国代表大会也做出了《青年妇女运动决议案》，这两个决议成为当时中国妇女运动的行动纲领。三大后，她担任中共中央妇女运动委员会主任，继续领导全国的妇女运动。继《妇女声》之后，又创办了《妇女周报》。此外，她还在上海创办了女工夜校，亲自领导了上海女工的罢工斗争。第一次国共合作后，在妇女运动统战工作方面做了许多事情，丰富和发展了我国妇女统一战线思想和理论。1924年4月21日，在向警予等人的发动下，上海女界国民会议促进会成立，对促使全国各界妇女联合会的成立起了重要推动作用。向警予在负责妇女工作期间，不仅形成了一套完整的妇女运动的理论，参加了妇女运动斗争实践，还为党培养了一大批优秀的女干部。

王剑虹早在湖南桃源第二女子师范学校读书时，就与同学讨论妇女问题、社会问题，她的言行曾影响着丁玲、王一知。她到上海后，参与《妇女声》的编辑撰稿工作，致力于妇女解放运动，成为我党最早的妇女干部之一，她动员帮助王一知、丁玲等进入平民女子学校。她们经常听陈独秀、陈望道、沈雁冰、刘少奇等人的课，深受马克思主义的影响。王剑虹后来结识了瞿秋白，并与之结为夫妇。

赵世兰1923年考入北京国立女子师范大学，在弟弟赵世炎的影响下，接受了共产主义思想，积极投身革命。1925年参加北平学生反对段祺瑞卖国关税协定的学生运动和北平妇女解放运动。1926 年加入中国共产党，1927 年出席中共五大，同年任湖北省委秘书和武昌市委妇委书记。后到苏联莫斯科共产主义劳动大学学习。回国后曾在上海、中央组织部、江苏省委、四川等地从事革命工作和地下工作，曾担任中共成都市妇委书记，1939 年到延安，在中央妇委工作。解放后曾任中华人民共和国妇女联合会常委，成为中国共产党优秀女干部。

赵君陶，在北京读书时受其兄赵世炎影响，积极参与学生运动，成为北京女师“女星社”成员。1925 年在上海大学学习时，结识了中共早期革命活动家李硕勋，结为侣伴。1926 年加入中国共产党，同年 10 月任湖北省妇女协会宣传部长兼《湖北妇女》周刊主编。1927 年 9 月在湖北省妇女代表大会上，当选为省妇协常委兼宣传部长，1930 年任中共中央妇女秘书。

正是向警予、王剑虹、赵世兰、赵君陶等人的开创之功，才有中国妇女解放运动的发展进步。

领导工人运动

早在法国期间，向警予、赵世炎等土家族青年就领导了巴黎华工和学生运动。向警予在上海主持中央妇女工作期间，多次组织和领导了工人的罢工。“五卅”运动期间，她不顾安危，上街演讲，激励罢工工人。省港大罢工以后，向警予通过各地“妇女解放协会”组织声援工人运动，同时还组织上海、广州、香港数千名女工直接参加和支援省港大罢工。

1924 年赵世炎回国后，立即到唐山组织工人运动。1925 年 6 月，他参加和领导了北京数万群众举行的支援上海工人的反帝示威大会。领导天津港海员大罢工、开滦五矿工人大罢工。10 月，他和李大钊到张家口主持召开内蒙地区工、农、兵大同盟代表大会。11 月，他指挥了北京数万学生、工人、农民参加的“首都革命”，意在迫使段祺瑞“还政于民”。1926 年 5 月他到上海工作后，与上海总工会负责人汪寿华一道领导了上海工人和群众举行了纪念“五卅”运动周年游行，并发表文章，为上海工人武装起义作了理论上的准备。

贵州印江土家族青年严希纯 1925 年在南京与恽代英、肖楚女等组织了南京各界声援“五卅”运动的斗争。1925 年 6 月 25 日，他与曹壮父直接组织领导了震惊中外的南京英商和纪洋行工人大罢工。

湖南保靖土家族青年姚彦，1925年加入中国共产党，在李大钊直接领导下工作。1926年3月13日，姚彦等同北京5000名群众在天安门前示威。"四·一二"反革命政变后，姚彦被捕牺牲，年仅24岁。

领导农民运动

中国共产党成立，一批具有新思想的土家族青年在中国共产党的委派下，回到家乡，领导农民运动。如咸丰县土家族青年黄兴武、黄子全，在武汉结识了董必武、陈潭秋等人，在他们的影响下，接受了马克思主义思想。1927年，黄兴武、黄子全受党的委派回到家乡咸丰，着手建立党的组织和农民协会，进行武装斗争。1927年12月，成立中共施鹤临时特委，决定在龙潭司举行农民暴动，占咸丰县城，直取恩施。1928年1月29日，以龙潭司农民为骨干，成立了施鹤农民武装总队。3月6日，农民武装总队誓师暴动，虽然暴动失败，但给沉寂的土家山寨带来了新的曙光。

慈利土家族青年吴宪猷，受中共湖南区委委派于1926年10月到桃源县领导农民运动。他到任后，帮助农民建立农民协会，建立党的组织，发动群众打土豪，分田地，使桃源农民运动如火如荼地展开起来。

帮助国民党改组

第一次国共合作付诸实施后，为了加强国民党的改组工作，中共中央决定派毛泽东、恽代英、向警予、王荷波等和阮啸仙、周文雍、刘尔嵩等分别参加上海、广州的国民党改组工作。向警予在参加改组工作过程中，特别在妇女工作方面做出了巨大的努力。她在女界中宣传中国共产党的党纲、主张和政策的同时，正确地宣传孙中山先生的新三民主义。她对国民党坚持又团结又斗争的策略，既肯定孙中山的左派，又批评国民党一些错误行为。她还与宋庆龄联系，做她的工作，双方建立了深厚的友情。向警予为实现第一次国共合作做出了应有的贡献。

此外，土家族知识分子还参加了北伐战争以及以后的武装斗争。总之，一些土家族知识分子在中国共产党创立初期从大山走向大都市，封闭的思想受到新思想、新观念的洗礼，完成了人生中的重要观念转变，他们中的许多人接受了马克思主义，加入了中国共产党，有的还成为中国共产党早期的重要领导人，并为中国人民的解放事业，实现共产主义作出艰苦努力。土家族知识分子在中国共产党成立初期所做的工作将永垂青史，光耀后人。

【参考文献】

[1] 何鹄志:《向警予传》,上海:上海人民出版社,1990年版,第101页。
[2] 埃德加·斯诺:《西行漫记》,北京:三联书店,1979年版,第132—133页。

(原载《中国民族报》2009年11月13日第7版)

语词研究

巴人图腾信仰

——兼论土家族的族源

巴人是中国古代的族群之一。约在父系氏族时期就生活在鄂西清江流域，后来又不断向四周迁徙和扩散。其活动中心为鄂西南、川东、湘西北和黔东北的衔接地带。散布得最广的时期是东汉到南北朝，东到今安徽的南部，北达渭河流域和河南黄河南岸，西至成都平原，南及黔北与云南边境。此外，山东、江苏、广东等省也有过他们的足迹[1]。北宋之后，巴人经长期与其族群融合，已形成了一个稳定的人们共同体——土家族，分散的巴人遂被其他民族所同化。由于巴人分布广，又辗转迁徙，因此给巴人的生活习俗和信仰造成了极其复杂的情况，但从中可以找到巴人信仰的一致性。本文力图从这些复杂的情形中，说明巴人信仰的一致性。

一、从崇拜虎演生到崇拜白虎

图腾习俗是原始社会中普遍存在的现象。库斯聂在《社会形势发展史》（中译本，第209页）一书中指出："氏族的命名，在原先，都是采取动物或无生物的名称，发生为原始的图腾标志；采取人类个人的名称为氏族的名称，这是人类进步到历史上可以识别的时候才有的事情。……但是图腾制度的存在，在历史上比母系制氏族社会还早。"根据这一原理，让我们来追溯巴人的原生图腾。

《山海经·海内经》载："西南有巴国，太皞生咸鸟，咸鸟生乘厘，乘厘生后照，后照是始为巴人。"《路史·后纪·太昊伏羲氏》说得更清楚："太昊，伏羲氏，……风姓，伏羲生咸鸟，咸鸟生乘厘，是司水土，生后炤（照），后炤生顾相，夅（降）处于巴，是生巴人。"这里十分清晰地记下了巴人的来历、世系。"顾相"即《后汉书》所说之"务相"，务相被尊为巴人的始祖（后有详说）。

据刘尧汉先生在《中华民族龙虎文化论》一文中论证，"伏羲"的一个古音

“比兹”,与白族自称“白子”和土家族自称“比兹”相同,则虑戏可读必戏、必息、必子,比兹,其音与白族、土家族自称相同。[2]而土家族之主体为巴人的后裔已为史学界公认,那么巴人祖于伏羲无疑。伏羲风姓,虎从风,说明其标志是虎。《列子》记伏羲“蛇身牛首虎鼻”,还是说其与虎有关。伏羲又写作“虑戏”,《说文》:“虑,虎儿,从虎,必声。”可知,伏羲氏以虎为图腾是可以肯定的。

从伏羲(太皞)、咸鸟、乘厘、后照、顾相直到巴人,经过了一个漫长的时期,但他们以虎为标志是从未改变的。《史记·五帝本纪》载:黄帝轩辕氏“教熊罴貔貅貙虎,以与炎帝战于阪泉之野。三战,然后得其志。”《论衡·率性》也记:黄帝“与炎帝争为天子,教熊罴貔貅貙虎,以战于阪泉之野。三战得志,炎帝败绩。”这里的熊罴貔貅貙虎实际上是各个氏族之标志。甲骨文和金文中也多有反映,卜辞载:“舆其途虎方,告于大甲,十一月”,“舆其途虎方,告于丁,十一月”,“舆其途虎方,告于祖甲,十一月”。[3]周成王时的《中鼎》铭文:“佳(唯)王令南宫伐反虎方之年。”周昭王时的《追伯彝》铭文载:“追伯从王伐反虎。”直到春秋时仍见史载,《左传》哀公四年:“楚人既克夷虎,乃谋北方。”注云:“夷虎,蛮夷叛楚者。”这也正好与《后汉书》载“巴郡南郡蛮”的活动地相吻合。据何光岳考证,以上虎方、夷虎活动在河南、汉水一带,伏羲的后裔正是从甘肃天水,经汉中进入汉水流域,到达湖北和河南南部,在楚国压迫下,最后进入清江流域。[4]

总之,这一点是可以肯定的,巴人祖于伏羲,并承袭了伏羲以虎为标志的习俗。然而以虎为图腾只要是祖于伏羲的中华各族均有表现,如羌族、彝族、白族等。所以信仰虎是一种普遍现象,可是巴人在信仰虎的普遍现象中却表现出独特性。

最早记载巴人的史书是《世本》,但此书已轶于宋朝。现引《后汉书·南蛮西南夷列传》语:“巴郡南郡蛮,本有五姓:巴氏,樊氏,瞫氏,相氏,郑氏。皆出于武落钟离山(今湖北长阳土家族自治县)。其山有赤黑二穴,巴氏之子生于赤穴,四姓之子皆生黑穴。未有君长,俱事鬼神。乃公掷剑于石穴,约能中者,奉以为君。巴氏子务相乃独中之,众皆叹。又令各乘土船,约能浮者,当以为君。余姓悉沉,唯务相独浮,因共立之,是为廪君。乃乘土船,从夷水(今清江)至盐阳。盐水有神女,谓廪君曰:‘此地广大,鱼盐所出,愿留共居。’廪君不许。盐神暮辄来取宿,旦即化为虫,与诸虫群飞,掩蔽日光,天地晦冥。积十余日,廪君伺其便,因射杀之,天乃开明。……廪君死,魂魄世为白虎。巴氏以虎饮人血,遂以人祠焉。"这段记载,明确地指出了巴郡南郡蛮五姓的来历,以及当时的社会生活状况。不难看出,这几姓各自分为几个氏族,都信奉鬼神,而未有明确的统一的信仰,也未有部落首领。所以为了这几个氏族共同生存的需要,须得有一个威力无比、智慧无穷的首领,把几个氏族联合起来,以战胜周围恶劣环境。经过掷剑、乘船,巴氏族的一个男子务相终于获得了胜利,大家都心悦诚服地拥戴他为廪君。其实廪君的原意是虎君。杨雄《方言》第八说:"虎,陈、魏、宋、楚之间或谓之'李父',江淮、南楚之间或谓之'李耳'。"现今的土家族称公老虎为"李爸",称母老虎为"李你卡",单独称虎叫 li^2(利)。"李"、"廪"、"利"近音,所以廪君即为虎君。务相做虎君,这是有来历的,前已说过,巴人祖于伏羲,伏羲后裔"顾相降处于巴,是生巴人","顾相"即务相。本来巴氏这个氏族原来即是以虎为标志,所以务相称虎君是天经地义的事。

既然务相做了首领,那么其他四姓都得以虎为标志,也都称巴人了。所以《路史》说:"后照生顾相,夆(降)处于巴,是生巴人"。从此巴人就成为一个重要的族群,由于后来巴人在川东、鄂西一带建立了巴国,巴人的范畴也远远超过原来的五姓。

务相被推为首领以后,率领巴人溯清江迁移,在盐阳又战胜了以虫为标志的氏族——盐神。他的智慧更为巴人折服。然而廪君注定是要死的,不可能永远和巴人生活在一起。于是在廪君死后,巴人就把廪君的魂与其崇拜的虎结合起来。廪君魂与虎的结合,就完成了图腾崇拜的转型过程。这一过程也叫转型期的图腾文化。岑家梧先生在《转型期的图腾文化》(《中南民族学院学报》1984 年第 1 期)中指出:"氏族酋长在集团中既有优越的地位,反映在意识形态上亦有权威。图腾制中所有富于威力的图腾信仰便转而连结于氏族酋长身上。正如格拉勒所说:'澳、美两洲的图腾部落,刚到农业经济初期,便发生两种社会生活的变迁:一个原是女系制的多变成男系制;一个是地方中有了首领地位,而图腾神力的权威,转移于首领个人。'故转形期的图腾文化,最重要的特征是由纯粹的动植物信仰而转为动植物与氏族酋长连结在一起,如图腾动物人格化,成为半人半兽的动物,或幻想中变化的多端的动物。"巴人的首领与虎的结合,就使巴人原先信仰的动物老虎人格化了。

廪君即虎君，死后化为虎是自然的事。然而廪君死后“世为白虎”，而不是一般的虎。从虎演生为白虎，这是一个漫长而复杂的过程。巴人的祖先源于甘肃天水一带（因为伏羲生于成纪，见《帝王世纪》），后向南迁徙，经甘南、汉中经大巴山进入汉水，辗转到鄂西。甘南、汉中是一个多虎的地带，《山海经·西山经》说到许多山有虎或类似虎的怪兽，陕南和川北的大巴山更是多虎。巴人来到鄂西以后，遇到的虎就更多了。宋朝孔平仲《谈苑》卷二载：“施、黔州，……县中板簿有退丁者，非蛇伤则虎杀之也。”虎之多可以想见。清初学者顾彩在游居容美（今鄂西鹤峰）后所写的《容美纪游》中也多处记载鄂西多虎成患，经常伤害人畜。传说廪君出生地长阳也多虎。《长阳县志·山水》记载：“丹水东北流，两岸石上有虎迹甚多，或深或浅，皆悉成就自然，咸非人工。”《长阳县志·异物》又记：“邑旧多虎患，虎多之年，岁必凶，名曰‘虎荒’。”就在前几十年，鄂西仍然多虎。在几千年前，鄂西南是万里无垠的原始森林，虎之多就更是可以想象了。

当时的巴人生活在这样一个多虎的环境，而且生产力水平极其低下，住石穴，随水迁徙，过着游动的采集和渔猎生活。低下的生产力，使他们对周围的恶劣环境无能为力，特别是凶恶的虎，他们既畏又敬，反映在意识上就把虎神圣化。恩格斯指出，史前期的“这种关于自然界、关于人本身的性质、关于精灵、关于魔力等等虚假的表象，大抵是以消极的经济因素为基础：史前时期低级的经济发展把关于自然界的虚假表象作为补充，有时也当作了条件，甚至当作原因。”[5]于是，他们只能从周围环境中寻找保护神。当然巴人所见到的最有神力的是山中之王老虎。虎本来就是巴人先人所崇拜的对象，但不够理想，因为它不但不守护其子孙，却照旧伤害其后代。怎么办？既要一个威力无比的保护神，又要承袭先人的信仰，思考再三之后，他们认为白虎是巴人再理想不过的保护神了：其一，白虎很少见，人们自然想见它是山中之王，现今鄂西土家仍有把山中白色的禽兽看作山中之王。有这样一个能降服百兽的山王，当然可以守护其子孙；其二，因为白虎数量比一般的虎少得多，不经常出没，自然伤人少，巴人想象白虎不会像一般虎那样凶残，所以《虎荟》称：“白虎者，仁兽也。”土家人仍有“蛇咬三生冤，虎咬畜牲人”之说，可见虎对真正的人是不伤害的；其三，白虎与虎同类，只是颜色上的差异，这正好与其先人崇拜虎在本质上是一致的。三全其美，这是原始先民思维能力所能达到的最高层次，也是原始先民以平衡恐惧心理所要寻找的最佳寄托和安慰。所以马克思说:“任何神话都是用想象和借助想象以征服自然力,支配自然力把自然力加以形象化。”(马克思《政治经济学批判导言》)巴人把白虎形象化为自己的保护神,只完成了把虎变成白虎这一简单过程,白虎终究没有与他们发生血缘关系。于是他们把智慧无穷,“开国有功”的廪君之魂赋予在白虎身上,而且“世为白虎”。白虎终于与巴人的首领合二为一,与他们发生了血缘关系,在他们看来,连结得天衣无缝。普列汉诺夫指出:“凡奉行图腾文化的原始民族,都相信人们的某一血缘联合体和动物的某一种类之间存在着血缘关系。并视这种动物为自己的祖先,认为本氏族就源于此。”[6]从此,巴人就是虎人,巴人是廪君的子孙,也即是白虎的子孙。于是白虎终于成了巴人的图腾。

二、白虎为巴人图腾论证之一

世界各民族对图腾的信奉以各种不同的方式表现出来，其中人祭或牲祭是其主要形式。巴人因“廪君死,魂魄世为白虎。巴氏以虎饮人血遂以人祠焉。”故此巴人信奉白虎首先从祭祀中表现出来。宋玉《招魂》说:“魂兮归来,南方不可以止些!雕题黑齿,得人肉以祀,以其骨为醢些。”朱熹在《楚辞集注》中释:“今湖南北有杀人祭鬼者,即其遗俗也。”朱熹又在《楚辞辨证》中说:“南方……杀人祭鬼,往往有之。”湖南北部包括今湘西自治州,是巴人活动的地带。明朝陈继儒在《虎荟》卷五记载:“房陵间有白虎神,好饮人血,每岁其民杀人祭之。”与《后汉书》记载完全一样。据潘光旦先生考证,最迟到南宋,在房县一带及其他地区巴人或“土家”中,还有以人祭白虎神的风俗。《宋史》卷493载:“太宗淳化二年(991年),荆州转运使言:‘富州向万通杀皮师胜父子七人,取五脏及首,以祀魔鬼。朝廷以其远俗,令勿问。’”富州一说在今恩施自治州咸丰县和来凤县(见同治《咸丰县志》),一说在今湖南凤凰(《凤凰厅志》),一说在湖南麻阳(见《太平寰记》补卷119),这三地均属巴人活动的范围。以人的内脏及人首祭祀,又为远俗,估计与巴人祭祖有关。“祀鬼”是中原文人站在他们的立场上一种不切实际的说法。在他们眼中,南方少数民族是一群“蛮夷”之众,当然他们的祭祀似乎不像中原那样正统,就被视为“祭鬼”了。直到近代,鄂西土家族还有以人祭白虎的习俗。解放前,咸丰龙坪的田姓还为白虎神举行过人祭，后改用牲祭。[7]恩施大集公社的向、覃二姓举行过还“天王愿”（即祭祀白虎神的一种衍生反应）的活动，为时三天，其祭法是：坛师用刀在自己的头上刺出血，让血滴在纸钱上，当众悬挂，然后烧掉。来凤县用猫血祭祀白帝天王。[8]以上事实足以说明，随历史的演进，巴人不断迁徙，与他族交往融合，其祭祀形式虽有一些变化，甚至被一些封建文人误记，然而以人或牲祭祖白虎的习俗一直延续下来，直到其后裔土家族仍然祭祀白虎。

白虎饮人血，以人祭祀，巴人与白虎（或虎）就有亲密的血缘关系了，白虎可以代表巴人，巴人也可以自称白虎之后。《搜神记》说：“江汉之域，有貙人。其先，廪君之苗裔也，能化为虎。”张华《博物志》补充说：“江陵有猛人，能化为虎。俗又曰貙，虎化为人，好着紫葛衣，其足无踵，有五指者，皆貙也。”《虎荟》也记：“虎，五指为貙。”即是说貙人即虎人，都为廪君之后，也即是巴人。《南齐书》卷 57 载：“蛮俗，……虎皮衣楯。”这里的蛮应该指巴人。唐人樊绰在《蛮书》中称：“巴中有大宗，廪君之后也，……巴氏祭其祖，击鼓而祭，白虎之后也。”宣统《湖北通志》说：“荆州之风，夷夏相半。有巴人焉，有白虎人焉，有蛮蜑人焉。巴人好歌，名踏蹄白虎事道。”[9]巴人和白虎人都应该是廪君之后，“踏蹄白虎事道”是他们祭祀祖先的一种活动。唐人樊绰《蛮书》卷十也记：“巴氏祭其祖，击鼓而祭，白虎之后也。”巴人祭祀活动已通过艺术形式表现出来。《舆地纪胜》卷 174 记《涪州风俗形势》说：“其俗有夏、巴、蛮、夷。”原注引《图经》说：“夏则中夏之人，巴则廪君之后，蛮则盘瓠之种，夷则白虎之裔。”此巴、夷应该为同一种人，即白虎之后或廪君之后。

从汉到宋，廪君之后被称为“虎蛮”、“虎奴”。如《太平御览》卷 495“人事部”引《魏略》说：“成都王颖伐长沙王乂，募免奴为军。”《周书》和《北史》也记有长江边“虎蛮”活动的情况。巴人的一支板楯蛮，汉初称“白虎复夷”，晋代称“弜头虎子”。直到宋代，达州宣汉井场（今四川达县）仍有祖称白虎的巴人，其文曰：“宣汉井场，……其场风俗，男女不耕织蚕，货卖用杂物代钱。祖称白虎。”[10]甚至连那些身居庙堂的人为了显示自己的威严和身份，也在其封号前冠以“白虎”二字，巴郡忠县有“白虎夷王”。《舆地纪胜》卷 179 载：《通川志》记梁山军忠州界旧有汉石刻，著有白虎夷王姓名，今其上刻汉时官属及白虎夷王及虎民等姓名，尚有可考，但字多磨灭。蜀郡繁县有“白虎夷王资伟”、“白虎夷王谢节”。[11]据陈直先生考定：“《隶续》卷十六《繁长张禅题名碑》有‘白虎夷王谢节、白虎夷王资伟'二人题名，与本印文正合。白虎盖为西南夷部落之一种，疑即《后汉书·南蛮传》所谓廪君死，魂魄为白虎巴氏，是也。"[12]陈先生的考证是有说服力的。

以上巴人活动范围内的所谓"虎人"、"白虎人"、"虎蛮"、"虎奴"、"白虎复夷"、"白虎夷王"及祖称"白虎"的人，都是巴人信奉白虎最直接、最形象的反映。

巴人既然为白虎人或虎人，那么白虎(或虎)与巴人一样，有喜怒哀乐，有爱有憎，所以在巴人活动过的地方留下了许多白虎或虎人格化的传说和故事。《搜神记》卷11云："王业，字子香，汉和帝时，为荆州刺史。每出行部，沐浴斋素，以祈于天地，当启佐愚心，无使有枉百姓。在州七年，惠风大行，苛慝不作，山无豺狼。卒于湘江，有二白虎，低头曳尾，宿卫其侧，及丧去，虎逾州境，忽然不见。民共为立碑，号曰湘江白虎墓。"据《陈留耆旧传》考证："湘江"应为枝江。光绪重刊《荆州府志》卷7,《水经注·江水注》等书都写作"枝江"，枝江即今鄂西枝江。《虎荟》也有同样的记载："刘陵为长沙安成长。先时多虎，百姓患之，皆徙他县，陵之官，修德政，逾月，虎皆出境，百姓复还。"这与唐人卢求在《成都记序》中所载："(秦)昭襄王时，白虎为患，盖廪君之魂也。"形成了强烈的对照。这里有一个相通之处，即白虎的爱憎即是巴人的爱憎。当巴人还生活在原始社会的时候，信仰白虎完全出于对大自然的敬畏和无能为力，表达了他们征服自然的愿望；当巴人进入阶级社会以后，对白虎的信仰就渗入了众多的社会因素。因为巴人建立的国家在公元前316年被秦国灭后，始终处于中央王朝的统治下，中原统治者根本不把他们当人看待，而是辱称为"虎蛮"、"虎奴"、"虎夷"。他们找不到受压迫、受歧视的根本原因，多次反抗都失败了。[13]而他们对强大的中央政权又无能为力，于是只好将良好的愿望寄托于清官廉吏身上。王业因有惠政，死后白虎不但不吃他，反而为其护灵；刘陵因修德政，为害的虎自动离开他所管辖范围。相反，因秦国于前316年灭了巴国，所以白虎在秦昭王时到处作乱伤人，卢求认为这些为害之虎，"盖廪君之魂也"，是很有见地的，这实质上是亡国的巴人一种消极复仇反抗意识的反映。费尔巴哈指出："人们的愿望是怎样的，他们的神便是怎样的。"[14]巴人的爱与憎通过白虎反映出来，进一步证实白虎在他们心目中至高无上的地位。

在巴人足迹所及的地方，留下了许多人化虎的记载。《虎荟》最集中反映这一情形："涪陵里正范端者，为性干了，充州县任使，久之，化为虎。""梁衡山侯萧泰为雍州刺史，镇襄阳，时虎甚暴，村门设槛，机发，村人火烛之，见一老道士，自陈云从村告乞还，误落槛中，共开之，出槛，即成虎，奔驰而去。”“剑州李忠，因病化为虎。”“唐长安年中，郴州佐史因病化为虎。”以上几地均在鄂、川、湘三省，这几省都是巴人生息的中心区域。而且这些地区的人化虎现象，都有一个共同特点，即老者和久病不愈者化为虎，即是说，人快到临终时就化为虎，这与“廪君死，魂魄世为白虎”有惊人的相似之处。似乎可以推测，这沿袭了廪君化虎的传说，只是在传说过程中白虎变成了一般的虎罢了。

发生以上的变异是有其历史根源的。因为《虎荟》的作者陈继儒生活在明代，此时的巴人大多融合于其他民族，而其聚居的巴人已被称为“土民”、“土人”。所以，人化白虎的传说变异成人化一般的虎，可能加入其他民族的传说成分；其次，《虎荟》的作者对白虎的存在与否是持怀疑态度的，他说，“盖虎斑色”。由于他自己未亲眼见过白虎，有意识地把人化白虎记成了人化虎；其三，作者在《虎荟》自序中说“余乃搜诸逸籍及山林湖海之故闻，荟撮成卷”，这些故闻之流传时间必定较长，根据民间文学的变异性原则，在流传过程中把白虎记成一般虎的也是可能的。尽管人化虎传说在巴人故地流传中发生了变异，然而社会存在决定社会意识，人化虎的传说是巴人信仰白虎原始形态的反映，直接承袭了廪君化白虎的传说。

有的地方甚至把虎说成有情感的动物。据《虎荟》记载：唐开元初，吏部尚书张镐贬辰州司户，至辰州后，其女德容被虎负走，后复得，“自是黔峡往往建立虎媒之祠焉。”辰州即今湖南北部，巴人故地。在这里竟然发生了人与虎的姻亲关系。像这样的神话还可举出许多。透过神话的帷幕，不难发现，巴人信仰白虎随着历史的演进，巴人的不断迁移，发生了各种各样的变异，神秘色彩更浓，幻想性也更丰富，这是与人类思维发展相一致的。所以神话“是已经通过人民的幻想用一种不自觉的艺术方式加工过的自然和社会形式本身”。[15]

以上巴人以人或牲祭白虎、以虎作标志、虎人相化、虎具人性等等表象都是巴人以白虎为图腾不同侧面、不同角度的反映。

三、巴人信仰白虎论证之二

图腾崇拜是原始社会氏族部落习俗集中表现，是氏族的标志和无字宪法。因此，原始社会又被称为“图腾社会”。在原始文化中，图腾文化同其他文化相比较，更具有鲜明性和稳定性。所以当原始社会里有着亲属关系的各氏族部落集团逐渐融合为民族以后，图腾习俗往往长期残存于古代民族社会之中，一直影响到现代民族的社会生活。根据这一特点，可以从民族学、民俗学的角度，从当今民族的生活习俗中追溯古代民族的习俗，因此我们可以从巴人后裔土家族的生活中找到巴人信仰的遗迹。

光绪《龙山县志》卷11《风俗》记：“其祀白帝天王神尤虔。有病赴庙祈佑，许以牲醴，愈则酬之。张雨盖大门外，供天王神位，封牲，陈醴馔，执黄腊香，以巫者祝而祭之。既招族姻，席地畅饮，乃散。乡邻忿争，或枉屈不得白，就誓神前，立解释。”道光《凤凰厅志》卷11也记崇奉白帝天王的情况，祭日于小暑节前，要献牲，有冤屈则于白帝天王庙吃猫血，发誓。同治《永顺府志》卷12也记载了湘西北永顺、龙山、保靖、桑植四县敬白帝天王之神的情况。在恩施土家族苗族自治州也普遍信仰白帝天王，如来凤县的旧司和玛瑙河就有天王庙，有纠纷也是于庙前吃猫血，誓盟。

有的人认为白帝即是白虎的误写。清人杜文澜在《古谣谚》卷17说：“书三写，鱼成鲁，帝成虎。”故白虎误写为白帝。这未涉及问题的实质，白虎变为白帝是受中原文化影响的结果。中国古代有五方、五行说，五方中的西方，论五行属金，言五色曰白，而其主宰兽乃白虎，西方的星叫太白金星，即白虎星，故西方的主神就是白帝了。《山海经·西山经》说：“长留之山，其神白帝少昊居之。”《史记·封禅书》：“秦襄公……作西畤，祀白帝。”《汉书·郊祀志》“西方，帝少皞，白灵蓐收，畤及太白星。”《周礼·春官》：“以白琥礼西方”。《淮南子·天文训》把西方的主宰兽定为白虎。可见祭祀白帝天王乃巴人后裔信奉白虎的变异反映，在他们的心目中白虎就是白帝。

在恩施土家族地区，普遍敬奉向王，这实际上是白虎信仰随人们认识水平提高，再次升华复原的结果，即从信仰白虎复归到敬奉务相本身。咸丰《长阳县志·寺观志》曰：“向王庙，在高尖子下，庙供廪君神像。按廪君，世为巴人，……有功于民，故今施南（今恩施州）、归、巴、长阳等地尸而祝之。世俗相沿，但呼为向王天子而不审所由来，……向王即相王之讹也。”长阳（相传廪君所出之地）资丘《刘氏家谱》也记：“先世遗迹，庙台，……其上为先祖所立向王庙。向王者，古之廪君务相氏，有功夷水，故土人祀之。”在资丘的向王庙遗址，还镌刻着“向王为廪君”的残碑。就长阳一县有向王庙41处之多。同治《恩施县志》也载:“向王庙,在城北门外。”在恩施县(今恩施市)的白果坝和盛家坝向姓,自称原来姓相。巴东县长岭和马眠向氏老人说,他们原来不是姓向,而是“相”。此外,在鄂西、川东许多地方都有向王庙。在长阳的一些地方,过去还专门有祭祖“向王”的节日。清江船工6月6日全部停船,举行祭祀,这一天相传为向王节。传说务相出生地钟离山西鸭子口,从腊月24日开始祭向王,直到年底。

从上述习俗不难看出,在巴人的老根据地鄂西,特别是长阳一带,敬奉向王十分盛行,这是由于务相开国有功的缘故。清朝长阳文人彭秋潭《竹枝词》里写道:“土船夷水射盐神,巴姓君王有旧闻,向王何许称天子,务相当年号廪君。”在清江流域流传着“向王天子吹牛角,吹出一条清江河”的民歌。在这里务相再不是白虎神或白帝天王,他已成为巴人后裔心目中高高在上的向王天子。这一变化大约是明清之际中原专制思想浸入,影响“土人”的思想后造成的。此时的巴人后裔——土人(或土民)已认识到虎与他们的生活关系不是很大,神力在他们心目中的地位下降,而人权在上升,务相再不是以白虎的形象出现,而是以向王、向王天子的身份出现。这是人类随生产力提高,思维能力不断提高的必然结果。

尽管在巴人的后裔中信仰白虎几经变异,但仍可从民间找到信仰白虎的缩影。鄂西土家族的小孩都戴猫儿帽,猫儿帽即是虎头帽,《虎荟》云:“《周书》记武王之狩,‘禽虎二十有二,猫二’,则是虎之类也。”在许多器物上刻虎图案。过去土家青年结婚要铺虎毯,人死后,要选择左青龙右白虎的地方安葬。1983年12月1日,在庆祝鄂西土家族苗族自治州成立时,一辆精心编制的白虎彩车,走在游行队伍最前列。1910年发生在土家族地区的“咸黔庚戌起义”,起义领导人用白虎显圣来激励士气。流行于土家族地区的摆手舞和撒尔嗬舞蹈中有模仿虎的动作,这可能与“巴人踏蹄白虎事道”有关。土家族居住地区设有白虎堂,作敬奉白虎之用,有的人家还有白虎灵位,称座堂白虎。这些都表现出强烈的民族信仰和民族意识。

在巴人活动过和土家族居住地留下了许多与白虎有关的地名。《长阳县志》记:“白虎陇在长阳西渔峡口,”相传为廪君化虎之处。《施南府志》载:“白虎山,在县(利川)城西二百五十里。”《鹤峰州志》记载,在鹤峰王家湾和炭场湾都有白虎台。宣恩有白虎堡，又称猫儿堡。咸丰县城附近有白虎山。湘西北有白虎岭。宜昌东北有白虎关。[16]涪陵西有白虎山。[17]顾彩在《容美纪游》中写道："李虎坡（今鹤峰）长亘五十里，……其高上接云汉，洞穴叵测，虎穴在焉，常夜出伤牛畜。""相传昔有虎化为人，自称姓李，居此，故名。"这与廪君化虎更有密切关系。以上以白虎命名的地名是巴人及其后裔纪念祖先留下的永恒的印记。

一个民族的风俗习俗和生活方式都有继承性，巴人后裔土家族祭祀白帝天王、向王天子，把白虎视为生活中的神和本民族的象征，是巴人崇拜白虎的活化石。

四、巴人信仰白虎论证之三

一个民族的经济生活、精神生活、风俗习尚都可以从文学作品中得到集中的反映，特别是民间文学更能反映下层人民的真实思想和感情，在土家族的民间文学作品中可以找到许多有关白虎神的典型描写。

在《锦鸡和巴西》故事里有这样的描述："（覃大爹）又挑来白鹤井的水，把神龛上的白虎山神洗得索索利利，……家家户户，挂起白虎神，……土民们拜天拜地拜白虎。"[18]在《黑洞》传说里这样写道：鄂西咸丰县有个黑洞，洞里有一个洞神，经常出洞伤人，每年 3 月 3 日须得用一对童男童女祭祀。有个叫张海仙的道士，决定为民除害，后被洞神战死，但阴魂不散，他给妻子托了一个梦，要她把其尸体关在屋里，49 天就可以复活，他的妻子照样做了，却被洞神得知，洞神变成一个老婆婆骗进屋，只见一个白虎正在舔张海仙背上的伤疤。白虎见门一开，一阵风就不见了。这一下张海仙再也活不转来了。[19]白虎神在土家人的心目中仍是保护神和起死复生的救星。

在巴人发源地长阳有《廪君化虎》、《老巴子显圣》、《向王天子显圣》等传说。其中，居住在白虎垅的覃氏有这样一个传说：在远古，一个白头发、白胡子的老头子来到登星岭，没过几年就死了。死后，当覃氏去埋葬时，这个老头变成了一只白虎升天了。从此这个地方就叫白虎坳，以后又叫白虎垅。后来覃氏即托白虎升天之意，以白虎作他们的族称，取名"白虎陇堂"。[20]这个故事实质是廪君化白虎的加工，反映出白虎传说在巴人后裔中的继承性和稳定性。

在诗歌中也有表现。《摆手歌·将帅拔佩》曰："青龙白虎绕着哩，将帅拔佩出世了。"[21]这位英雄的出世是沾了青龙白虎的灵气。鹤峰民歌《小花灯》唱道："来到老爷头门庭，玻璃宫灯。白虎神仙挎彩印，子子孙孙受皇恩，家发万事兴。"[22]这位地方官(或土司)，富贵心切，于是给白虎神披红戴彩，祈求白虎神保佑他荣华富贵、人丁兴旺。更有趣的是，土家青年在谈情说爱时，往往在白虎神前发誓，或祈告白虎神保佑姻缘美满。鹤峰民歌："太阳当顶正当时，也不早来也不迟，你姐敬神白虎挂，我郎今天来交心。"[23]初恋的青年男女，希望一见钟情，情投意合，于是挂起白虎神祈祷。《十梦歌》："墙上跑马是能人，万千枯井聚宝盆，钢刀把把保郎身，根根麻绳马缰绳，白虎当堂是家神，峨眉十五月团圆。"[24]多情的少女见郎心急，希望白虎神保佑情郎平安归来，团圆相会。《五句歌儿做媒人》："五句子歌儿我不怕，唱到天边雷脚下，古龙背上敢打滚，白虎口里敢拔牙，小妹脸上亲一下。"[25]这位民歌手用反衬的手法印证白虎神至高无上的地位。《算命歌》："不查财来不查喜，白虎当堂我先生，几时动婚姻。三月初三娘生我，白虎当堂我先生，就是奴生庚。五庚八字来排定，白虎当堂我姑娘，还有二三春。"[26]土家习俗，在结婚前，要将男女的生庚年月说出，请八字先生算命，选择吉日，以成婚配，算命时，须得当着白虎神的面，以表诚心和敬意。以上民歌，从内容和形式上看是清代以后的作品。可知，直到近代，白虎神在土家人的生活中仍占重要地位。

五、巴人信仰白虎论证之四

古代巴人的历史，文献记载寥寥无几，又因巴人辗转迁徙，情况复杂，文字记载既笼统又有舛误。所以要弄清巴人的历史、习俗，除借助于民族学资料外，考古资料也不可忽视。

经过考古发掘证实，我国古代有一种叫是錞于的青铜乐器。据熊传新分析考定，首先是由越族先民铸造使用的，我国许多民族都曾使用过。[27]但巴人使用过的錞于却与众不同，上面铸有虎像，考古学者称之为虎钮錞于。这种錞于都是在巴人及其后裔活动过的地方发现的，集中于湘鄂西和川东地区。

宋洪迈《容斋续笔》卷十一记载古錞于："绍熙三年，予仲子签书峡州(今宜昌市境)判官，于长阳县(即今长阳)得其一，甚大，高二尺，上径长一尺六分，阔一尺四寸二分，下口长径九寸五分，阔八寸，虎钮高二寸五分，足阔三寸四分，并尾长一尺，重三十五斤，皆虎錞也。予家蓄古彝器百种，此遂为之冠。”民国续《湖北通志》卷93《金石志》记：“清嘉庆甲子（1804）施南人在土中掘得大小二虎錞，大者重五十余斤，小者二十余斤。”并注说：“施南长阳附近屡获此錞，殊不可解。”《长阳县志》也载，县西曾多次出土虎纽錞于，“大者重三十斤，小者重十余斤”。解放前，鄂西州共出土10多件虎錞于。[28]解放后，在长阳、巴东均有虎錞于出土。1977年3月，在清江南侧原建始县景阳公社50厘米地层中发现一双虎钮錞于。荆州博物馆藏一虎錞于，出土于松滋。[29]小田溪秦代墓中也出土过虎錞于。[30]湘西地区发现22件虎錞于。[31]1983年在湘西北的大庸、吉首、靖县又发现一批虎錞于，计有40件之多。[32]在川东黔江土家族苗族自治县（今黔江区）也有发现。[33]“具有巴人特征的虎錞于，主要反映了钮以虎为特征，战国晚期以后出土的錞于，绝大多数都是在巴人活动及巴人后裔活动地区发现的。另外，我们还可以从虎钮錞于顶盘上的虎钮座旁的各种纹饰，如椎髻人头、梭子形、船、鱼网状，蛇纹等等，分析这些纹饰或者符号，显然与古代清江巴人的水居乘船射猎打鱼生活有关，是汉代的巴人对他们祖先的崇敬和怀念。”[34]这一论证是有根据的。巴人把虎像铸于錞于上有三个目的：其一，作标志。錞于是一种军乐器，往往是作战时用，在錞于上铸上虎像，以便与对手区别之。其二，可以鼓舞士气，因为虎象征巴人祖先，本来其祖先就威力无比，击虎錞于发出的声音可以激励士气，压倒敌人。所以《虎荟》说：“前有士师则载虎皮，以旌悬真虎。兵众将接，则当如虎之威猛以敌之也。”其三，把虎像铸于青铜的錞于上，可以把其对虎的信仰一代一代传下去，每当巴人的后裔见到虎錞于，自然会想到其祖先，产生对祖先的思念之情。

巴人除了在錞于上铸虎像外，在其他器物上也镌刻虎纹。四川涪陵小田溪一号墓出土的文物中，有四件虎头型装饰品。1973年重庆市博物馆在万县新田公社发现铜戈一件，在戈的后部，有一浮雕状的虎头装饰，瞪目喇嘴，戈上还有巴蜀符号[35]。1973年春，四川乐山县出土一具五代琉璃三彩陶棺上面雕有青龙白虎图案。[36]在湘西出土的遗物中，许多物品上也铸有虎纹或虎形。[37]1977年6月，咸丰县柳城盖女儿寨出土的土家土官服装佩饰上，有虎纹镯环和虎纹金环。在施州卫世袭宣抚司遗址台阶上，有白虎图案。像这样的例子还可举许多。

从上述材料可见,巴人在许多器物上都铸虎像或刻虎纹,这些装饰除加强美观外,更重要的是巴人图腾信仰的反映。"图腾信仰……在原始部族的装饰、图画、雕刻、音乐、舞蹈等方面都有所表现。除了在装饰物、服装、住屋、武器、用具等上面都涂画或雕刻图腾形象之外,甚至用涂色、切痕、黥纹等方法在肉体上留下图腾标记。"[38]巴人在用具、武器、建筑、服饰上绘虎纹,铸虎像,是巴人信仰白虎的实物证据。

六、结语

总之,巴人的图腾信仰源于其始祖伏羲,即以山中之王虎作为崇拜对象。后来伏羲后裔的一支从甘南迁徙到鄂西清江流域,这一支人即发展成为巴人。鄂西南是一个多虎的地区,而且出现了一种白虎。巴人为了平衡大自然所造成的恐惧心理,借助想象,把其首领务相与山中少见的白虎结合起来,于是白虎演生为巴人的图腾。从巴人奉白虎为图腾开始,直到巴人的后裔——土家族都信仰白虎。这可从文献记载、传说、民族学、出土文物等方面得到证实。当然,巴人对龙、蛇、鬼神的信奉也有所表现,不过应该肯定,巴人对白虎的崇拜产生得最早、最完整、最典型,影响最大,其他信仰都是后来与其他族群交往中产生的。

【参考文献】

[1]潘光旦:《湘西北的"土家"与古代的巴人》,载中央民族学院研究部编《中国民族问题研究集刊》第4辑,1955年11月。

[2]刘尧汉:《中华民族龙虎文化论》,载《贵州民族研究》,1985年第1期。

[3]《古代铭刻汇集》。

[4]何光岳:《虎方、白虎夷的族源和迁徙——论土家族主要的一支先民》,载《中南民族学院学报》(社会科学版),1986年第1期。

[5]《马克思恩格斯论宗教》,北京:人民出版社,1957年,第18页。

[6]《普列汉诺夫哲学著作选集》第3卷,北京:三联书店,1962年版,第383页。

[7]《咸丰土家族简史资料》(未刊稿)。

[8]来凤土家族自治县历史资料编写组:《来凤土家族历史简编》(初稿),1980年

编印,第 35 页。
[9]宣统《湖北通志》卷 21《舆地志·风俗》。
[10]乐史:《太平寰宇记》卷 137《山南西道五》。
[11]洪适:《隶续》卷第 16《繁长张祥等题名》,北京:中华书局,1985 年版,第 430 页。
[12]陈直:《汉晋少数民族所用印文通考》,载中国秦汉史研究会《秦汉史论丛》第 1 辑,西安:陕西人民出版社,1981 年版,第 338 页。
[13]《文献通考·廪君种》,《南齐书·东南夷》卷 58,《周书·蛮》,《周书·陆腾传》等。
[14]费尔巴哈:《宗教的本质》,北京:人民出版社,1999 年版,第 91 页。
[15]《马克思恩格斯选集》第 2 卷,北京:人民出版社,1972 年版,第 113页。
[16]《明史》卷 44《地理志五》。
[17]曹学佺:《蜀中名胜记》卷 18《上川东道·长寿县》。
[18]鄂西土家族苗族自治州群众艺术馆编:《鄂西民族民间故事传说集》(内部发行),1983 年编印,第 27—28 页。
[19] 鄂西土家族苗族自治州群众艺术馆编:《鄂西民族民间故事传说集》,第 233—235 页。
[20]《湖北少数民族》1985 年第 1 期(内部刊物)。
[21]《中国少数民族文学作品选》第三分册,土家族部分。
[22]鹤峰民歌集《万花楼》(内部发行)。
[23]鹤峰民歌集《万花楼》(内部发行)。
[24]鹤峰民歌集《万花楼》(内部发行)。
[25]鹤峰民歌集《万花楼》(内部发行)。
[26]鹤峰民歌集《万花楼》(内部发行)。
[27]熊传新:《古代錞于漫话》,载《历史知识》1982 年第 6 期。
[28]《鄂西地区土家族简史调查资料》(未刊)。
[29]《四川涪陵地区小田溪战国土坑墓清理简报》,载《文物》,1974 年第 5 期。
[30]《文物参考资料》1958 年第 1 期。
[31]熊传新:《湘西土家族出土遗物与巴人的关系》,载《西南师范学院学报》(哲学社会学科),1980 年第 4 期。
[32]熊传新:《记湘西新发现的虎纽錞于》,载《江汉考古》,1983 年第 2 期。

[33]黔江土家族苗族简况编写组:《黔江土家族苗族简况》,1984年印,第153页。

[34]熊传新:《古代錞于漫话》,载《历史知识》,1982年第6期。

[35]《文物》1976年第4期。

[36]沈仲常、李显文:《四川乐山出图的五代陶棺》,载《文物》,1983年第2期。

[37]《文物》1976年第2期。

[38]朱天顺:《原始宗教》,上海:上海人民出版社,1964年版,第59页。

(原载《贵州民族研究》1988年第4期)

白虎神话的源流及其文化价值

自有史以来,人与虎即结下了不解之缘。世界各民族中都有关于虎的传说或神话,中华各民族中广泛地流传着虎的故事。虎和龙以至成为连结各族人民的纽带和民族精神的象征,故中华民族有"生龙活虎"、"龙腾虎跃"之喻。本文试就白虎神话略谈管见,以就教于各位专家、学者。

一、白虎神话的源流

白虎神话最早见于《后汉书·南蛮西南夷列传》,其文曰:"巴郡南郡蛮,本有五姓:巴氏,樊氏,瞫氏,相氏,郑氏。皆出于武落钟离山(今湖北长阳土家族自治县内)。其山有赤黑二穴,巴氏之子生于赤穴,四姓之子皆生黑穴。未有君长,俱事鬼神。乃共掷剑于石穴,约能中者,奉以为君。巴氏子务相乃独中之,众皆叹。又令各乘土船,约能浮者,当以为君。余姓悉沉,唯务相独浮,因共立之,是为廪君。乃乘土船,从夷水(今鄂西清江)至盐阳。盐水有神女,谓廪君曰:'此地广大,鱼盐所出,愿留共居。'廪君不许。盐神暮辄来取宿,旦即化为虫,与诸虫群飞,掩蔽日光,天地晦冥。积十余日,廪君伺其便,因射杀之,天乃开明。……廪君死,魂魄世为白虎。巴氏以虎饮人血,遂以人祠焉。"原来,白虎神话源于巴氏等五姓的图腾信仰,为廪君魂魄所化。

那么,巴务相源于何处,为何称廪君?《路史·后记·太昊伏羲氏》说:"伏羲生咸鸟,咸鸟生乘厘;是司水土,生后炤(照),后照生顾相,夅(降)处于巴,是生巴人。""顾相"即《后汉书》所说之"务相"。巴务相又为何称"廪君"?其实"廪君"即"虎君",杨雄《方言》第八说:"虎,陈、魏、宋、楚之间,或谓之'李父',江淮南楚之间,或谓之'李耳'。"现今土家族称公老虎为"李爸",称母老虎为"你李卡",单独称虎叫"利"。"李"、"利"、"廪"近音,所以"廪君"即"李君"、"虎君",即以虎作为图腾标记。

以上分析不难看出,白虎神话源于廪君神话。廪君神话源于伏羲神话。白虎神话已将祖先神话与原始宗教信仰结合起来，从而形成次生的神话形态。这一融合过程经历了漫长而曲折的岁月。

伏羲后裔的一支巴人从甘肃天水(伏羲生于成纪，见《帝王世纪》)经汉中，进入汉水流域，后辗转来到鄂西清江流域。这些地带都是老虎经常出没地区。来到鄂西以后，遇到的老虎更多了，而且出现了一种白色的虎。《华阳国志·巴志》记道："秦昭王时，白虎为害，自黔、蜀、巴、汉患之。……白虎常从群虎。"当时巴人生活在这样一个多虎的环境，而生产力水平却极其低下，住石穴，随水迁徙，过着游动的采集和渔猎生活。低下的生活力，使他们对周围的恶劣环境无能为力，特别是凶猛的虎，他们既畏又敬，原始先民的认识水准决定了他们只能从周围的生存环境中寻求保护神。巴人经常所见的虎，本身是其先人崇拜的对象，但不够理想，因为虎不但不守护其子孙，还照样伤害他们，这一矛盾在原始先民思维能力所及是难以理解的。最后，他们从生活在其周围的白虎那里寻求到理想的保护神。其一，白虎很少见，人们会自然想到它是山中之王，现今鄂西土家族仍有把山中白色禽兽看作山中之王的。其二，因为白虎的数量比一般的虎少得多，不经常出没，当然很少伤人，在巴人的主观意念中，白虎不像一般的虎那样凶残，所以《虎荟》称："白虎者，仁兽也。"其三，白虎与虎同类，只是颜色上的差异，正好与其先人崇拜虎有本质上的联系。三全其美，是原始先民思维能力所能达到的最高层次，也是原始先民平衡对大自然的恐惧心理所寻找的最好寄托和安慰。所以，马克思说："任何神话都是用想象和借助想象以征服自然力、支配自然力、把自然力加以形象化。"神话"是已经通过人民的幻想用一种不自觉的艺术方式加工过的自然和社会形式本身。"[1]巴人从崇拜虎到把白虎奉为保护神，并将其首领务相的灵魂与白虎联系起来，于是便产生了白虎神话。

由于白虎神话产生于几千年以前，巴人又不断迁徙、分化，与他族交往融合，所以白虎神话随历史的推进不断发生变异，由神话变成了传说，白虎神话在流传过程中大致发生了以下几次变异。

1. 从图腾神话变异为打上时代烙印的虎具人性的传说

前已论及白虎为巴人的图腾，所以起初表现出来的白虎神话完全承袭了《后汉书》"廪君死，魂魄世为白虎，巴氏以虎饮人血，遂以人祠焉"的说法。《搜神记》载："江汉之域，有貙人。其先，廪君之苗裔也，能化为虎。"貙人因为是廪君之后，所以都能化虎，遗憾的是作者未说明是什么颜色的虎。明人陈继儒所辑的《虎荟》记载："西域房陵（今郧阳房县）间，有白虎神，好饮人血，每岁其民杀人祭之。"在湖北长阳土家族自治县也有类似的传说：相传在很古的时候，一个白头发、白胡子的老头子来到登星岭，没有几年就死嗒。当地覃氏去埋葬时，这老头变成一只白虎升天了。[2] 以上传说直接相沿于廪君化白虎的传说，均属于白虎神话的原生形态，是巴人及其后裔对祖先化虎的追忆。

秦灭巴以后，巴人处于秦王朝专制主义的控制之下，受着阶级压迫和民族压迫。巴人的反抗意识通过白虎传说折射出来，深深打上了阶级社会的烙印。《搜神记》卷11记："王业，字子香。汉和帝时，为荆州刺史。每出行部，浴沐斋素，以祈于天地，当启佐愚心，无使有枉百姓。在州七年，惠风大行，苛慝不作，山无豺狼。卒于湘江，有二白虎，低头曳尾。宿卫其侧，及丧去，虎逾州境，忽然不见。民共为立碑，号曰：'湘江白虎墓'。"湘江，《陈留耆旧传》、《水经注》等书均作"枝江"，枝江即鄂西之枝江。这与唐人卢求《成都记序》所记"（秦）昭襄王时白虎为患，盖廪君之魂也"形成了强烈的对比。白虎传说反映出巴人的爱憎。巴人进入阶级社会以后，受着中央王朝的统治。中原统治者根本不把他们当人看待，而称之为"虎奴"、"虎蛮"、"白虎复夷"、"弜头虎子"，他们找不到受压迫、受歧视的根本原因，多次反抗都失败了。[3] 在强大的中央王朝面前的无能为力和处于较低层次的认识水平决定了他们将良好的愿望寄托于清官廉吏身上。王业有惠政，死后白虎不但不吃他，反而为其守灵。相反，由于秦国于公元前316年灭了巴国，所以白虎在秦昭王时到处伤人，卢求认为这些危害的白虎"盖廪君之魂也"，是很有见地的。以上传说是亡国的巴人企图以祖先之魂达到复仇反抗愿望的反映。高尔基说："奴隶主愈有力量和权威，神就往天上升得愈高，而在群众中间就出现了一种反抗神的意愿，这种反抗神的意愿体现在普罗米修斯、爱沙尼亚的卡列维以及其他英雄们的身上。他们认为神是同他们敌对的最高的统治者。"[4] 巴人的反抗意愿通过白虎神而体现出来，就显而易见了。

2. 白虎神话变异为虎的传说

随着历史不断向前发展，巴人频繁迁移，并与他族交往融合，白虎神话基本上变异成为虎的传说。这可从陈继儒所辑《虎荟》中集中地反映出来。"涪陵里正范端者，为性干了，充州县任使。久之，化为虎”，“剑州李忠，因病化为虎。”清人顾彩在其《容美纪游》中记道：鹤峰有个叫李虎坡的地方，“相传昔有虎化为人，自称姓李，居此，故名”。这些传说都有一个共同点，即老者或久病者化为虎，即是说人快到死时即化为虎。这与“廪君死，魂魄世为白虎”有惊人的相似之处。李虎坡的传说与廪君（李君、虎君）化虎同出一辙。可以肯定，这是白虎神话的一种变异现象，是巴人后裔对祖先超凡力的一种追忆和怀念。这种变异的产生是有其历史背景的。其一，以上传说都是明代以后搜集的，此时的巴人大多融合于其他民族，而聚居于川鄂湘黔四省连接地带的巴人以一种新的人们共同体出现于历史舞台。这种新的人们共同体，史家称之为“土人”、“土民”，即今天的土家族，这一变化可能导致白虎神话变异成虎的传说。其二，《虎荟》的作者对白虎的存在持怀疑态度，他说“盖虎斑色”。由于他未亲眼见过白虎，有可能把听到的白虎传说记成虎的传说，在整个《虎荟》中只有一处记载了“白虎神”，专记白虎的一条未有。其三，作者在《虎荟》中自序说：“余乃搜诸逸籍及山林湖海之故闻，荟撮成卷。”这些故闻虽然难以确定其上限，然而毕竟经历了相当长的时间，流传过程中，经历了传承者的加工润色是可能的，也有可能将白虎的传说改写成虎的传说。这种推断符合民间文学的变异规律，也是与人类思维层次上升相一致的。

3. 白虎神话变异为白帝天王的传说

明清之际，中原文化渐渐浸入边远的少数民族地区，专制王权思想波及巴人的故地，于是白虎神话变异为白帝天王的传说，在湘西凤凰、吉首、泸溪一带流传着这样一个传说。传说白帝天王有三兄弟，没有父亲，只有母亲。所以，随母而姓杨。三弟兄从小就人才出众，长得魁伟高大，打仗勇猛无敌。被皇帝征调去作战有功，本应封爵列侯，但皇帝怕他们三弟兄造反，谋夺江山，于是招他们进京封官，不准带兵马武器。三弟兄只带了田、杨两位将士，苏、罗两位厨官，林、谭、岳三个马夫进京。皇帝封了他们官，并赐御酒三坛，要他们回到故土后才能开坛饮用。回到故土，首先大哥饮了一杯，脸色变白而死；二哥次饮两杯，脸色变红而死；三弟后饮，脸色变黑而死。原来皇帝赐的是鸩酒，将他们毒死。三弟兄死后，阴魂不散，化成三只白虎大闹金殿，皇帝吓得胆战心惊，敕封了种种神位，三只白虎都不肯离去，后来敕封白帝天王，与皇帝一样称帝，在故里立庙祠焉，三只白虎才点头三下离去。[5]这一传说,一方面表现出巴人后裔蔑视封建统治者的淫威,比以往将愿望寄托于清官廉吏,或以白虎之魂在地方骚乱是一个进步;另一方面,反映出巴人后裔要求争取人权,争取政治权利的强烈愿望。

从白虎神话到白帝天王的传说主要是由以下诸因素促成的。其一,中国古代有五方、五位观念。五方中的西方,论五行属金,言五色曰白,而其主宰兽乃白虎。西方的星叫太白金星,即白虎星,故西方的主神就是白帝。《山海经·西山经》说:“长留之山,其神白帝少昊居之。”《史记·封禅书》曰:“秦襄公……作西畤,祀白帝。”可见,中国传统文化中,白帝与白虎之关系十分密切,白虎又为巴人及其后裔崇拜的对象。而且,巴人的地望也属西方,所以在中原传统文化影响下,巴人之后裔将白虎与白帝联系起来是自然的事。其二,明清之际,随着大一统局面的形成和巩固,专治主义不断加强,与此同时进行的改土归流运动摧毁了割据一方的土司势力,拆除了阻碍各种思想文化交流的藩篱,专制王权思想波及少数民族地区,少数民族统治者或头人也试图称王称帝。其三,人们在生产实践活动中,逐步认识自然、战胜自然,神权已失去了原来的神秘性和应有的地位,人间的力量逐步取代了超自然的力量,王权代替了神权,白虎原来具有的神奇性和超凡力已黯然失色。恩格斯说:“民族神一旦不能保卫本民族的独立和自主,就会自取灭亡。”(恩格斯《恩格斯论宗教》)白虎神话最终变异成白帝天王的传说,反映出先民们思维中功利主义的特征。

二、白虎神话的文化价值

从白虎神话变异为传说在巴人及其后裔土家族人民的物质生活和精神生活中产生了深远影响,留下了永久的印记。这些物质产品和精神产品凝聚成独特的文化现象。

1. 凝结成以白虎为标志的人们共同体

心理素质是连结一群人的无形纽带和内聚力。巴人对白虎的信仰通过传说一代一代传下来,使之成为巴人及其后裔的象征和标志。这种心理定势也使白虎或虎的形象在巴人及其后裔心目中变得神圣、高大,成为其特定地域内的文化象征往下传,经久不衰。唐人樊绰《蛮书》卷10记载:“巴中有大宗,廪君之后也,……巴氏……白虎之后也。”宣统《湖北通志·风俗》亦曰:“荆州之风,夷夏相半。有巴人焉,有白虎人焉。”从汉到宋,廪君之后被称为“虎蛮”、“虎奴”。巴人的一支板楯蛮,汉初称“白虎复夷”,晋代称“弜头虎子”。[6] 直到宋代,达州(今四川达县)宣汉井场仍有祖称白虎的巴人。1983 年 12 月 1 日,鄂西土家族苗族自治州成立时,还精心扎了一辆白虎彩车行走在游行队伍的最前列。土家族聚居区实施区域自治后,白虎形象再次在土家人心中复活。

毋庸置疑,巴人及其后裔对白虎的信仰是传说起了作用。通过一代一代的口传心授,使白虎作为神秘和象征一直沿用下来,并不断完善和丰富,使之成为一种强烈而鲜明的自我意识,逐步稳固的心理定势。这一自我意识和心理定势将聚居于川东、鄂西南、湘西北、黔东北一群人聚合起来。元、明、清三朝在以上地区设置土司,实行“蛮不出境,汉不入峒”的政策,稳定了这一自我意识,最终形成了现今中华民族大家庭中的土家族。

2. 造就出勇猛如虎的民族精神

白虎神话产生于多虎的环境,多虎的环境炼就出如貅如虎的天性和尚武善战的精神。巴人及其后裔的虎劲虎勇与其崇拜有密切的关系。其勇武精神随白虎神话或传说代代相袭。《华阳国志·巴志》:“周武王伐纣,实得巴蜀之师,著乎《尚书》。巴师勇锐,歌舞以凌殷人,前徒倒戈,故世称之曰‘武王伐纣,前歌后舞’也。”连用兵如神的诸葛亮也在川东巴人中挑选弓箭手。晋王浚平吴,军中有巴人士兵数千人,皆效死立功。隋朝杨素破陈水军,亦得力于巴兵。[7] 从北宋起,始设“荆湖义路军”,被称为“土兵”、“土丁”、“土军”的队伍,多为巴人后裔组成。封建统治者利用这些勇敢善战的军队,对内镇压人民的反抗,对外抵抗外敌。明嘉靖年间,倭寇入侵我国东南沿海,湘、鄂西土军几万人奉命出征,取得王江泾战役的重大胜利,史称“东南战功第一”。[8]所以明朝兵部尚书张凤翼称:“施州(今恩施自治州)土兵,颇称勇敢,登崖涉巅,如履平地,要剿依山之贼,非依彼不可。”[9]进入近代,土家儿女在历次反侵略反封建斗争中,都以勇敢顽强而著称。鸦片战争驻守沙角炮台的土家骁将陈连升被誉为东方战神,连外国人也不得不钦佩,称他“维持了勇敢人的本色”。[10]新民主主义革命时期以鄂西土家族为主体的神兵,更是以“打不进,杀不进”而著称。[11]在对越自卫还击战中,土家士兵因勇猛屡立战功。[12]

一个民族的性格、精神面貌与其生活环境有密切关系。巴人自古就生活在叶深林茂、陡壁深壑之大山中。这种环境须得具备勇敢的精神、强健的体魄才能生存，由于巴人对白虎强烈的信仰、敬慕，自然模仿虎的动作和生活方式，经长期模仿的结果，导致了如虎的勇猛。心理上的企图模仿，表现在口头上是关于虎的种种传说，稳定着勇猛无敌的心理机制。反过来，白虎神话或虎的传说从侧面反映出巴人及其后裔的勇敢精神，是研究他们的心理信仰等精神生活的宝贵材料。

3. 造成充满与虎相关的民族生活

白虎神话产生于巴人对周围大自然的恐惧和对虎威力的无法理解，这种心理活动与其日常生活密切相关。因此，白虎神话在巴人及其后裔生活的各个角落都产生了深远的影响。首先表现在对白虎神的祭祀方面。道光《凤凰厅志》卷 11 记载祭祀白帝天王的情况，祭日于小暑节前，要献牲，有冤屈则于白帝天王庙饮猫血、发誓。同治《永顺府志》卷 12 也记录了湘西北永顺、龙山、保靖、桑植 4 县敬白帝天王的情况。在鄂西土家苗族自治州普遍信仰白帝天王，来凤县的旧司和玛瑙河就有天王庙，若有冤屈，就到天王庙前“吃血”盟誓，事无巨细，吃血后，不能反悔。直到近代，鄂西土家族还有以人祭白虎的习俗，解放前，咸丰龙坪还为白虎神举行过人祭，后改为牲祭。[13]恩施大集公社向、覃二姓举行过“还天王愿”的活动，为时 3 天，其祭法是坛师用刀在自己的头上刺出血，让血滴在长串纸钱上，当众悬挂，然后烧掉。

有的地方土家族还专为白虎立了神位，称为坐堂白虎，如来凤革勒车即有“白虎堂”。有的地方还有祭祀白虎神的节日。流传在鹤峰县的《锦鸡和巴西》有这样的描写：“这一年阳春三月初五，是土家族的洗神节（即对白虎神举行洗礼）。……家家户户，挂起白虎神像……土民们拜天拜地拜白虎神……”[14]连土家族青年谈情说爱也得当着白虎神的面山盟海誓。[15]结婚时铺虎毯，小孩普遍戴（猫）虎帽，人死后还要选择左青龙右白虎的地方安葬。土家人造反起义也得敬白虎神，以卜吉凶。[16]

在巴人及其后裔土家族居住的地方留下了许多与白虎有关的地名。《长阳县志》载：“白虎陇，在长阳西鱼陕口”，相传为廪君化虎之处。道光《施南府志》载：“白虎山在县（利川）城西二百五十里”。《鹤峰州志》载：在鹤峰王家湾和炭场湾有白虎培。宣恩县城附近有白虎堡。咸丰县城北有白虎山。宜昌东北有白虎关。[17]涪陵西山有白虎山。[18]以上用白虎命名的地名,是白虎神话在流传中留下的印记,也是巴人及其后裔对祖先的怀念之实物证据。

4. 形成了独特的白虎文化

文化艺术是一个民族经济生活、精神生活形象而又集中的反映,它“纯粹地表现出人的灵魂,表现出那些在流露出来之前长久地在心中积累和动荡的内心生活的秘密。”[19] 它是人对幸福的追求,对现实生活的描绘和摩画。因为白虎神话是巴人对虎的神奇和超凡力的敬佩和不可理解而产生。这种心理经验和期待成为传统的形象被巴人及其后裔沿用。为了使这种形象从抽象的玄念变成形象可睹之物,巴人及其后裔通过文学、艺术形式把白虎神话形象化、具体化,形成别具一格的白虎文化。巴人将虎铸于经常使用的军乐器上,考古学界将巴人使用的铸虎纽的錞于,称为虎錞于,成为巴文化中特有的产品。到目前为止,在湘鄂川黔相邻地带发现的虎錞于计有100多件。在其他器物上也刻有虎纹或虎象。1973年重庆博物馆在万县新田公社发现铜戈一件,在戈的后部,有一凸起浮雕状的虎头装饰,瞪目咧嘴,戈上还刻有巴蜀符号。[20] 在湘西土家族地区出土的遗物中,许多器物上都刻有虎纹或虎形。[21] 1977年6月,咸丰县柳城盖女儿寨出土的土官服装佩饰上,有虎纹锡环和虎纹金环。[22] 在施州卫世袭宣抚司遗址台阶上,刻有白虎图案。[23] 这些雕刻艺术形象生动,形成独特的白虎象征艺术。

另外,流行土家族地区的摆手舞和撒尔嗬舞蹈中有模仿虎的动作,如“猛虎下山”。土家族的诗歌、民间传说中有许多关于白虎的描写。如长阳民歌:“三梦白虎当堂坐,当堂坐的是家神。”鹤峰民歌:“来到老爷头门庭,玻璃宫灯,白虎神仙挎彩印,子子孙孙受皇恩,家发万事兴”,“太阳当顶正当时,也不早来也不迟,你姐敬神白虎挂,我郎今天来交心。”[24]

白虎神话是中国众多神话中的一员,其产生与巴人生活环境、中原文化的影响分不开,在沿着自己的道路演进过程中,形成了独具特色的文化现象。这一现象是研究土家族的历史文化和现状、制订民族政策、振兴民族经济和文化不可多得的精神财富。

【参考文献】

[1]《马克思恩格斯选集》第2卷,北京:人民出版社,1972年版,第113页。

[2]《湖北少数民族》1985年第1期。

[3]《文献通考·廪君种》,《南齐书·东南夷》卷58、《周书·蛮》、《周书·陆腾传》等。

[4] 高尔基著,曹葆华译:《苏联的文学》,上海:上海文艺出版社,1959年版,第6页。

[5] 杨昌鑫:《一首古老的土家族军葬战歌——〈弹歌〉试释》,载《民间文学》,1985年第10期。

[6]《晋书》卷42《王浚传》。

[7]《隋书》卷48《杨素传》。

[8]《明史》卷310《湖广土司列传》。

[9] 明朝崇祯年间兵部上书张凤翼奏折。

[10]宾汉:《英军在华作战记》,载中国史学会主编《中国近代史资料丛刊·鸦片战争》第五册,上海:神州国光出版社,1954年版,第163页。

[11]《咸丰县革命斗争史简编》(内刊),1975年12月。

[12]《远方亲人的佳音》,载《鄂西报》,1986年2月17日、3月27日。

[13]《咸丰土家族简史资料》(未刊稿)。

[14]鄂西土家族苗族自治州群众艺术馆编:《鄂西民族民间故事传说集》(内部发行),1983年编印,第27—28页。

[15]鹤峰民歌集《万花楼》(内印)。

[16]《1910年土家族温朝钟领导的反清斗争问吉于白虎神》,见黔江县志办公室、咸丰史志办公室合编《温朝钟反正资料辑录》,1986年编印。

[17]《明史》卷44《地理志》。

[18]曹学佺:《蜀中名胜记》卷18《上川东道·长寿县》。

[19]罗曼·罗兰:《论音乐在世界通史中所占的地位》,载克列姆辽夫《音乐美学问题概论》,北京:人民音乐出版社,1959年版,第101页。

[20]《文物》1976年第4期。

[21]《文物》1983年第2期。

[22]咸丰县地名办公室编:《咸丰县地名志》(内印),1984年版,第276页。

[23]李德胜:《向王考辨》,载《湖北少数民族》,1983年12月,创刊号。

[24]鹤峰民歌集《万花楼》(内印)。

(原载《贵州民族研究》1990年第3期)

土家族"敬白虎"和"赶白虎"辩证

长期以来，有关土家族的图腾信仰问题一直存在着争议，一些研究者认为，土家族对白虎的态度存在地域上的差异，认为清江流域的土家人是"敬白虎"，酉水流域的土家人是"赶白虎"，乌江流域的土家人是又敬又赶，这种争论至今仍未取得一致的看法。本文试图从跨文化的研究角度解答这一问题。

一、敬白虎

土家族"敬白虎"源于早期的图腾崇拜，对此，《后汉书·南蛮西南夷列传》作了诠释："廪君死，魂魄世为白虎。巴氏以虎饮人血，遂以人祠焉。"由于廪君是土家先民巴人所崇奉的文化英雄，死后魂魄变成白虎，从而完成了自然崇拜向图腾崇拜的转化。从此以后，巴人及其后裔土家族都崇拜白虎。对此，笔者在《试论巴人的图腾信仰》和《白虎神话的源流及其文化价值》二文中作了详细的论述。[1]即便在湘西北，崇拜白虎的现象仍然盛行。湘西土家族最敬重的八部大神是喝虎奶长大的，八部大神明显与虎有血亲关系。湘西人跳摆手舞时，摆手堂神桌上要供奉虎皮或虎，跳的人要披虎皮，后没有虎皮就以土锦花被代替。湘西土家人在祭神盟誓时，喝猫血酒，猫乃虎的讳称，如称斧头为猫子。[2]现存民族学资料也有诸多的证据，如龙山县有白虎山等地名。据载，近代湘西著名桐油大王龙山县贾家寨巴沙湖的向恢驰，由于他能吃，力气大，又善于经营，当地人称他为"老虎精"。湘西土家人把孔武有力、智慧过人的人喻为"老虎精"，应有其历史根源，实际是土家后人以图腾物作为楷模的表现形式。特别是土家族的摆手舞蕴涵了深刻的祭虎文化内容。1996年春节，笔者到龙山县贾市的兔吐坪村观看摆手舞，当地流行的摆手舞属小摆手舞，原始古朴，主要表现土家人早期的生产生活动作。在跳摆手舞前，贾市文化站饶星友，86岁的老坛师彭祖岸，63岁的彭必祖先后介绍了玩摆手舞的来历和情况。他们三人一致说道，跳摆手舞前，一只老虎就悄悄来到神堂(即摆手堂)，睡在神堂的中间，男女老少围着老虎跳，跳一会后，老虎就悄悄离开了。为了保存这一十分珍贵的材料，我们录了音，摄了像。这一鲜活的民族学资料，足以证明湘西土家人的崇虎行为。不仅摆手舞的原生形态是祭虎，被称为戏剧活化石的茅谷斯也是土家人祭虎，以虎神驱鬼疫的行为表现。[3]

可见，湘西土家族对白虎神是十分信奉的，湘西土家族祭祀活动中最原始的神祇就是虎神，白虎神作为民族的图腾神和保护神至今仍存留于民间。由于以往的研究者未作深入的调查研究，为表面现象所迷惑，认定湘西土家族不敬白虎，从而得出不客观的结论。

这里还需提及的是板楯蛮射杀白虎的问题。板楯蛮射杀白虎一事见于《华阳国志·巴志》，说的是秦昭襄王时，白虎为害，秦王乃重金招募国中有能杀虎者，"邑万家，金帛称之，于是夷朐忍廖仲、药何、射虎、秦精等乃作白竹弩于高楼上，射虎，中头三节。白虎常从群虎，瞋恚，尽搏煞群虎，大呴而死。秦王嘉之曰：'虎历四郡，害千二百人。一朝患除，功莫大焉。'欲如要，嫌其夷人。乃刻石为盟曰：复夷人顷田不租，十妻不算；伤人者，论；煞人雇死，倓钱。盟曰：'秦犯夷，输黄龙一双。夷犯秦，输清酒一钟。'夷人安之。汉兴，亦从高祖定秦，有功。高祖因复之，专以射白虎为事，户岁出賨钱四十。故世号'白虎复夷'。一曰板楯蛮，今所谓'弜头虎子'者也。"关于巴人的一支板楯蛮射杀白虎事件的解释主要有两种：一种观点认为，板楯蛮射杀白虎是巴人内部矛盾对立的一种表现形式，其根源是巴人五姓中信奉白虎的巴氏战胜黑穴四姓后做了统治者，引起黑穴四姓的不满，于是奋起反抗，射杀白虎就是反抗的形式之一，黑穴四姓构成板楯蛮的主体，板楯蛮进入湘西后，又成为土家族的主体。因此，射杀白虎（赶白虎）成为巴人板楯蛮和湘西土家族的重要形为特征[4]。另一种观点认为秦朝时期的"白虎为害"事件是巴人谋复故国而举行的反秦起义，"射杀白虎"是秦统治者利用民族分化政策，通过内部叛将杀死了巴人起义首领白虎。[5]

以上两种观点都有继续讨论的必要，此处只谈第一种观点。实际上板楯蛮"射杀白虎"绝不是巴人五姓内部矛盾的表现，湘西土家族"赶白虎"与板楯蛮"射杀白虎"没有必然联系。理由如次：其一，从《后汉书·南蛮西南夷列传》记载看，巴郡南郡蛮巴人五姓是经过投剑、乘船和比武较量后推举首领的，是公开、公正、合理的，廪君奉为君长后，又战胜了盐水部落，为巴人的生存开辟了另一处新天地，因此，巴人其他四姓对廪君是心悦诚服的。文献中找不到一点黑穴四姓对廪君不满的痕迹。所以，黑穴四姓“射杀”廪君之魂——白虎只是猜测之想。其二，板楯蛮射杀的白虎是自然界中实有的动物。《山海经·西山经》记载盂山“多白狼白虎”，汉宣帝神爵年间南郡获白虎，献其皮牙。直到当今，在印度尼西亚、印度、孟加拉等地均还有大量的白虎存在。板楯蛮所射杀的“白虎”是生物界中实有的白虎，不是巴人所信仰的白虎神。当人类受到猛兽的威胁时，哪怕是信仰的图腾物，采取自卫行为也是理所当然的。其三，进入湘西的巴人不只是黑穴四姓，而且黑穴四姓也不等于板楯蛮。《十道志》记："楚子灭巴，巴子兄弟五人，流入黔中，汉有天下，名曰酉、辰、巫、武、沅等五溪，各为一溪之长，号五溪蛮。"流入湘西五溪的巴人谁也分不清是赤穴巴氏还是黑穴四姓，如果说巴子兄弟五人是板楯蛮更无道理。因此，把板楯蛮“射杀白虎”的行为与湘西土家人“赶白虎”相联系只是一种猜想，并无历史的逻辑联系。不仅板楯蛮信仰白虎神，湘西土家族同样也信仰白虎神。

二、赶白虎

那么，是不是土家族民间不存在“赶白虎”的现象呢？土家族民间确实存在“赶白虎”的行为。梯玛在举行祭祀活动过程中交双钱时有“收白虎”的仪式，即把白虎从家里带走。其方法是梯玛在交双钱的第二天早上出门后，折一根山竹，在竹子顶端挂一串纸钱，以代表白虎。一人端筛盘跟在梯玛身后，梯玛则一手抬筛盘，一手舞司刀。到了三岔路口，将竹子和筛盘一起烧掉，即放走白虎。交单钱要赶白虎。湘西土家族认为，白虎当堂过，无灾必有祸，赶白虎前，必须先安堂请白虎，其供品为一块刀头。赶白虎时，梯玛一手掐油香，一手抓五谷，在屋中作法。帮忙者亦拿油香、五谷，分别站立于屋内各处，仅大门口除外，是为白虎留的出路。屋外路旁亦站立多人。梯玛作法后，aing 地一喊，梯玛及众人随声撒出五谷。赶白虎时必须用咒语和巫法封狗。在作法过程中，如果哪家狗吠了或主人家的狗到哪家吠了，则认为白虎进了此家。但在赶白虎仪式结束后，全村的狗必须吠，方证明白虎已走，否则白虎仍在。[6]

“赶白虎”还表现在小孩生病以后。土家族有小孩的人家时常要提防白虎，为防小孩被白虎所害，带小孩出门前，要用锅烟在小孩的头上划“十”字，并在被窝里放上剪刀之类的铁器。若小孩出现了翻白眼、吐白沫，便被认为是被白虎罩了，就得请土老师“赶白虎”。土老师于堂屋中柱前端一碗净水，以指蘸水画符，念着咒诀：

天白虎大退，
地白虎大退，
高梁白虎大退，
细伢白虎大退，
细女白虎大退，
要退就退，
若凡不退，
弟子奉请五百闷雷打退。
无奉太上老君，
急急如令！

咒语念毕，梯玛口含净水，喷向患儿，然后将空碗反扣在磉磴上，算是将患儿与白虎隔离开来。[7]

在湖南湘西土家族中，把农历惊蛰叫作“向虎”日。这一天，家家户户都用石灰在木楼堂屋里画上弓箭，对着门外射去，称为射“过堂白虎”。传说古时有群白虎闹得山寨人畜不安，小孩伤亡，土王出榜招募打虎勇士。一个叫斑屯的土家青年，揭了榜文，土王奖他铁弓毒箭，赐他三杯苞谷酒，为他饯行。斑屯经历了千辛万苦，射死了为首的“神虎”，制服了这群白虎，山寨从此安宁了。从那以后，寨里的人怕老虎再来骚扰，家家就用白石灰，照着斑屯的弓箭的样子画在堂屋里，老虎望见了就会吓跑。斑屯射虎回寨的一天，正是“惊蛰”节，所以兴起了“惊蛰”画箭射虎的风俗。[8]

此外，每年腊月或正月，土老师还要到每家堂屋用法术“赶白虎”。土家族地区流行的还傩愿和傩戏中也有赶白虎的内容。

土家族“赶白虎”行为不仅在湘西土家族中存在，在鄂西南、川东、黔东北土家族民间同样存在。在鄂西，背小孩出门，要在小孩的前额上用锅烟划上十字，并在背篓里放上铁器，以防白虎惊吓小孩。在川东，未满周岁的小孩，要时常提防被“白虎星”所害，小孩一旦翻白眼，吐白沫，便认为是白虎罩了，立即请土老师赶杀白虎，以消除小孩灾星。[9]在黔东北也存在赶白虎的习俗。《岑巩县民族志》说:“田姓土家人忌白虎、恨白虎、赶白虎,视白虎为不祥之物。俗谚云:‘白虎当堂坐,祸从天上落’,……‘不怕青龙高万丈,只怕白虎抬头望’。凡遇白虎为灾,则请土老师做法事赶白虎。”[10]在整个土家族地区都存在着既“敬”又“赶”的行为倾向。主张土家族“赶白虎”的彭武一先生也认为:“永顺、龙山、来凤等地就把‘白虎’分作两种:一种是‘坐堂白虎’,是要敬奉的;一种是‘行堂白虎’,是要赶走的,表明两种情况的并存,同为巴人的遗俗。”[11]前面所举的梯玛“赶白虎”行为可以看出,赶之前,必须先安堂请白虎。事实上,土家族敬白虎和赶白虎的同时存在,并不是因为“坐堂白虎”和“行堂白虎”所致,更不是巴人的遗俗。从“坐堂白虎”和“行堂白虎”来解释“敬”与“赶”的矛盾是与实际情况不相宜的。土家族对白虎神“敬”与“赶”的矛盾行为是两种文化冲撞的结果。

三、“敬”与“赶”的辩证分析

中国汉文化中,白虎具有“仁义”的一面,是仁义、仁德、仁政的象征。《毛诗传》曰:“驺虞,义兽也。白虎黑文,不食生物,有至信之德则应之。”驺虞又称驺吾,是白虎的别名。明朝陈继儒在其编辑的《虎荟》中说:“白虎者,仁兽也。”作为“仁义”之白虎在汉文化中有着广泛的影响,随着儒学成为封建统治者的官方哲学后,白虎作为仁德、仁政的象征为历代封建统治者所推崇,白虎的“仁义”一面在上层社会中得到普遍认同。

然而,在中国汉文化中,白虎神具有对立的两面性,它又是刑杀、死亡的代名词。中国五方四象观念中,统领西方七宿的白虎与金、与白色、与少昊、蓐收、与秋天有不可分割的联系。《淮南子·天文训》中说:“西方金也,其帝少昊,其佐蓐收,执矩而治秋。其神为太白,其兽为白虎,其音商,其日庚辛。”白虎作为掌管西方之神、西方之兽,成为执掌刑杀的代表,成为凶神、恶神的代名词。国人称之为“丧门白虎”、“白虎灾星”,所以《协纪辨方》卷3引《人元秘枢经》说:“白虎者,岁中凶神也。常居岁后四辰。”

白虎神作为凶神出现在中国文化事象中以后,逐步渗透到少数民族文化中,一些少数民族也接受了“凶神”白虎的观念,土家族就是接受这种观念的少数民族之一。虽然我们目前还难以准确地考证出土家族接受这种观念的时间,但从巴人早在夏、商、周时期就与中原有广泛交往的情况看,“五方四象”观念影响巴人的精神生活是很早的，大概在秦灭巴以前。“四象”白虎影响巴人的观念文化后，造成了巴人白虎信仰的复杂化，巴人信奉的白虎神既是保护神，又是恶神，一神二面。在人们对自然力和神秘文化无法正确认识的背景下，同时接受了这一矛盾观念。白虎神的“善恶”两面在巴人的生活中应该有明显的反映，但由于文献资料的缺乏，我们难以看到巴人对白虎神的矛盾态度。由于土家族继承了先民巴人对白虎神的矛盾观念，并以鲜活的形式存留于当今土家族人民的精神生活中，所以“敬白虎”与“赶白虎”在土家族民间突出地表现出来，既为我们研究土家族及其先民宗教信仰提供了参照，同时也给我们的研究带来了困难。尽管如此，若我们透过土家族白虎信仰的表象，追溯土家族白虎文化的活水源头，就可以解开土家族既“敬白虎”又“赶白虎”的谜团。

陈国安先生在贵州德江实地调查后指出：土家族的白虎分“天门白虎”和“五方白虎”两类。“天门白虎”是家中堂屋供祭的白虎，就是廪君“化”成的白虎，须用人祭。另一类白虎称“五方白虎”，以东、南、西、北、中各有一虎，合称“五方白虎”，东方为“青帝白虎”，南方称“赤帝白虎”，西方为“白帝白虎”，北方为“黑帝白虎”，中方为“黄帝白虎”。这五方白虎就是被驱赶的对象，他们都没有资格坐中堂，一旦入宅坐中堂，便会给主人带来灾祸，所以土家人对他们坚决实行驱赶。[12]土家族赶的就是这种“五方白虎”或“四象白虎”。“五方白虎”是汉文明影响巴文化（土家族文化）的一种反映，当汉文化的“四象”观念影响到土家文化之后，土家族人接受了“五方四象”观念，于是在民族图腾神之外，又出现了白虎神。由于土家文化具有极大的包容性，土家人并未拒绝一个与民族神号相同而性质全异的神祇，而是让其存在于土家族文化之中。因此，土家族民间同时存在“善恶二性”的白虎神，在敬民族神的同时，又赶（射）外来神，出现对同一名号神祇相反的行为倾向。如在清江流域流行的“撒尔嗬”唱词中，在同一首歌里出现了两种形象截然相反的白虎神。如《十梦》：“三梦白虎当堂坐，白虎来哒是场祸”，“三梦白虎当堂坐，坐堂白虎是财神”，“五梦白虎当堂坐，哪有白虎不吃人”，“五梦白虎当堂坐，不是家神是财神”。[13]这种现象如果用简单的“坐堂白虎”和“过堂白虎”来解释是说不通的。只能说带来灾祸的是外来的白虎神（即五方白虎），带来财气的是祖先神，这一对比，更能消解“敬”与“赶”的矛盾。据汤志鸿先生介绍，香港人对白虎的态度与土家人一样。每年惊蛰那天，香港各区都有人“祭白虎”。祭白虎的地方，摆上木虎或石虎，先用肥肉祭它，然后将它猛打一顿。汤先生解释的是“先礼后兵”。[14]若从文化发生学看，汤先生的解释值得商榷。但这种既祭又打的行为是否受土家族信仰的影响？如果成立的话，就为土家族既“敬白虎”又“赶白虎”找到了现实依据。

从以上分析不难看出，土家族“敬白虎”和“赶白虎”同时存在并不矛盾，土家族“敬”的是图腾祖先白虎神，“赶”的是“五方白虎”，“敬”是民族千百年来固有的观念，“赶”是受汉文化影响后产生的行为。因而，土家族对白虎神是信仰崇敬的，是全民族的行为。

【参考文献】

[1]黄柏权:《试论巴人的图腾信仰——兼论土家族的族源》，载《贵州民族研究》，1988年第4期；黄柏权:《白虎神话的源流及其文化价值》，载《贵州民族研究》，1990年第3期。

[2]杨昌鑫:《土家族风俗志》，北京:中央民族学院出版社，1989年版，第194页。

[3]黄柏权:《茅谷斯·跳於菟、跳老虎的祭虎文化内涵》(待发)。

[4]彭武一:《古代巴人廪君时期的社会和宗教》，载《吉首大学学报》，1982年第2期。

[5]曾超:《试论巴人的白虎武神崇拜》，载《土家学刊》，1998年第1期。

[6]郭振华等:《土家族巫师——梯玛的巫祀活动》，载《民间文学论坛》，1991年第3期。

[7]陈湘锋:《来自土家山乡的民俗报告》，载《土家学刊》，1997年第3期。

[8]黄枫林:《土家族画符射虎的风俗》，载《南风》，1998年第2期。

[9]黔江土家族苗族简况编写组:《黔江土家族苗族简况》(内印)，1984年7月，第121页。

[10]黄透松等编:《岑巩县民族志》，贵阳:贵州人民出版社，1991年版，第141页。

[11]彭武一:《古代巴人廪君时期的社会和宗教》，载《吉首大学学报》，1982年第2期。

[12]陈国安:《略论土家族的敬白虎与赶白虎》，载《贵州民族研究》，1993年第3期。

[13]田万振等:《撒尔嗬唱词》，载《土家学刊》，1997年第2、3期。

[14]汤志鸿:《敬虎与打虎》，载《南风》，1998年第1期。

(原载《湖北民族学院学报》1999年3期)

土家族英雄崇拜简论

周兴茂先生在对汉族神话和土家族神话进行比较后指出:汉族神话高度地体现了伦理性和追求和谐的实践原则,形成了尊崇“有德者”的历史传统,汉族神话中到处可见“崇德不崇力”伦理原则的广泛影响;而土家族则恰恰相反,“崇力尚勇”成为普遍的精神追求。[1]

由于这一特点决定,汉族历史上的文治型英雄往往是成功者,并普遍受到敬奉,如黄帝、神农、伏羲、女娲等,他们成为始祖得到永世的崇拜。而武功型文化英雄经常是失败者,成为反面角色,如蚩尤、后羿等,他们则成为穷兵黩武的代名词。土家族历史上则少有文治型文化英雄,基本上都是武功型文化英雄,土家族历史上的英雄崇拜是武功型英雄崇拜,是对力量和勇敢的崇拜。

文化英雄是民族的精英,是民族的代表,是人民利益的捍卫者。“文化英雄有许多基本类型,最普遍的是代表整个民族共有价值的人物。”[2]巴人历史上最早的一个最有民族共有价值的代表人物就是廪君,他完全是一个武功型文化英雄,他“投剑独中”、“乘船独浮”,并用青缕射杀了盐神,为巴人争得了生存空间。[3]又传说他“据扞关而王巴”。[4] 廪君的功绩均在武功方面,所以死后化为“白虎”也理所当然。

巴人历史上又一个武功英雄是巴蔓子。《华阳国志·巴志》用101字记载了他的事迹。记录如下:

> 周之季世,巴国有乱。将军蔓子请师于楚,许以三城。楚王救巴。巴国既宁,楚使请城。蔓子曰:“籍楚之灵,克弭祸难。诚许楚王城,将吾头往谢之,城不可得也。”乃自刎,以头授楚使。王叹曰:“使吾得臣若巴蔓子,用城何为!”乃以上卿礼葬其头。巴国葬其身,亦以上卿礼。

这是一个以身殉国的爱国故事,我们先不去考虑故事的真实与否,但巴蔓子的英勇事迹一直流传下来,并作为民族英雄加以崇拜和歌颂。[5]

由于巴国历史的短暂,加之巴人的称呼在唐以后就消失了,所以巴人历史上留下来的英雄崇拜并不多。但在巴人完成了向“土家”转化之后，英雄崇拜广泛渗透于人们的生活之中，形成了一系列英雄群像，土家人的英雄崇拜主要从以下几方面体现出来。

第一，崇拜系列武功神或保护神。土家民间祭祀的神祇有向王天子、白帝天王、八部大神、彭公爵主、向（尚）老官人、田好汉、三抚神、社巴神、大二三神、阿密麻妈、火烟神、梅山神、张五郎、火畲婆婆、事管神、五谷神、土地神、毛娘神等等。其中，向王天子和白帝天王是白虎神演变的结果，传说向王天子开拓清江有功，白帝天王则是战神的化身；八部大神开拓湘西，所以为土家人敬奉；彭公爵主相传是湘西彭氏土司的开山祖，奠定了在湘西统治800年基业，他勇敢善战，土民为之立庙祭祀；田好汉据说是彭公爵主的武将，作战勇猛，屡建奇功；向老官人为彭公爵主的文官，足智多谋、英勇善战；三抚神是鄂西土家族敬奉的祖先神，相传他们有功于民；社巴神是湘西古丈一带土家人信奉的先祖神，相传他外出打仗，牺牲在外，人们为纪念其英勇功绩，封为“社巴神”；大二三神是鄂湘边土家人信奉的先祖神，相传他们三人力大无穷，帮助女娲娘娘完成了补天的壮举，所以人们纪念他们的功绩；阿密麻妈和火烟神是小孩的保护神；梅山神和张五郎均为猎神，相传他们都是因为与猛虎搏斗，与虎同归于尽，最后被上天封为猎神加以祭奠；事管神管的事情很多，包括不让野鬼进屋，也有守护神之职；五谷神、土地神、毛娘神都是管农业丰收的保护神。土家人信仰的所有神祇都与征战、开疆立业、保护人畜和农作物有关。汉族的著名战将关羽、张飞也加以崇拜，所以土家族地区也有不少关帝庙和张王庙。

第二，节日庆典蕴涵了丰富的英雄崇拜观念。土家族比汉族提前一天过年，即农历腊月大二十九年，月小二十八过年，相传就是为了纪念抗倭斗争。相传明嘉靖三十三年（1554年）农历腊月底，土家族正准备过年，明朝廷下谕征调青壮到东南沿海抗倭，于是土家人就提前过年，以按期到达东南抗倭。后来，土家军队取得了王江泾等战役的重大胜利。为了纪念抗倭的胜利，以后土家族人就提前一天过年。

社巴节，是土家族新春期间的一个盛大节日，一般都在正月初三至十四日之间进行。节日期间，除祭祖外，主要是玩摆手。在歌舞场上，锣鼓齐鸣，炮火连天，还放三眼铳，人们携手并肩，载歌载舞，不时发出“呜吠吠”的喊声。场面宏大雄壮，还表演狩猎、战争等动作。土家人的勇敢精神表现得淋漓尽致。

四月八是土家族的牛王节。相传土家先民与敌人打仗时被打败，退至河边无法过河，万分危急之时，一条水牛游来，土家人的先民抓住牛的尾巴过河得以脱险。为了纪念牛的救命之恩，就在四月八这一天纪念牛王。

六月六纪念覃垕。据载，元朝至正十二年，土家族首领覃垕面对朝廷横征暴敛，率众起义，坚持 20 余年，后被朝廷在六月六日这一天处死，土家人为了纪念这位起义英雄，将六月六日定为节日，家家祭祀，并晒衣物，意为晒干覃垕血染的战袍。

第三，土家族民间文学中歌颂和赞美英雄人物是其重要内容。《摆手歌》集中地保存了土家族历史上的文化信息。如《摆手歌·人类起源》中，从张古老制天，李古老制地，讲到八兄弟提雷公，到最后战胜毒蛇猛兽，构成了一幅幅人类与自然斗争所表现出来的无所畏惧的历史画面。《摆手歌》中的英雄故事记叙了土家族古代英雄的业绩，堪称英雄史诗。《摆手歌》的英雄史诗有《卵蒙挫托》、《将帅拔佩》、《日客额地客额》、《春巴麻妈》等。《卵蒙挫托》描写了土家人祖先八部大王与皇帝斗争的故事。《将帅拔佩》是以古代土家族英雄人物命名的叙事长诗，描写将帅拔佩带领土家人民打败来犯客王官兵的故事，歌颂了土家人民不畏强暴、英勇反抗的斗争精神。《日客额地客额》描写日客额和地客额两个能人智斗土司墨比卡巴的故事，歌颂了土家族人民的机智、勇敢。《春巴麻妈》歌颂了一位牺牲自己利益保护小孩的女神。

《梯玛神歌》也是保存土家族古文化的主要材料。《梯玛神歌》虽然是梯玛主持法事活动时唱的神歌，但其中有不少歌词反映土家人勇敢的精神风貌，敢于与恶势力作斗争的精神。如《长刀砍邪》表现了梯玛与邪恶势力不屈不挠的斗争勇气。

土家族的神话同样充满对英雄勇敢行为的肯定和赞颂。如《洛雨射日》叙述了人类战胜干旱的故事，讴歌了民族英雄洛雨依靠非凡武艺，为民除害的事迹。《虎儿娃》、《补天补地》、《罗衣秀才》等都对虎儿娃、张古佬、李古佬、罗衣秀才的果敢行为进行了讴歌。

在土家族的民间传说故事中，歌颂勇敢行为的故事更多。如《巴蔓子》、《秦良玉的传说》、《覃垕王》、《战胜客王》、《女儿寨的传说》、《计除蛇精》、《玩火龙》、《锦鸡姑娘》、《科洞人》、《鲁里嘎巴》、《磨力卡铁》、《唐好汉斗土王》等等。这些故事，或表现土家人反抗压迫的斗争精神，或表现征服战胜大自然的强烈愿望,表现了土家族人民不仅敢于斗争,也善于斗争的精神。

土家族民间流传的古歌,如《打猎歌》、《渔歌》、《劳动号子》、《生产歌》、《创世纪歌》都对勇敢的行为进行了讴歌和肯定。

英雄崇拜成为土家族文化中的核心内容。这些个体英雄,实质是民族群体英雄形象的投影,是民族心理倾向和民族集体智慧力量的反映。陈建宪说:“事实上,在原始时代,无论哪种文化创造,都是许许多多人经过长期探索实践而逐渐发明和完善起来的,决不是个别人一朝一夕之功。神话中这些善于创造的文化英雄,实际上是初民集体力量的标志。”[6]土家族文化中的英雄崇拜行为透露出民族的精神倾向,表现出民族的价值取向和精神风貌,其落脚点是对勇敢行为和力量的肯定和赞扬,对怯弱的否定和鞭挞。

土家族文化深层中的英雄群像,大多是民族的祖先,从廪君到土司王,到各姓的先祖都作为英雄加以崇拜。事实上,这一现象不足为奇,英雄崇拜与祖先崇拜,在早期人类的精神生活中本来就是一回事。氏族的英雄,往往就是氏族的祖先,有时也是氏族崇奉的神。随着文明精神生活中距离感的日益增强,祖先才与英雄分离,古老的神性英雄,让位给人化的英雄,人化英雄有了超氏族的能力,有了更广阔的活动空间,有了更广泛的群众信仰的基础,英雄崇拜时兴起来。土家族的英雄崇拜也是沿着这条道路发展起来的。

【参考文献】

[1] 周兴茂:《论土家族神话中的特殊伦理精神倾向》,载《土家学刊》,1997 年第 2 期。

[2] 贝尔德:《神话学》,上海:上海人民出版社,1980 年版,第 106 页。

[3]《世本·氏姓篇》秦嘉谟辑本。

[4]《水经注》卷 37《夷水》。

[5] 鄂西自治州群艺馆:《鄂西民族民间故事传说集·巴蔓子》,1983 年。

[6] 陈建宪:《神祇和英雄:中国古代神话的母题》,北京:三联书店,1994 年版,第 166 页。

(原载《怀化师专学报》1999 年第 5 期)

土家族还傩愿与祭虎

傩文化是中国古文化的活化石，现存傩文化的主要形态是傩戏，傩戏是由傩祭、傩舞发展而来。土家族的傩文化在中国傩文化中占有特殊的地位，而土家族的傩祭与土家族人的图腾崇拜和祭虎活动有密切关系。

土家族还傩愿要供傩公傩母，这种习俗由来已久。乾隆《永顺县志》卷4《风土志》说："又按，永俗酬神，必延辰郡师巫唱演傩戏，设傩王男女二神像于上。"光绪《龙山县志》卷11《风俗》记载："释大傩，供傩神男女二像于堂，荐牲牢馔醴。巫者戴纸面具演古事，如优伶戏者。更擐甲执斧，遍经房室，若有所驱除。击鼓鸣钲，跳舞歌唱，逾日乃已。"同治《增修酉阳直隶州总志》卷19《风俗志》载："又州属巫觋，凡五种：……一种以木为架，围布三面，供男女傩神于上，肩负而行，沿门治病，谓之划乾龙船，此又一种也。"道光《鹤峰州志》卷14也载："又有祀罗神者，为木面具二，其像一黑一白，每岁于夜间祀之，名为还罗愿。"其他不少方志也有类似记载。

在土家族民间，还傩愿时所供的男女二傩神被奉为土家族的创始神，被称为"罗神公公"和"罗神娘娘"。传说他们二人本是姐弟，当人类遭到洪水劫难后，她们躲进葫芦才幸免于难。当世上只剩下她们二人时，通过滚磨子成了亲，并生下肉球，砍成多块撒向大地，于是有了人类。因为是姐弟成亲，弟弟红着脸，姐姐用丝帕蒙着。所以龙船上罗神公公的脸现在还是红红的，新娘拜堂要用丝帕蒙住脸。[1]很显然，这里的罗神公公与罗神娘娘就是土家族地区还傩愿和演傩戏时供的傩公傩母。在黔东北土家族地区也有同样的传说，在有的土家族地区又演绎成伏羲兄妹制人烟的创世神话，情节基本一样。

土家族创世神与傩公傩母的联系不是偶然的巧合，它给我们提供了一个十分重要的文化信息，即它与土家先民的信仰有密切关系。据潘光旦先生研究证实，土家族的先民是古代巴人，巴人的一支与伏羲有着密切的渊源关系。伏羲崇虎，以虎为图腾，伏羲兄妹可以看作是虎兄妹。所以《后汉书·南蛮西南夷列传》记载："廪君死，魂魄世为白虎，巴氏以虎饮人血，遂以人祠焉。"廪君是巴人早期的首领，也是一个大巫师，他之所以死后化为白虎，是因位这一族群与虎有血缘关系，这种把祖先崇拜与自然崇拜结合起来的图腾崇拜是人类早期流行的文化现象。土家族创世神话几乎都与虎有关。创世神卵玉、白帝天王的母亲蒙易、八部大神、雍尼和补所都是喝虎奶长大的；繁衍土家人的虎娃、琶梅姑娘、流落祖师的母亲都与虎有血缘关系。所以虎是传说中土家人的始祖，行傩祭时又化身成了罗公、罗母。

“罗”本身就是虎的别称，《山海经·海外北经》载：“有青兽焉，状如虎，名曰罗罗。”袁珂校注引吴任臣云：“《骈雅》曰：‘青虎谓之罗罗。’今云南蛮人呼虎亦为‘罗罗’，见《天中记》。”陈继儒《虎荟》说：“罗罗，云南蛮人，呼虎为罗罗，老（死）则化为虎。”此类记载很多。又，巴人称虎为“李耳”、“李父”；土家语称虎为“利”、“力”，称公老虎为“李巴”，称母老虎为“李利卡”。刘尧汉先生经过研究比较后认为：腊、拉、勒、捞、老、李、列、黎、罗、卢都是彝族对虎的称呼。[2]土家语属彝语支，土家文化与彝族文化有密切的联系。因此，土家族和彝族都称虎为“李”、“利”，也可称为“罗”，“罗”、“傩”同音，傩也可作虎的别名。在黔东北土家人中，甚至认为罗帖公公和罗帖娘娘就是白虎神。[3]

因而在土家族民间信仰中，“罗公”即“公虎”，“罗母”即“母虎”。由于图腾与祖先存在互换关系，所以，傩神既是虎的化身，也是祖先的化身。土家族人还傩愿所祭的主要神祇是傩神（罗神），也就是虎神。把罗公（公虎）和罗母（母虎）推上神的宝座，就跟敬白虎神和敬白帝天王一样，只是土家人敬虎的又一种形式罢了。虎的名称不同，祭祀的形式各异，但达到的目的却相同。

过去土家族地区的傩祭都由巫师主持，土家族民间巫师称为梯玛，汉语称土老师。他们是土家族民间文化传人和仪式主持者，主要执掌民间祭祀，如解钱、许生、求子、渡关、还愿、搭桥等，这些宗教祭祀活动都属于傩的范畴。过去当地民间遇到不顺的事，都要向傩神许愿，向神献牲。向傩神许的某愿实现后，还要举行祭祀，所以称为还傩愿。还傩愿时，要举行隆重的祭祀活动，要献牲，早先用“人祭”，后来用牲祭代替。土家族地区流行的“还天王愿”、“还人头愿”、“还牛愿”都属于还傩愿范畴。没有梯玛的地方，由道士或其他巫师主持“还傩愿”活动，其程式大同小异。直至今天，在土家族聚居的酉水流域仍然有梯玛活动，他们还在主持还傩愿等活动。

在土家族地区，祭祀还愿活动的形式很多，跳摆手舞和玩茅谷斯是最为典型的。关于摆手舞，方志有较详记载，乾隆《永顺县志》卷4《风土志》说：“又土俗，各寨有摆手堂，每岁正月初三至初五、六之夜，鸣锣击鼓，男女聚集，摇摆发喊，名曰摆手，盖祓除不祥也。六月中早谷初熟，炊新米，宰牲，名曰祭鬼，亦民间荐新之意。”光绪《龙山县志》卷11《风俗》也载：“土民赛故土司神。旧有堂曰摆手堂，供土司某神位，陈牲醴。至期，既夕，群男女并入。酬毕，披五花被，锦帕首，击鼓鸣钲，跳舞歌唱，竟数夕乃止。其期或正月，或三月，或五月不等。歌时，男女相携，蹁跹进退，故谓之摆手。”光绪《古丈坪厅志》卷10《民族下》载：“土俗，各寨有摆手堂，每岁正月初三至初五、六夜，鸣锣击鼓，男女聚集，摇摆发喊，名曰摆手，以拔不祥。此旧俗，今亦不尽有此堂。”通观以上诸条记载，基本可以看出玩摆手时男女老少伴随锣鼓点子蹁跹进退，摇摆发喊的热闹场面。这里有两点特别值得注意：一是时间有上正、三、五、六月不等；二是摆手目的都是祓除不祥，都有陈牲祭鬼的内容，特别是《永顺县志》“炊新米、宰牲，名曰祭鬼”的记载有更深的含义。

那么这里所说的“祭鬼”、“祓除不祥”到底祭的什么神，可谓仁者见仁。最富代表性观点有以下几种：

一说是祭祀土司。以上所举方志已明确地记载了摆手舞是为了祭祀已故土司王。这些土司王主要有彭公爵主、向老官人、田好汉等，所以酉水流域的土家人跳摆手舞时都敬以上三个土司王。

二说是祭八部大神。彭继宽和彭勃整理的《摆手歌》第四分部英雄故事歌中《洛蒙挫托》是讲土家族的“根子”的，此歌的最后部分有这样的词句：

他们样样都不要，
卵特巴心里发愁。
妹妹扯过卵特巴，
讲了一阵悄悄话：
八个哥哥非凡人，
云游天下显威灵。
八个哥哥本领大，
善不欺负恶不怕。
八尊大神封他们，

封他八个真正神。
毕几卡的儿和女，
世世代代来供奉。
正月日子正好耍，
年年给他们做社巴(摆手)。
卵特巴心里开了窍，
八个哥哥受了封，
个个脸上露笑容，
从此成了八部神，
毕几卡世代都供奉，
每年到了正月里，
摆手堂里闹得欢，
跳的跳哩唱的唱，
人也喜来神也欢。
风调雨顺年成好，
年年摆手庆丰年。

可知土家人跳摆手舞是为了祭祀八部大神。关于八部大神在酉水流域土家族民间有许多传说，当地人都把他奉为先祖。土家人跳大摆手舞至今还要祭八部大神。

三说是祭族神。简兆麟在《吉首大学学报》1988 年第 2 期发表的《土家族地区巫舞略考》中说："土家族信奉族神，故清江流域多立向王庙；溇水流域常奉大、二、三神；酉水流域彭公爵主、向老倌人、田好汉必为祠；来凤、咸丰一带立三抚宫；川黔东部多立土王庙、土主庙。在祭祀族神的活动中，最著名的祭祀舞蹈恐怕要数'摆手舞'。"

四说是自然神、祖先神合祭。田永红在《黔东北土家族傩戏与其原始宗教》一文中说："作为祭祀土王的土家族另一种古老文艺形式——摆手舞，虽然与傩戏一样源于古代傩舞、巫术和原始宗教，但它的主要任务是祭祀土王，反映土家山区的生产活动。它在巴人的时代是为祭祀田神，祈求丰年的活动。宋代的《太平寰宇记》也说：'其民俗聚合，则击鼓，踏木牙，唱竹枝歌为乐'。又记载说：‘巴之俗，皆重田神。春到刻木虔祈，冬即用牲解赛，邪巫鼓以为淫祀，男女皆唱竹枝歌’。在原始宗教中，为着讨好神灵，以求得其保佑，歌舞是少不了的。因为祭‘田神’是农事祭典农事的歉丰与人们的生活息息相关，所以祭仪也最为隆重。而后来‘土司神’加进去以后，并以祖先神面孔出现，自然神与祖先神合在一起祭祀，其内容也绝大部分是关于农事活动的，而摆手舞的目的或功能，也还具有傩戏悦神的宗教性质。”[4]

叶德政先生认为，祭土司说是第一个时期的目的，祭族神说（包括祭八部大神说）则是第二个时期的目的。据文献记载，改土归流以前，“土司尽属陋屋穷檐，四周以竹，中若悬罄，并不供奉祖先”。直到清雍正八年（1730 年）永顺知府袁承宠才“出示导化，令写天地君亲牌位。”又据嘉庆二十三年《龙山县志》卷 7《风俗》：土家族地区“至崇巫信鬼，所在皆然。积习已久，猝难改变。若乃立祠以祀祖考，修谱以笃宗盟，水源木本之事，所宜急讲者尚多未逮云。”这些资料都说明，在改土归流之前，土家族民众并不向内地看齐。政府倡于上，舆论风于下。在这种环境背景下，土家地区崇奉祖先的思想意识，才得以生长，于是便出现了“摆手舞”祭祀祖先之新解，此乃势所必然也。[5]

叶德政等人的分析都有道理，摆手舞的主要功能和目的就是祭祀，祭土司王、祭八部大神、祭族神、祭自然神都不为错。但这些观点中，忽视了一个最重要的祭祀对象，那就是祭虎神。

1997 年 2 月 10 日（农历正月初四），笔者到龙山县贾市乡的兔吐坪做民俗调查，观看了一场原始古朴的摆手舞。翻过山顶，就听到震动山谷的锣鼓声，男女老少早已跳起来。据新任掌坛师彭昌凤介绍，兔吐坪玩摆手是 1982 年开始恢复的，以后一直坚持下来，从正月初一起大家就不约而同地来到摆手堂。以前，吃过年饭后，寨子上的人就自觉地到摆手堂，每个人都要带上香纸。似乎有一个不成文的规定，必须先跳摆手舞，然后才能从事其他娱乐活动。初一大房跳，初二二房跳，初三三房跳，初四四房跳，初五杂姓跳，初五以后大家一起跳。玩摆手前，要敬神，敬大堂和二堂，即彭公爵主、尚老寡人、田好汉。

在观看兔吐坪的摆手活动中，发现了一个特别重要的而又为方志和当代学者都忽视的文化信息，那就是最初的摆手舞是祭虎。据老坛师彭祖岸老人（当时 86 岁）讲，跳摆手舞时，一只老虎就来到神堂（即摆手堂）的中间，男女分成两行围圈而跳,老虎也不伤人,跳一会儿老虎就悄悄离开了。当地老人彭必祖也证实了这一传说。为了把这条十分珍贵的文化信息保存下来,我们录了音,摄了像。

可以想见,摆手舞开始前,老虎悄悄来到摆手堂,显然是来接受人们的奉祭。因此,最初的摆手舞,就是对虎神的奠祭,乾隆《永顺县志》记载:“六月中早谷初熟,炊新米,宰牲,名曰祭鬼,亦民间荐新之意。”此种祭祀习俗就是文献记载的就是“腰祭”,也称为“腊祭”,也就是吃新祭虎。土家族有两个新年,一个是夏天(七月一日)的吃新之祭,是为保护农作物立下汗马功劳的虎行祭,一个是在正月初。两个新年与土家族摆手舞在几个时间进行有关,六月举行的摆手显然是“荐新之意”,炊新米、宰牲祭鬼是摆手中的程式之一,祭鬼即腰祭,也即是祭虎。为什么方志的作者不说成祭虎,而说成“祭鬼”,显然是编写方志的人没有深入民间调查所致。早在明清以前,中原文人就把巴人的祭虎活动称为祭鬼。据龙山县苗儿滩镇尚星亮老人介绍,洗车河流域的尚家寨以前玩摆手分别安排在每年的正月初一至十五和六月初六,全族人到神堂(即摆手堂)跳舞,然后全族畅饮。并且很有可能,摆手的最初起源与吃新腰祭有关。最初的摆手是在六月份,后来,由于冬天农闲,才把玩摆手和祭祀活动移到了正月份。

由此可见土家人玩摆手祭虎的发展脉络是:最初是祭虎,后来八部大神的传说影响扩大,又祭八部大神,土司统治时期又祭土司王,土司制度废除后,封建统治者提倡孝道,又祭族神和祖先。虽然名义上是祭这些堂而皇之的神和祖先,实际在这些神的背后还有一个原始神——虎,只是方志的作者不便真实记载罢了。解放后,调查人员也忽视了这个信息。你想,虎悄悄来到摆手堂中间睡下,在接受人们祭拜后又悄悄离开,反映了一种怎样的心态?明明是崇虎的土家人在祭土王和祖先之时,也从未忘记那个最早的图腾神——虎。其祭虎意识一直存在于土家人的心底,由此可见土家人对图腾神的敬重程度。

茅谷斯既是土家族民间一种极为古老的表演艺术,也是祭祀还愿的重要形式。茅谷斯是在玩摆手活动之前、活动中或之后进行的。它有歌有舞,有对话,有表演动作,有简单的情节和场次。表演者赤身裸体,身扎茅草或稻草,头戴草扎的辫子,背着或扛着生产工具表演。表演的内容有民族的来历、农事活动、打猎、打粑粑、接新姑娘等。土家人称为茅谷斯,意为毛人的故事。

笔者观看了多场茅谷斯表演。龙山县兔吐坪的茅谷斯演出是在正月十五玩摆手之后进行。据彭昌凤介绍，正月十五玩茅古斯是春节娱乐活动的压台戏，兔吐坪的茅谷斯也是在摆手堂里进行的。演出前，由寨子最年长的彭祖岸主持隆重的祭祖（彭公爵主、尚老寡人、田好汉）仪式，彭祖岸老人站在临时设的香案前祭酒，将手放在膝上交叉，下蹲作揖，后面5位年长者跟着作揖、下蹲，连祭三次，每祭一次，下蹲三下。祭毕，身着稻草的六个毛人在花脸父亲和丝帕蒙眼的母亲带领下，吆喝跳跃着从山上进入摆手堂，父亲用左手拉着母亲的右手并排走在前面，后面的子孙一人扛着犁铧，一人端着筛灰篮，两人背着背篓，两人扛着木槌。他们一行跳到神案前跪下。扮父亲的就与坛师对答起来，问答全是土家语。大意为：

你们从哪里来？
我们从西眉山来。
你们过年没有？
我们过年了。
你们昨晚上睡在哪里的？
我们昨晚上睡在棕树蔸蔸底下。
你们吃的么子？
我们吃的棕树籽籽。

对话完绕摆手堂跳几圈，边跳边做各种滑稽动作，背背篓的毛人将背的灰一路漏洒着走，跳到神案前又跪下对话：

你们看好廊场没有？
我们把廊场看好了。
你们的儿子做功夫没有？
我们儿子做功夫了。

对话完又跳，仍表演各种诙趣的动作，跳几圈又是对话。

茅谷斯为祭祀性戏剧，所祭之神为猎神、祖先等。其实，若透过所祭祀神的背后，可以看到，所祭之神仍然有虎神。理由如次：

第一，茅谷斯在摆手舞之前或之后演出，跳摆手舞前老虎就到摆手堂接受拜祭，那么演茅谷斯必定与祭虎有关。在茅谷斯上演之前，在掌坛师的主持下还要举行隆重的祭祀活动。

第二，用稻草装扮的茅谷斯的原形可能就是虎。走在前边的花脸父亲和蒙着丝帕的母亲就是传说土家族的创世神罗公、罗母，他们本身就是虎神。跟在后来的小茅谷斯都披着茅草（或稻草），头扎草辫，就是扮的小虎，他们的装扮与彝族“跳虎节”和土族的“跳於菟”完全一样。

第三，从他们的住处和生活习俗看就是虎。当坛师问他们从哪里来，他们齐声说从大山里来或说从西眉山上来（据叶德书先生考，西眉山为长满青棡林的山）；问他们睡在哪里，他们说睡在棕树脚下；问他们来做什么？他们说：一年过去了，没有吃肉，来这里赶肉。他们从大山中来，睡在棕树脚下，来赶肉吃，与虎的生活习性极为相似。

第四，演茅谷斯要敬猎神——梅山神，梅山神即是虎神，在川东称为白虎娘娘。

第五，茅谷斯表演除了展现土家人的生产、狩猎、生活情状外，还有驱鬼逐魔的目的。身着茅草的茅谷斯从山上跑入神堂，边跑边发出叫声，这即是以威猛和喊声吓走鬼怪，以保人畜平安、风调雨顺。这和彝族的“跳老虎”和土族的“跳於菟”都有同样的功用，都是借用虎的神威逐疫逐魔，发挥了老虎辟邪厌胜的作用。以往在探讨茅谷斯的功用时，只注意到它的娱乐功能和表现功能，忽视了它的祭祀功能和驱鬼功能，未能探究茅谷斯的全部文化内涵，使这一古老艺术失去了它应有的光彩。

如果我们把土家族的“茅谷斯”、彝族的“跳老虎”、土族的“跳于菟”进行比较的话就会发现，他们之间有许多相似之处：

一是所祭的神相同，都为山神。茅谷斯祭祀的是猎神——媒山神，在黔东北的土家人中就是祭的山神；彝族倮倮人祭的是山神；土族人祭的是二郎神和山神。山神就是虎神。三个民族同时祭的是自己民族的图腾神，即老虎神。

二是举行的时间大致相同，土家族和彝族都在正月十五日以前，驱疫的日子都在正月十五日，土族在十一月二十四日，时间上稍有差异，但都在冬季。

三是都是由人装扮成虎。土家族的“茅谷斯”赤身裸体披上茅草或稻草，头上扎上草辫，在两个大“茅谷斯”一男一女带领下，6个小“茅谷斯”表演各个农事活动和生活动作，幽默风趣；彝族的“跳老虎”由赤身装扮的“公母二猫”带领8只小虎到各家扫邪逐祸；[6]土族的“跳於菟”也是在赤身装扮的两只大“於菟”带领下，到各家驱吓鬼魔。[7]所不同的是：土家族“茅谷斯”只披上茅草，扎上草辫，不在脸上化妆，但稻草遮住了面部；彝族老虎节的“虎”和土族跳“於菟”中的“於菟”都要在脸上、身上画妆。虽然装扮稍有差异，但都是赤身装扮成自己的图腾，与原始人的“百兽率舞”同义。三个民族的“跳虎”活动中都是两只大虎带小虎，这不是偶然的巧合，应该是共同文化背景的产物。

四是都具有驱逐鬼疫的功能。茅谷斯虽然只在神堂里演出，但从其跳的动作和发出的“喔吙吙”的呼喊声看，具有驱疫、“祓不祥之意”。彝族的“跳老虎”、土族的“跳于菟”的驱疫功用就更为明显。

土家族的“茅古斯”、彝族的“跳虎节”、土族的“跳於菟”在形式上极其相似，功用和目的也极其相同。这只能在古代氐羌崇虎民族中去找他们的源头。因为这三个民族都与崇虎的氐羌族有渊源关系。据《山海经》等文献记载，在传说中的昆仑山周围，有一个崇虎的庞大神系，它以西王母为核心，包括开明、穷奇等许多虎神。据《山海经·大荒西经》载：西王母之山“凤鸟自舞，爰有百兽，相群是处。”即是说，西王母居住的昆仑山，“百兽率舞”、“相群是处”是一种特殊的风景，此种鸟兽之舞实际上就是原始人类装扮成鸟兽的形象，狂欢舞蹈，或祝狩猎成功，或贺战争胜利，或祀祖先之灵。其中自然少不了扮虎的崇虎族团。氐羌族系中，崇虎的族团扮虎行为成为以后其后裔缅怀祖先、驱逐鬼疫、庆祝丰收的文化本源。土家族、彝族、土族的“跳虎”活动之所以如此相似，其根由就在于它们源于同宗。

【参考文献】

[1]《罗神公公和罗神娘娘》，载《中国民间故事集成湖南永顺县资料本》(内部资料)，彭武东讲述，彭勃搜集，流传于永顺全县。

[2]刘尧汉：《中国文明源头新探》，昆明：云南人民出版社，1985年版，第115页。

[3]颜勇：《江口县莲花土家族乡省溪司习俗及原始信仰调查》，载贵州省民族志编委会编《民族志资料》第9集(内部资料)。

[4]田永红：《黔东北土家族傩戏与其原始宗教》，载《吉首大学学报》(社会科学版)，1990年第1期。

[5]叶德政：《关于摆手舞的几个问题》，载《土家学刊》，1997年第3期。

[6]山雨彤:《云南楚雄双柏小麦地冲的彝族跳虎节》,载《中华文化画报》,2007年第5期。

[7]曹娅丽主编:《土族文化艺术》,北京:中国戏剧出版社,2004年版,第161—165页。

(原载《宗教学研究》2008年第3期)

文化[illegible]

土家族传统文化的特质

一、独特的山地文化

土家族聚居在湘鄂渝黔交界处的大山区，大山养育了这个群体，也赋予了他们山的性格。他们对山有特殊的感情和理解。山地自然环境铸成的土家族文化，既不同于北方草原的游牧文化，也不同于青藏云贵的高原文化；既不同于希腊、日本的海洋文化，也不同于长江、黄河中下游典型的农业文化。土家族文化是特有的自然环境和独特的山地经济铸造出来的山地文化。山地的封闭性和稳定性，使土家族文化得以延续，长期显示出自己的特征。

1. 山地经济文化

从巴人到土家族都生活在亚热带大山区，这里冬无严寒，夏无酷暑，野生动植物繁多；岩溶地貌发育，溶洞甚多，岩石遍布，除山间少量的小盆地小台地外，都不能种植农作物；山高坡陡，森林密布，虎、豹、蛇等毒虫猛兽出没无常，也无从事大规模畜牧饲养业的条件；地处荒徼，行人罕至，也无舟楫和商业之利。特定的地理环境决定其经济生活既不能像大河流域的农业文明那样，能凭借河流的赠礼，用先进的农业工具和生产技术在疏松肥沃的冲积平原上索取粮食，过着稳定的定居生活；也不能像草原文明那样，依靠丰美的草原，放牧牛羊骆驼，过着游动性的生活；更不能像海洋文明那样，凭舟楫之利，往来于世界各地，从事贸易或掠夺作为生存手段。然而，优越的自然环境给土家人的生存提供了天然保障，漫山遍野的野生植物的根和果，可供猎取的众多动物，成了土家人生活的主要来源。所以，采集狩猎曾长期成为这个民族经济生活的重要组成部分，表现出特有的山地经济。

据乾隆《永顺县志》载，五代以前土家族地区仍是："鸿蒙未辟，狉狉榛榛。"常建在《空灵山应田叟》诗里写道："湖南无村落，山舍多黄茆。淳朴如太古,其人居鸟巢。牧童唱巴歌,野老亦献嘲。泊舟问溪口,言语皆哑咬。土俗不尚农,岂暇论肥硗。莫徭射禽兽,浮客烹鱼鲛。”这首诗,生动地反映了湘西土家族在唐朝时仍处于采集和渔猎阶段。到五代,土家族地区农业才较快地发展起来,但仍“喜渔猎,不事商贾。”[1]宋初仍是“山岗砂石,不通牛犁,惟伐木烧畲,以种五谷。”[2]北宋中期才开始出现牛耕,明清以后才引进苞谷、红苕、马铃薯等适于当地种植的作物,直到“改土归流”前,土家族许多地方仍处于采集狩猎阶段。顾彩在《容美纪游》中记载了康熙年间土家族聚居区容美(今恩施自治州鹤峰等地)的经济生活状况:“其粮,以葛粉、蕨粉和以盐豆,贮袋中,水溲食之;或苦荞、大豆;虽有大米,留以待客,不敢食也。”此书还记载了狩猎的情况。从史料反映出,直到清初,一些土家族地区仍以采集渔猎为主,伐木烧畲的粗放农业为辅。至今保存下来的土家族的“赶仗”活动,灾荒之年以葛蕨充饥,即是长期狩猎和采集生活的最好佐证。采集和狩猎不需要很先进的工具和技术,也不需要更多精力和技能与别人竞争,只要有力量和勇敢就可以从山中得到食物,这山取了取那山,生活带有稍许的游动性和不稳定性,但并无生存危机的发生,也不需要冒险,不会发生像游牧民族那样因天灾或战争被迫大规模迁徙;也不会像农业文明那样因水灾、旱灾、虫灾、地主压榨而出观生存危机,举行一次又一次为争得土地和粮食的暴动,或者在强权组织之下去修建浩大的水利和土木工程;更不会像海洋文明那样,远渡重洋,寻求新的生存空间,去征服、冒险和掠夺。只要不发生特别大的生态破坏(从冰川时期遗留下来的水杉等植物,到现在仍有灌乔木千种以上,说明土家族地区未发生过大的生态破坏的情况。规模不大的一些起义和战争虽然不时发生,但不足以影响土家族的生活),山上动植物四季常有,随时可得,人口增多了,再向深山扩展。山地给土家族生活以安全感和自由性,给这个民族以特有的禀赋和灵性,使这个民族在开发中国中部山区的时候创造了独特的民族文化。

2. 勇敢的民族精神及“自我满足”的心态

特有的山地经济固然给土家人的生活提供了保障,但山地经济生活又是艰难的。在人们抵御自然的能力十分低下的情况下,动植物的成倍增长也给土家人造成了极大的威胁,没有勇敢的精神是无法战胜恶劣的大自然的。同时，土家族居住区山高坡陡，行走和生产活动大多在山坡、悬崖上完成，必须具备勇敢沉着的心理素质。甚至，土家族处于祖国腹地，这片落后的“蛮夷”之地成为历代中央王朝征发兵源的场所，不停地征发，促使这个民族勇敢善战精神的形成。元明清三代，土家族地区处于土司统治下，土司制度实行寓兵于农、兵民合一的政策。全民性的练兵和出征，造就了一个勇敢善战的民族。

从巴人到土家族的勇敢善战精神，史不绝书。武王伐纣，得助于巴蜀之师；刘邦平定三秦，得助于巴人士兵的效力；用兵如神的诸葛亮，也在川东巴人中挑选弓弩手；明朝，倭寇侵扰东南沿海，湘鄂西几万名土兵奉命出征，取得王江泾大捷，史称“东南战功第一”。[3]在历代反侵略、反压迫斗争中，土家族处处表现出无所畏惧，敢于牺牲的大无畏气概。陈连升父子的抗英业绩，巴蔓子、向燮堂、温朝钟、黄玉山大义凛然的举动，即是勇敢的土家儿女的代表。

在土家族传统文化深层中，勇敢是民族精神的主线。崇拜白虎，即是勇猛的象征；提前过年，是对祖先英勇抗敌的纪念；六月六晒龙袍，是对自己英雄的敬重和怀念。在土家族文化中，形成了本民族的英雄群像。对英雄行为的崇尚，成为历史的积淀物，是土家族生活中不可缺少的内容，这说明勇敢精神在土家族传统文化中的崇高位置和强大的生命力。

土家族无文字，民族文化主要靠口头传承。在丰富的土家族民间文学中，歌颂赞美勇敢的英雄是最主要的内容。如《摆手歌》的《人类起源》中，从张古老制天，李古老制地，八兄弟捉雷公，到最后战胜毒蛇猛兽，构成了一幅幅人类与自然斗争所表现出来的无所畏惧的历史画面。《巴务相》、《向老官人》、《科洞毛人》、《田好汉》等，都从不同侧面讴歌了土家族英雄同皇帝、土司王、客王、大自然斗争的不屈精神和崇高品质。这种精神和品质既反映了土家族人民反抗压迫、追求自由的强烈愿望，也是民族勇敢精神的体现。

土家族固然勇敢，但较优越的生存环境和丰富的食物来源，形成了滋生出“自我满足”心态。由于山地经济的优越性和安全感，在人口繁殖很慢的情况下，生活来源总不算艰难。即使在农业生产居主导地位以后，也不像平原地区那样，要深耕施肥，一年几熟，并要抗御旱涝灾害，还要考虑怎样去提高生产力水平。山地经济是单一的，刀耕火种，猎耕互济，不需要开拓新产业和扩大劳动力的使用范围，其结果是经济停滞不前，温饱问题长期得不到解决。这种观念反映到现代社会中，即在竞争中难于承担风险，难于忍受挫折，心理承受能力差，浓厚的保守思想和听天由命的观念，缺乏追求财富、创造财富以及扩大再生产的意识，不愿打破旧的传统和习惯，其致命弱点是接受新生事物慢，开拓进取心差，缺少主观能动性，惰性严重。世代靠山吃山，靠水吃水，总是向大自然索取，而很少投入。随人口的不断增加，“伐木烧畲”，一代甚过一代，生态一天天破坏。到今天，优越的自然环境不复存在了，大自然已向这群人提出了严重的警告，并施以报复。以恩施土家族苗族自治州为例，1980 年代末与 1990 年代初相比，全州森林面积减少了 28.4%，其中天然林减少了 49.1%；能采伐的成熟林由 1200 多万立方米降到 130 多万立方米。森林植被的破坏和过度垦荒，水土流失越来越严重，1986 年全州水土流失面积 1.8 万平方公里，占全州国土面积的 74%，流走表土 1 亿吨，相当于损失 66 万多亩耕地的耕作层；每年冲走土壤有机质达 130 万吨；州内最大的河流清江，1970 年代年均泥沙量为 135 万吨，比 50 年代增加了 3～4 倍，清江含沙量达 0.573 千克 / 立方米，比 1950 年代增加了 2 倍。[4] 严酷的现实已摆在土家人的面前：资源优势已经失去，与别人的差距越来越大。土家人必须改变传统获取物质资料的方式，树立良好的生态观念和可持续发展观念，善待自然，爱护环境。

3. 形象思维方式及其文化效应

大山将土家族这群古老的人群圈在“世外桃源”之中，大山还把这群人分割成千万个小群体。这种分布格局，阻隔了土家族的竞争视野，挡住了他们向外发展的视线。他们见到的是周围的山水和动植物，以及为数不多的远亲近邻；头顶是被山尖隔开的一小块天际，外面的信息被阻断了，听到的是古而又古的“天方夜谭”式的故事或奇闻，过的是有保障而少竞争的经济生活。最大欲求莫过于家室殷富，人丁兴旺，子贤孙孝，老有所养，邻里和睦，亲友相爱。以上的自然环境、经济生活和价值观念决定了土家族的思维方式是形象思维，缺乏科学理念。他们所思考的对象离不开周围的人和物。他们想象不出希腊文化中以奥林匹斯山为中心的神的世界，也想象不出印度人的“极乐世界”、基督教的天堂和地狱、阿拉伯人的真主安拉，构造不出像儒家文化的伦理等级框架以及“天人合一”思想。只能构建“白云假说”、“孵生说”这种原始的学说。所以，产生不了柏拉图、苏格拉底、亚里士多德、孔子、董仲舒、王阳明这样的杰出思想家，也产生不了哥白尼、布鲁诺、刻卜勤、伽利略、张衡、祖冲之这样的大科学家。土家族传统文化中的形象思维虽然影响了民族文化精英的产生，但这并不妨碍土家族对外来文化的吸纳和接收，土家族实际上又是一个善于吸收一切优秀文化成果的民族。

4. 乐于助人的美德及其负面效应

特定的地理环境、山地经济、自我满足的心态，以及封闭的思维模式，造就了土家人敦厚诚实、乐于助人的美德。因为在没有商品经济观念和不必竞争的氛围里，在生产力低下和生产方式单一的情况下，人们需要合作互助。围猎野兽，修房造屋等都需要群体的力量才能完成。土家族在历史发展的进程中形成了互帮互助的民族传统。土家族地区流传着这样的俗语："人死众人哀，不请自就来"，"人死众人葬，一打丧鼓二帮忙"。从生活上的互帮，延伸到生产上的互助。同治《来凤县志·风俗》载："四五月耘草，数家共趋一家，多至三四十人，一家耘毕，复趋一家。"土家族地区的"赶仗"活动也是集体进行，实行"山上野物，见者有份"的分配原则，体现出原始共产主义生活的遗风。这种传统在土家族居住区至今仍很盛行，修房、耨草、栽秧、收谷，都是互帮，主人只供食宿，不付工钱，毫无商品经济观念。

土家族不但民族内部互帮互爱，对外来客人更是热情，好吃的总是待客人。同治《来凤县志·风俗》记："隶土籍者，悍而直"，"邑中风气，乡村厚于城市。过客不裹粮投宿寻饭者无不应者。"对客人特别客气的风气至今犹存，越是闭塞的地方越保持完整。人们总是在"耕凿相安，两无猜忌"的文化背景下悠然地生活。

土家族乐于助人的美德，使民族内部保持着和谐和团结，在抵御自然灾害、反抗外来压迫和发展生产过程中起了不可低估的作用。土家族能够在恶劣的环境中延续下来，并保持自己的民族特色，没有众多的小群体是难以想象的。在这种文化心态支配下，他们也能与杂居的汉族、苗族、侗族，以至外来的汉族和睦相处，为巩固统一的多民族国家，加强民族团结做出了贡献，并树立了典范。

但是，若透过这种文化的表层就会发现，在相互帮助中扼杀了民族的竞争机制，缺乏创造力，怕风险和动荡，心理承受能力差，总是满足于传统的生活方式，使自然经济得以延续，成为发展商品经济的一大阻力。闲暇季节成了送礼季节，送的东西大家一起吃喝，造成了人力、物力的浪费，无法扩大再生产，致使土家族地区的社会经济总是在无限循环中艰难地爬行。

5. 乐观浪漫的民族性格及其缺陷

土家族文化缺乏思辨和实证性，是具有感知和想象的经验文化。逶迤的群山，陡峭的峡谷，盘曲蜿蜒的河流，缠绕山峰的云雾，使认识能力低下和缺乏科学思辨的土家山民产生了许多奇异的联想；秀丽的山光水色使土家山民们总是在优雅的环境中生活，优美的自然环境也使土家先民产生了奇妙的幻想；山地生活的稳定性和山地经济的自由性、分散性为思想的自由浪漫创造了条件；因远离中原，中央王朝的统治思想也鞭长莫及，为思想自由提供了便利；富有浪漫色彩的楚文化与土家族文化毗邻，互有渗透和影响。以上诸因素造成了土家族文化的浪漫色彩。

土家族文化受巫术影响较大，巫术本身就富于浪漫情调。土家族信奉鬼神，崇拜和信仰无确定性，以“为我所用”为原则，根本谈不上虔诚，只为功利而已。在土家族民众中几乎形成了全民族的造神运动。一棵大树，一个大石头，为了某种需要即可奉为“神”加以膜拜。土家族的信仰极为庞杂，原始宗教、鬼神、道教、佛教、天主教、基督教都有信仰。土家人宗教信的自由性和散漫性实际上是自由浪漫的民族文化所致。

在土家族的物质和精神生活中，处处充满浪漫色彩。提前过年的仪式，女儿会中人们大胆追求情人，山歌、薅草锣鼓、木叶情歌、哭嫁歌、跳丧舞都以浪漫为主旋律。连吃饭喝酒也具浪漫色彩。土家族招待客人要用大块肉，叫镰刀肉，吃酒有喝咂酒的习惯，即将酒置入坛中，用一竹管，大家轮流吸饮。土家族一些地方有喝油茶的习俗，文人对此作了形象的描写：“万颗明珠共一瓯，王侯到此也低头，五龙捧着擎天柱，吸尽长江水倒流。”[5]是何等的浪漫、豪放！

与浪漫情调一致的是土家族文化的乐观因素。闭塞的环境，较充裕的物质生活，容易满足的心态，使土家人对生活总是抱乐观态度。他们对死很淡然，对生活中出现的困难也乐观对待。土家族民歌唱道：“说起唱歌心欢喜，不怕没有下锅米，仓里无米就装歌，五句山歌当饭吃，唱罢山歌上山去。”对生活的态度何等的乐观！在土家山寨经常会听到辛勤劳作的人们在唱歌、对歌。大凡对死人是一件伤心事，而土家族把死老人叫白喜，远乡近邻都赶去，既不戴纱，也不默哀，只跳丧鼓，边唱边跳，除告慰死者外，主要是娱人。

土家族传统文化的乐观浪漫与汉文化以“入世思想”为主导，以“伦理道德”为准绳，大相径庭。汉族传统文化在重视现世和所规定的天理伦常的束缚下，连“怪力乱神”也不言，压抑了人的天性，把人们都纳于大一统思想下，使整个民族性格呈畸形发展，阻碍了科技文化的发展。而土家族传统文化是浪漫自由的，本可发挥人的巨大认识潜能和非凡的想象力，但山地经济的封闭性，单向的思维方式，抑制了土家族文化的创造性，使土家族传统文化未能发挥应有的潜力。

二、多元性特征

1. 土家族传统文化的兼容性

土家族自古就生活在中国的腹心地带，位于中国东、西、南、北的交汇点上。历史上是入川和进入大西南的通道，今天是东中部发达地区与西部欠发达地区的结合部和西部大开发的最前沿。由于独特的地理环境和显要的地理位置，这里历来是各种文化的交汇点，至今仍被学者们称为“文化沉积带”、“历史文化冰箱”和“文化聚宝盆”，文化积淀非常丰厚，文化兼容性特征十分明显。

土家族传统文化的兼容性主要是以下因素促成。

其一，特殊的地理位置，土家族聚居在中国中部的武陵山区，历史上位于几大文化的结合部，西部是蜀文化，东部是楚文化，北部是汉中文化，南部是云贵高原文化。四周文化都向它渗透，致使土家族文化吸纳了多种民族文化的因子。

其二，汉文化的影响。汉文化对土家族文化的影响是多方面的，一是历史上巴文化就与中原的夏、商、周文化有交融，深受中原文化的影响；二是武陵山区历来是兵家必争的战略之地，在争战中也带来了汉文化；三是这里历来是流放犯人的地方，不少文人骚客贬谪于此，带来了汉文化。

其三，人群的互动。由于土家族所处的特殊的地理位置，历来成为族际流动的中转站。一是汉族及其他民族向土家族聚居区流动，羁縻州时期汉人就不断进入土家地区，特别是改土归流后，汉人大量进入土家地区垦殖，从事手工业和商业。抗日战争时期，湖北、安徽、湖南等地政府、机关、学校大量迁入土家族地区，对土家族传统文化产生了深刻的影响。在汉人进入的同时，其他少数民族，如苗族、白族、侗族、蒙古族等也不断进入土家族聚居区，形成了不少小聚居区。另一方面土家人也进入汉族地区。土家人为了获取汉人的生产工具和生产资料，为了学习汉文化，不断到汉族地区，在购进汉区的先进工具和生产生活资料的同时，也把汉文化传入。特别是历代中央王朝都征调土家士兵作战，在征战中也把其他文化带入。

其四，中央政府政策的影响。历代中央政府为了加强对土家族地区的控制，一是派军队驻守，如宋朝派“义军”或“弓弩手”，明朝设卫所；二是进行官方贸易，如宋朝用食盐换土家族地区的粮食；三是实行朝贡制，土家族地区的首领和土司向中央王朝进献土特产品，中央王朝回赐；四是强制推行汉文化，早在汉朝时就在武陵地区设立学校，明政府规定，土司承袭子弟必须入学，否则不能承袭，于是土司子弟或到汉区求学，或司内建立学校教土司子弟。以上诸方面的原因，使土家族文化不断受到外来文化的冲击，为了保持自身文化的特色，土家族文化对外来文化采取兼容并蓄的态度，或吸收，或改造，把其变成本民族的文化。土家族文化在与外来文化交融中有的完全吸收，有的部分吸收，丰富了传统土家族文化的内容；有的并未完全消化吸收，所以造成了土家族传统文化的多元现象，于是又冲淡了土家族传统文化的特色。土家族传统文化正是在不断受到外来文化碰撞的过程中逐步从封闭走向开放，使土家族传统文化发展成为一种开放型文化。土家族文化从封闭到开放，从传统到现实的转型，为今天全球化的文化背景下保持民族文化的丰富性和多样性提供了一种很好的范式。

土家族文化兼容性特征主要表现在以下方面：

其一，从物质文化上看，土家族文化深受汉文化的影响。吊脚楼是土家族对中国建筑文化的杰出贡献，被专家称为中国建筑文化的重要源头。但这种独特的民族建筑形式在明清以后明显受汉建筑文化的影响，如四合院和防火墙就是对汉建筑的借用。土家族服饰原来是具有民族特色的，改土归流后，逐步改穿汉族服装，今天穿传统土家服饰的人已经很少。土家族地区的生产工具和生活用品有不少来于汉区，有的是在吸纳汉区的要素后加以改造而成为本民族的东西。

其二，从语言上看，土家族有自己的民族语言，但没有文字。在长期的交往中，土家人使用汉语的越来越多，使用民族语言的越来越少。

其三，从文化艺术上看，由于土家族没有本民族的文字，除口传文学艺术外，书面文学一直用汉文。如历史上的众多竹枝词，土司文人写的诗、词、歌、赋和史学著作都是用的汉文。土家族民间表演艺术也深受汉文化影响，如南剧不少剧目就是汉族地区的本子。土家族的雕刻艺术也具明显的汉文化倾向。

其四，从风俗习惯上看，受汉文化影响也很深。土家族青年的婚姻原来是自由的，改土归流后封建的包办婚姻逐步为土家人所接受，于是有了“父母之命，媒妁之言”，并由此产生了“哭嫁”习俗。以往土家人祖先的神位不在堂屋，受汉文化的影响，土家人也普遍在堂屋的上方设“历代祖先牌位”。

其五，从宗教信仰看，历史上土家族地区盛行原始宗教，巫术活动也很普遍。在历史发展进程中，在保留传统的“梯玛”活动的同时，汉区的端公、道士也成为土家族地区的宗教职业者，他们和梯玛一样，成为民间文化的重要传承者和各项巫术活动的主持人，在民众中同样享有崇高的威望。从信仰上看，土家族民间除继续保持众多的原始宗教信仰外，也信仰儒、释、道和天主教、基督教等。解放前，土家族聚居的乡镇都有文庙、关帝庙、张飞庙、水浒宫、道观、寺院、天主教堂。一个小小山镇可能有几十座不同的庙宇或宗教活动场所，它们与土家人自己的摆手堂同立并存，相得益彰，形成了浓厚的山乡文化氛围。

其六，其他少数民族文化的因子也同时并存。自古以来，土家族聚居区就居住着其他一些少数民族。在土家族形成之前，巴人、濮人就与古代百越民族杂居共处，尤其是百越民族的一些文化事象长期在土家族文化中传承。苗族是与土家族毗邻而居的主要少数民族之一，广泛地分布在鄂西、湘西、川东、黔东北一带，和土家族和睦相处。侗族、白族等其他少数民族也较多地散居在土家族地区，形成了各民族大杂居、小聚居的分布格局。这种交错居住的分布格局，有利于各民族的文化交流，为土家族吸收各兄弟民族的优秀文化提供了条件，从而使土家族传统文化中融入了其他少数民族的文化因子。

土家族传统文化兼容性成为民族文化繁荣昌盛的强大驱动力。虽然土家族作为一个山地民族长期生活在闭塞的环境中,但由于其兼容性特征使其能自觉冲破封闭性,勇敢地与外来文化交流对话,不断地充实和完善、改造民族传统文化,使民族文化在保留自身的特征的同时,又不断创新。因此,土家族传统文化是一种开放型的文化,它能够应对各种文化的冲击和社会变革。

2. 土家族文化的内部差异性

土家族是一个分布在中部山区的人口众多的民族,由于历史、地理环境、行政区划以及受外来文化影响强度不同等方面的原因,土家族内部文化的差异性较大,呈多元一体的构建。造成文化内部差异的因素有:

其一,族源的多元性。土家族族源问题十分复杂,学者们提出了巴人说、土著先民说、濮人说、乌蛮说、羌人说、东夷说等等。应该说土家族也是在历史长河中不断融合众多民族后形成的一个人们共同体,是中国少数民族中多元一体的典型。族源的多元造成了文化的差异性。

其二,土家族分布在现今湘鄂渝黔边大山区,其间有武陵山、大巴山等山系,大山套小山,山水相连又相互阻隔,大山的阻隔造成了内部文化的阻隔。同时,历史上,都将这块地方划归于不同的行政区域管辖,人为的干预与限制,也影响文化的交流和传播。这些因素也是土家族传统文化内部差异性的重要原因。

其三,外来文化的影响强度不平衡也是导致土家族传统文化内部差异性的又一原因。从历史上看,外来文化,特别是汉文化对土家族传统文化的影响是有地域差异的。总的来看,鄂西南受汉文化影响最大,川东南次之,黔东北又次之,湘西北相对弱一些;反过来,湘西和黔东北受苗族、侗族等少数民族文化的影响要大一些。由于外来文化影响的深度和广度不同,也造成了这四块地区内部文化的差异性。

土家族文化的差异性主要从地域上表现出来。从土家语使用的情况来看,鄂西绝大部分土家族使用汉语,只有来凤卯洞的河东乡等地还有土家语残存;湘西土家族龙山、永顺、保靖、卢溪、古丈等县部分村寨还较完好地保留土家语;渝东南、黔东北的土家语基本消失,这是由文化变迁导致的地区差异。跳丧是土家族古老的丧葬仪式歌舞,至今仍然盛行于清江流域的长阳、五峰、鹤峰、巴东等地,在凤凰等地称为“跳廪”,而在其他土家聚居区则不流行。

茅古斯和摆手舞流行于湘西北一带，而在其他土家族聚居区不流行；南剧主要流行于鄂西土家族中；酉戏流行于湘西永顺、龙山、保靖、古丈等地。在宗教信仰上，沿酉水流域的大多数土家村寨都建有土王祠或土王庙，供彭公爵、田好汉、向佬官人神像。在鄂西的来凤、咸丰、宣恩、利川一带多为三抚宫，供的多为覃、田、向等三姓祖先神，鹤峰、五峰等地供奉大二三神；桑植、大庸、长阳、巴东、恩施等地向王庙多，供奉向王天子；在永顺、龙山等地建有八部神庙，供奉敖朝河舍、西梯老、里都、苏都、那乌米、拢此也所也冲、接里会也那列也等八部大神；在黔东北则信仰杨再思。在神灵崇拜上也存在一定的地域差异，在湘西，土家族多信奉梅山神、阿米妈妈、土地神、四官神等；在鄂西等地土家族，则多信奉张五郎为猎神。在节日文化上，湘西北一些土家族提前一天过年。在婚丧习俗也各不相同，湘西土家族在婚礼上有“找摸米”的习俗，鄂西南土家族有“陪十兄弟”和“陪十姊妹”的习俗。

土家族文化的内部差异性还可以从多方面表现出来。此种内部差异性是土家族传统文化多元性的重要体现。尽管土家族传统文化呈现出兼容性和内部差异性特征，但民族的基本精神，民族的性格和价值观念都是一致的。民族文化的一致性才使这个民族能在武陵大山中生存繁衍下来，并创造了举世瞩目的文化；民族内部文化的差异性也使这个民族的文化呈现出多姿多彩的特征，极大地丰富了土家族文化的内容。

【参考文献】

[1] 范成大：《桂海虞衡志》。
[2]《太平寰宇记补缺》卷119《施州》。
[3]《明史》卷310《湖广土司列传》。
[4] 张儒海：《还大自然以和谐——恩施自治州生态环境状况探讨》，载《湖北日报》，1998年9月15日第2版。
[5] 民国《咸丰县志·艺文》。

（原载《中南民族大学学报》2002年第4期）

土家族传统器物的分类及其文化内涵

一、土家族器物的分类

千百年来，土家族人民充分利用自己的聪明才智和当地丰富的自然资源，根据生产生活的需要，创制了类型繁多、经济实用的各种器物，成为土家族物质文化的重要组成部分。土家族器物若按用途分，可分为生产工具、生活用具、文化用品、祭祀用具、战争武器、体育器材等六大类；若按材料分可分为木制品、竹制品、石料用具、金属器具、陶瓷器皿、丝棉织品、其他质地器具。为了让人们清晰地、全面地了解土家族器物，本文采用第一种分类法。这里要特别指出以下几点：第一，有许多器物的创制者并不一定是土家族，但因为被土家族人长期使用，并代代相传，自然地成了土家族的器物；第二，虽然采用了第一种分类法，但有时为了阐述的方便和让读者较好地把握，在大类的子类中又采用了第二种分类法；第三，有的器物用途多样，难以归为某一类，一般以其主要用途归类，个别器物可能会重复出现归类的情况。

(一)生产工具

生产工具是构成生产力的主要因素，特别是科技落后的民族中，生产工具的创制和改进是提高生产力水平的重要手段。据初步调查，土家族的生产工具可分为以下几类：

1. 农事工具

农事工具是土家族人在从事农业生产活动中经常使用的必不可少的工具。它又可分为：木质生产工具，如浇水用的简车，插秧用的秧盆，打稻谷用的扮斗，上山劳作装刀具的刀盒子等；竹篾生产工具，如种苞谷、黄豆用的笆篓、灰篼，筛火灰的筛灰篮，打谷用的档席，晒谷用的晒席等；金属工具有砍柴用的砂刀，割谷麦用的齿镰刀,砍火畲用的镰刀,剥桐子用的桐子撬等;复合工具有打黄豆用的连盖,翻田用的犁铧,耙田用的犁耙,挖土用的挖锄,薅草用的薅锄,种黄豆用的窖锄等。农事工具以木制品和竹制品最具特色,如挞斗、连盖、笆篓、刀盒等极富民族个性;金属工具多从外地引进,适应地方需要在型制上有所变化。

2. 运载工具

运载工具是土家族人民在生产劳作中利用山地的天然材料,适宜山地运输行走而创制的工具。竹制的运载工具有背柴、背猪草等用的柴背篓。木制的有:背质量轻而体积大的东西的窄笼,挑粮食和其他东西的箩匡,挑秧或挑草用的竹夹,背粪用的背桶,背东西用的背架,挑草等用的扦担,扛木料、抬东西用的打杵等。其他如棕绳、草绳、藤子、筋带(用蔑和稻草扭成的)都属运行工具。

土家族的运载工具有如下特点:第一,多是就地取材,充分利用竹木的天然形状,就地取材,制作简便,经济实用。如羊马,就是利用两根小树杈,中间用一块木头或竹块作扁担相连,再将上面的树杈分别捆住,用于扛柴或搬运其他物件,便于在山坡行走,也便利歇息。打杵也是用一根质地坚硬的有叉的小树做成,一般用于扛大一点的木材或抬运东西,行走时可以撬住木料,使双肩分担重物,也便于撑住重物歇息。第二,土家族运载工具有的地方男女有别,男人一般用挑、扛工具,女人一般用背负工具。

3. 手工业工具

手工业工具是手工工匠为制作各种器物或从事各种专门行业所使用的工具。由于土家族地区封闭落后,自然经济长期占统治地位,家庭手工业一直作为农业的辅助部门长期存在, 直到今天手工业仍在农村占有广阔的市场。这种情况,致使手工工艺长期得以传承,手工业工具也大量存在。

土家族手工业工具主要包括:采矿用的锄、锤、蔑篓等;冶炼用的风箱、土炉、模子等;篾匠的篾刀、匀刀、刮刀、滚刀、板等;木匠用的木马、马板、五尺、斧头、凿子、刨子、墨斗、直尺、钻子、背夹篮等;纺织用的纺车、织机、梭子等;铁匠用的风箱、土炉、钳子、锤等;打草鞋用的草鞋马、腰绊、锤草棒等;泥瓦匠用的砖匣子、木槌、瓦桶等;石匠用的錾子、锤子;榨油用的木榨、撞杆、碾子、炒锅等;碾米磨面用的水碾、水磨、水碓等;屠夫用的杀猪刀、砍刀、挺杖等;造纸用的缸、碾等。土家族的手工业工具大多是土家族人民在生产生活中，为了加工的需要创造发明的，也有部分工具从外面引进。

4. 畜牧用具

它是土家族人在喂养牲畜过程中发明的喂养或限制家畜的用具。土家山寨山场广阔，适宜发展畜牧业，畜牧业很早就是土家族生活的重要补充。土家人充分利用自己的才智，创制了不少畜牧用具。如养牛用的监控牛去向的响铃，限牛羊的笼嘴；养猪用的猪槽（分木、石两种）、潲桶等；养马用的马鞭、马鞍；撵鸡用的响槁等。

5. 渔猎工具

它是土家人在狩猎捕鱼中使用的工具。土家族居住的自然环境，决定了渔猎在这个民族生活中所占的重要地位，直到现在，土家山寨的“赶仗”和捕鱼活动仍然盛行。土家人在长期捕鱼狩猎活动中，发明了许多能在溪流捕鱼，能在山中捕获不同动物的工具。如打鱼用的舢板船、渔网、网坠、豪子、罾子等；狩猎用的火铳、牛角、网、刀、套、夹子、榨、媒子等。这些工具，今天仍在使用。

6. 采集工具

采集源于原始人的采集生活，土家族长期生活在武陵大山中，植物资源十分丰富，可食可用的植物繁多。采集一直是土家人生活的重要补充和经济来源，在采集活动中也创制了一些别致的工具，如割漆用的漆刀、涧子、竹篮、装漆用的竹筒；采茶用的竹篮、背篓、围腰；挖蕨和加工蕨粑用的挖锄、根棒、黄缸；采摘各种野菜用的竹篮和背篓等。

土家族创制和使用的生产工具种类繁多，同一类工具因用途不同和地域差异千差万别，仅背篓一项就达上百种。生产工具充分利用当地材料和原材料的自然形态，稍加斧削，即可成器。生产工具因为下层劳动人民所使用，所以大多较粗糙，只注重其耐用和实用，很少关注其造型和美观。

(二)生活用具

生产的目的是为了生存和生活，衣食住行是人类赖以生存和繁衍的基本条件，由衣食住行所必需的器具构成土家族人的生活用具。

1. 运载工具

土家族生产中的运载工具和生活中的运载工具许多属于同类，只是在型制大小、工艺精细上稍有差异。生活中的背负工具有背米用的米背篓，赶场走人家用的占背篓，背水用的背桶，背小孩用的娃背篓和背带等；挑运工具有箩筐、皮篓、水桶、油篓等；抬运工具有滑竿、轿子等；水上运输工具有拉拉船、木筏、舢板船等。

2. 加工工具

① 木制加工工具有：扬米的风车，碾米的水碾、碾槽，打糍粑用的粑粑锤、巴杵、粑粑槽、粑粑铲；推豆腐用的磨架、摩挞勾、箱、摇架等。

② 石制加工工具有石磨、碓、擂钵、垒、粑粑槽等。

③ 竹制加工工具有米筛、隔筛、响垒、粑圈、毛盖等。

④ 其他加工工具，如加工豆腐用的包袱等。

3. 炊食用具

① 木制炊食具有锅盖、瓢瓜、木碗、桌子等。

② 竹制炊食具有竹碗、筷子、竹瓢、梭筒、饭篓、吹火筒等。

③ 金属炊食具有三脚、鼎罐、锅、铜壶等。

④ 陶瓷炊食具有碗、钵、碟、罐、坛等。

⑤ 复合炊食具有锅铲、铁瓢、烟杆等，骨器有舀盐的勺等。

4. 洗刷用具

① 木制洗刷工具有脚盆、脸盆、菜盆、洗脸架、捶衣棒等。

② 竹制洗刷具有刷把、筲箕等。

③ 其他洗用具有铜盆、毛巾等。

5. 坐卧用具

① 坐具有坐窝、围桶、草凳、长板凳、高板凳、矮板凳、圆凳、各种椅子。

② 卧具有各式各样的床、摇窝、土锦被面、蚊帐、枕头等。

6. 装载用具

① 装衣物的用具有大衣柜、小衣柜、箱子等。
② 日常用品装用具有大碗柜、小碗柜、茶柜、花柜等。
③ 装粮油食品用的柜子、黄缸、扁缸、木桶、竹筐、坛子等。

7. 礼俗用具

① 婚礼用具有茶盘、轿子、滑竿、抬货、八字盒、背夹篮、露水伞等。
② 送茶(打十朝)用的箩筐、皮篓、背篓等。
③ 丧礼用具有棺材、抬杠、茶盘、筋带等。
④ 其他礼俗用具,如拜年、走人家用的皮篓、花背篓、箩筐等。

8. 服饰

服饰有西兰卡普、花带、衣服、裤子、帽子、鞋子、围兜、围裙、帐檐、荷包、手帕、门帘等。

9. 其他用具

① 烤火用具有火桶、圆炉、烘笼、炕笼等。
② 妇女用品有梳子、篦子、镜子、簪子、手镯、耳环、戒指等。
③ 雨具有各式斗笠、伞、蓑衣。
④ 照明用具有桐油灯、松竹灯等。

土家族的生活用具虽然受外来文化影响,但自身特色十分浓厚,即使名称和用途都是与汉族相同的用具,其型制和工艺也大有差异。土家族生活用具有如下几个特点:其一,以木竹制品为主,这是土家人充分利用当地资源的结果。其二,同一名称的用具因其大小、高矮不同而用途各异,有的有严格规定。如木盆至少有十几种之多,洗菜用的叫菜盆,洗脸用的叫洗脸盆,洗脚用的叫洗脚盆,妇女专用的叫小脚盆,还有杀猪用的,泡酸水坛子用的,分工十分严格。又如板凳在伙房用的是矮板凳,矮板凳又有长短、大小之分,大的、长的一般固定放在与屋梁平行的上下两方,短的和小的则可以随意搬动。高板凳一般放在堂屋，平时少用，一般在红白喜事时用。其三，生活用具与生产工具相比，制作要精细得多，同是背篓，生产用的很粗糙，生活中用的编织精细，并织上花纹，染上颜色，不少用具上雕龙画凤，十分精美。

（三）文艺用品

土家族民间文艺丰富多彩，民间艺人在创造民族文艺活动的同时，创制了类型多样的文化艺术用品。

1. 乐器

土家族乐器有咚咚奎、土笛、木叶、三夹棒、鼓、锣、钹、扬琴、尺、碗口琴、琵琶等。

2. 工艺用具

工艺用具有编织工具、印染工具、挑花工具、刺绣工具、雕刻工具等。

3. 书画用品

书画用品有纸、墨、笔、砚等。

4. 演出器具

演出器具有面具、服饰、衣箱、导具等。

土家族文艺活动中的器具，虽然有的是从外面引进的，如扬琴、二胡，但大多是根据活动的需要和当地资源制作的，民族特点十分明显。其一，不少器具直接取之于自然，如木叶、青草、野豆角、号杆等都可以吹出优美动听的乐曲。其二，有的文艺器具就是生产工具和生活用具，如茅古斯演出的导具就是生产中的犁铧、背篓、筛灰蓝、粑粑锤。其三，大多文化工艺器具都很精致，因为文化艺术和工艺创作本身是一种技术性很强的活动，所用的工具或导具要求自然很高。

（四）宗教祭祀用具

“国之大事，唯祭与戎。”土家族也是一个巫术盛行、宗教信仰繁多的民族，宗教和巫术在人民生活中占有重要的位置，因此在土家族历史上产生了一批宗教职业者，最具代表性的是梯玛（汉语称土老师）和道士。这些宗教职业人员为了显示其职业的神圣性，特创制一些法器和道具。另外，人们在祭祖敬神活动中也制作了一些祭祀用具。

1. 祭祀用具

各种神像、茶盆、神杯、神龛、供桌、香炉等。

2. 梯玛用具

主要有牛角、司刀、八宝铜铃、卦、神剑、神像图、刀梯等。

3. 道士用具

主要有牛角、海螺、令旗、令剑、面具、神案、鼓、钹、锣、铙、法衣、法帽等。

4. 其他巫术用具

土家族民间巫术繁多，从事巫术的人除以上举的两种外，还有仙娘、草医（游医）、算命先生、地理先生等。他们为人治病、解钱、还愿、求子、渡关、搭桥、摇包包、打保符、祭白虎、挡煞、求雨等。他们用的巫术用具有碗、筷、升子、各种响器、刀、剑、罗盘等，名目繁多。

土家族祭祀巫术器具主要有如下特点：其一，除梯玛、道士等宗教职业者全盘使用成套固定的法器响具外，其他祭祀和巫术用具都很简单，大多为生活中的用具。如祭祖就用平时用的碗筷、桌子、凳子；为人画水治病的碗也是平时用的碗。其二，梯玛、道士和其他巫师虽门派不同，活动的地域范围不同，所用器具大致相同，表明土家族巫术文化内部的联系性和相似性。

（五）战争武器

土家族是一个勇敢善战的民族，从参加武王伐纣开始，在历史上一直以战功著称于世，在历次战争中，土家族及其先民创制和使用着特殊的武器。

1. 早期武器

主要是土家族先民制造和使用武器，在巴人遗址和巴人活动区域内发现不少有巴文化特色的武器,主要有虎钮錞于、钲、巴氏剑、石簇、竹弩等。

2. 竹木石武器

有弓箭、棍棒、礌石、滚木、盾牌。

3. 金属武器

有钩刀、长矛、腰刀、火炮、火铳、铠甲、大刀、头盔等。

土家族在历史上所使用的武器多是就地取材,竹、木、石武器都是利用当地的材料。金属武器一部分从外地购进,一部分也是自己制造。

(六)体育器材

长期生活在山区的土家族,文化生活十分单调,为了丰富业余生活,锻炼体魄,土家族人在长期的生产生活中,创造发明了众多的体育活动,为配合体育活动创制了相应的体育器材。

土家族用的体育器材主要有:扳手劲用的桌子或凳子;打飞棒用的飞棒和打棒;打陀螺用的陀螺和鞭子;摔抱腰用的腰带;打秋千用的秋千、磨秋;踢毽子用的鸡毛毽;打贡鸡用的麦草鸡、稻草鸡、竹篾鸡或鸡毛鸡;儿童比武玩耍的土弓箭;抵杠用的杠子;打碑用的打石和碑;骑竹马用的竹马;举石锁用的石头;石担用的凿石和木棒;演习比武的蛮刀藤牌;跳凳跳桌用的凳子、桌子;射弩用的弩弓;打三棋用的小石头、木棍、小叶片等;抢花炮用的花炮;打石漂用的石块;扭扁担用的扁担;挤油渣用的板壁或长凳;喀蟆抢蛋的石蛋;滚藤圈用的藤圈或树圈;儿童玩的竹子枪、水枪;各种武术器械。

土家族所使用的体育器材丰富多彩,简便易得,多是取自然之物而为之,如石头、木棒、陀螺、扁担等。其二,适宜儿童的体育活动特别多,适宜妇女的活动极少。其三,以娱乐为主,大多竞技性不强,所以今天列入少数民族传统体育运动项目的也不多。

二、土家族器物的文化内涵

目前,人们对文化的讨论仍很热烈,一般都把文化分为广义的文化和狭义的文化。冯天瑜先生认为:广义的文化包括物质生产、社会组织和精神生活、科学技术、思想观念、风俗习惯等;狭义的文化则是指特定民族的生产方式和生活方式相适应,以语言为符号传播的价值观念和行为准则。他说:"人类精神文化的发展历程,是与整个历史(而历史首先是物质文明的历史)交织在一起的。一方面精神文化总是受制于并附于一定的物质条件,如音乐演奏需要乐器,美术创作离不开颜料、笔墨、纸砚,文学的流传依赖印刷、纸张等物质材料,更毋庸说人类从事一切精神文化活动必须在解决了衣食住行等物质生存条件之后方能进行;同时,精神文化是以物质世界和人类的物质创造作为自己表现、描绘或研究的对象。另一方面,人类的物质创造又凝结着智慧、意向、情绪、审美意识,例如一座建筑,当然,是物质文化,但这座建筑又包含着价值意识、科学技术、美学思想等种种精神文化的成果,并打上了政治、伦理观念的烙印,实际上是精神的物化或物化了的精神。"[1]我们在这里探讨土家族器物所蕴藏的文化内涵也正是从这一理论认识为出发点。土家族所创制和使用的器物虽然属物质的东西,但其中蕴含的民族精神、价值取象、审美观念却是丰富多彩的,它与土家人的信仰礼俗、文体活动也密不可分。

1. 器物与民族精神

器物是人类劳动创造的物化表现,人类的一切美好愿望、想象力、创造力、征服自然的能力、价值取向、对其他文化的态度等都从中体现出来,它是民族精神的物质外壳。刘骁纯指出:"工具它是人类一切物质产品的发端,又是人类一切精神产品的发端,它孕育着人类全部物质文明,又孕育着人类全部的精神文明。"[2]土家族器物即可表现出这个民族的精神风貌和价值取向。

首先,表达了土家族人的美好愿望。土家人创制和使用的器物有许多人物故事、神话传说和花草鱼虫等图案,如喜鹊闹梅、龙凤呈祥、鲤鱼跳龙门以及耕、读、樵、战争等活动的画面,各种花鸟禽兽雕刻或编织在器物上,表现出土家族人向往美的生活、追求美好生活的强烈愿望。

其次,充分体现了土家族人利用自然的能力。土家族器物都是依托当地的资源,所以木器、竹器、石器特别多,山上的树丫、藤条、树叶、青草、石块、石子都充分利用起来,用作工具、乐器或游戏的器材。如羊马、打杵、草鞋马、木叶、挞勾、擂钵棒都是利用自然的代表的杰作。再如,土家族利用水力与器物结合，浇灌田地、碾米、粮油等，大大减轻了劳动强度，提高了生产力。

其三，表现了土家族人非凡的想象力和创造力。土家族人在器物的外形和图案的设计上都表现出这方面的才能。如在型制方面仅背篓就达百种之多，大的、小的、高的、矮的、方的、圆的，外形丰富多彩，变化无穷。在图案设计上也充分发挥这方面的才能，如土家先民将虎铸于所使用的军乐器上，既象征巴人是白虎的子孙，也具有激励将士、威慑敌人的作用；西兰卡普有300多种图案；木制家具有各种各样的雕刻图案，土家人创制的滴水床雕刻有各种花鸟、图案和戏曲人物故事，欣赏其雕花犹读一本百科全书。

其四，表现出土家人吸收外来文化的睿智和为我所用的价值取向。土家族是一个思想开放的民族，从其先民巴人大胆吸纳楚文化、蜀文化和中原文化开始，大胆接纳外来文化一直是土家族的优良传统。土家族传统器物中不少是从汉族、苗族、侗族等民族中学来的，外族文化极大地丰富了土家族器物的种类和型制。

2. 器物与信仰礼俗

民族民间信仰和礼仪习俗是一个民族的重要特征，无论是宗教祭典，还是礼俗活动，都必定在一定的场合进行，并且凭借礼器或法器来表现，否则难以为受众所接受。土家族民间梯玛、道士、巫师神汉所用的法器和巫术道具相当丰富，在婚、丧喜庆礼仪中也有特定的礼器。这些礼器和道具成为信仰礼俗文化的物质载体，既是表达人们思想愿望的传媒，也是风俗习惯得以传承的载体。

3. 器物与文体活动

土家族的文化体育活动型类繁多，特色浓厚，文化活动有摆手舞、茅谷斯、跳丧、傩戏、板凳龙、南戏、南曲、阳戏等等；体育活动有抢花炮、射弩、踢毽球、打陀螺、抢石等等。这些文体活动都有相应的道具和器材，如果没有相应的道具、器材，这些活动就无法开展。因此，器物既是文体活动产生的基础，是土家族传统文体活动得以表现和传承的重要条件。

4. 器物与审美情趣

器物是人类劳动作用的产物，任何一种物件的制造都是人的活动与劳动对象的结晶，这其中的意识活动就包括了审美意识，土家族器物作为人们劳动的结晶也自然蕴藏着审美观念。

其一,自然美。自然就是美,这是谁也否认不了的观点。土家族在创造器物过程中所遵循的第一条原则就是自然美。土家人在创制器物的过程中,充分利用大自然的杰作,弯曲的树木和竹子被用作磨挞钩、草鞋马和烟斗;有杈的树用作搬运工具;光滑圆长的鹅卵石用作舂东西的杵棒;青翠的树叶用作乐器。同时,土家人对器物色彩不十分重视,以自然色为主,彩绘不多见。这些无不表现对自然美的追求和向往。

其二,效用美。实用虽然不等于审美,但实用却直接影响着美,实用可以转化为美。土家族是一个讲究实际的民族,所制造的器用首先考虑的是它的实用性。如一根木棍稍加砍削就可作挑运的工具,一根小竹挖上4个孔就可吹出美妙的音乐,随便拣块石头就可以用作体育比赛的器材。许多竹篾器和木器如果用艺术家的眼光去审视,确实谈不上美,但在土家人心中就是美,因为它们确实经济实用。所以刘骁纯认为:效用美"它依附于工具物质的实用目的,它的美不在形式自身而在于形式中的社会内涵,在于形式中的意蕴,这意蕴就是'善'——符合实践。"[3]

其三,技艺美。土家族虽然追求朴实无华的自然美和经济实用的效用美,但并不排斥技艺美。技艺美蕴涵于创造过程中,是人类智慧与创造力结合而产生的一种美好感受。土家族工匠在尽可能的情况下,总是把所制造的器物修饰得精妙绝伦,如一些古老的家具上就有不少技艺美的典范作品,一架滴水的床,一个工匠要几年的工夫才能完成,这实际上是追求技艺的结果。所以刘骁纯说:"技艺美属于依存的美、意蕴的美。它的美不在形式自身,而在于形成中的意蕴,这意蕴就是制作者的智慧和技能。"[4]

其四,圆润美。在土家族众多的器物中,圆形器物占绝大多数,无论是木器、竹器、石器还是生产工具和生活工具,圆形、半圆形的相当多,就是通常用的火盆,在湘西也有做成圆形的,称为圆炉。圆形的器物除好用的因素以外,与土家人的审美观念不无关系。因为圆形从视觉上看比方形好看,又比几何图案简单,容易制作,所以为土家人所运用。

5. 器物与科技知识

一切器具,不仅蕴藏着文化和审美观念,也包含着科学技术和生产生活经验,是科学技术的转化物。土家族在历史上少有科学发明创造,但技术知识并不落后。土家族的技术知识很大程度上体现在各种器具的创造和使用上。早在春秋战国时期,土家族的先民就掌握了相当高的青铜冶炼、煮盐、炼丹、编织、化妆品生产技术。巴人的后裔深入到武陵大山腹地后,虽然相当长时间处于相对封闭的状态,但器物的创制仍在不断更新,通过器物的创制和使用,使生产技术和手工工艺得以流传。如果没有器具的创制,生产知识、工艺技术的传承是难以设想的。因此,器物的不断创造和改进,是土家族生产经验和各项技术得以传承和进步的根本原因。

【参考文献】

[1]冯天瑜、周积明:《中国古文化的奥秘》,武汉:湖北人民出版社,1986年版,第13—14页。

[2]刘骁纯:《从动物快感到人类的美感》,济南:山东文艺出版社,1986年版,第120页。

[3]刘骁纯:《从动物快感到人类的美感》,第168页。

[4]刘骁纯:《从动物快感到人类的美感》,第170页。

(原载《中南民族大学学报》2002年第2期)

土家族器物的创制及其演变

器物属物质文化范畴,是劳动人民在生产生活中利用自然、改造自然的物化结晶;既反映出劳动人民的聪明才智和一定历史阶段的生产力发展水平,也是民族文化传承的载体和生产生活经验交流传播的媒介;虽然它以物质形式表现出来,却包含着丰厚深刻的文化内涵,形成独具风格的器物文化。土家族是中国中部的一个山地民族,这个古老的民族在与恶劣的大自然斗争的过程中,充分利用当地的自然资源,不拘一格地引进周边各民族的先进工艺,创制出类型繁多、风格独特、实用性强的器物,这些地方特色、民族特色鲜明的器物与土家族人的生产方式、生活方式结合,形成了独具特色的器物文化。本文拟就土家族器物的创制及演变过程作初步探讨,就教于各位专家学者。

一、土家族器物的创制

1. 自然环境与器物

土家族居住的武陵山区,约有 10 万平方公里,境内群山耸立,山高坡陡,溪流纵横,峡谷幽深,海拔多在 500～2000 米之间,最高处达 3000 多米,最低海拔仅几十米,相对高差达 3000 米以上。虽然整个地貌由高山、河谷、台地、小盆地、坝子组成,但山地占了大部分国土。如《鹤峰县志》卷 3 记:“鹤峰环邑皆山也,旧志仅即山著名者书之,歌之,而川则厥,而极详,顾层峦叠嶂中;有冲要、有险隘。概不容略。”土家族其他地方大致如此。“八山半水分半田”是土家山寨的真实写照。连绵不绝的群山,为土家族的文化类型形成起着决定性的作用,冯天瑜先生说:“地理环境经由物质生产方式这一中介,给各民族、各国度文化类型的铸造,奠定了物质基石,各种文化类型因而都若明若暗地染上了地理环境特征。”[1]同样山高坡陡的地貌,曲折险峻的道路,使土家人的劳作和行走多在陡峻的山上进行,这就决定了土家族使用的工具必须适宜山地经济文化类型，适应特殊的自然环境。因此，土家族的背负工具类型繁多，无论是男是女，上坡就背上背篓，仅背篓一种工具，其样式至少有百种之多。由于山地多，土家人用的薅锄、挖锄也与其他地方不同，一是弯曲角度小，二是把特别长。土家人使用的工具，大多与多山的自然环境相适应。大山铸造了一个勤劳勇敢的民族，同时也铸造了山地民族所特有的工具。

2. 自然资源与器物

土家族居住在北纬28°~30°之间，为亚热带山地气候，气候温和，年均气温约15℃左右，降水丰沛，年降雨量在1200～1600毫米之间，特别适宜动植物繁殖生长，因此动植资源十分丰富。勤劳聪慧的土家人，在与大自然的斗争中，不断探索大自然的奥秘，也不断利用大自然为自身的生存和发展服务。在土家族聚居区的自然资源中，以木、竹、石最为丰富，所以土家人创制的器物中以木、竹、石为材料的器物最多，他们充分利用这些资源，创制经济实用的各种用具，成为推动社会生产力发展的重要动力。土家人在利用山区资源的时候，有的稍微加工即成为美观实用的工具，如扦担、羊马、打杵等；有的甚至不用加工就作为工具或器械，如山上的藤条、树叶、石块等，土家人往往直接把它作为捆柴草的工具、吹奏乐曲的乐器和体育竞技的器材。土家族丰富多彩的器物，与他们充分利用大自然的资源密不可分。

3. 经济生活与器物

土家族是一个山地民族，其经济形态也属于典型的山地经济，其经济特点主要表现在以下几方面。其一，以旱作农业为主。早在巴国时期，旱作农业就比较发达，《华阳国志·巴志》记载："土植五谷，牲具六畜。"农作物有黍、稷、燕麦、稻谷、高粱等，但以黍、稷为主，处于"刀耕火种"阶段，这种生产方式延续了相当长的历史时期。宋代始引进牛耕技术，促进了生产的发展。明朝以后，逐步引进了特别适宜土家族山区种植的苞谷、红薯、洋芋，大大提高了粮食的产量，直到现在，土家族地区仍以旱作农业为主。

其二，猎渔经济在相当长的时期内占有重要地位。土家族居住区，"山岭有熊、豕、鹿、豺、豹、狼、虎，野兽成群结队，其小物有苦竹鸡、白雉鸡、毛野鸡、皇鲜鸡、上缩鸡、土香鸡，真有取之不尽，用之不竭之概。""山里诸兽成群结队,时而持枪入山则兽物必获","持勾入河则水族终至盈笥"。[2]丰富的动物和鱼类资源,为土家人的生活提供了重要的食物来源,渔猎在土家族的生活中长期占重要地位,成为农业生产的重要补充手段。直到20世纪五六十年代,土家山寨有组织的狩猎活动仍很盛行。保留至今的"赶仗"和"赶渔"活动即是土家人渔猎生活的明证。

其三,采集是土家人生活的重要补充。采集是人类最古老的获取食物的方式,采集在土家族发展史上的作用不可低估。土家族居住区植物繁多,《华阳国志·巴志》载:"桑、蚕、麻、苎、鱼、盐、铜、铁、丹、漆、茶、蜜、灵龟、巨犀、山鸡、白雉、黄润、鲜粉,皆纳贡之。其果实之珍者,树有荔支,蔓有辛蒟,园有芳蒻、香茗,给客橙、葵。其药物之异者有巴戟、天椒。竹木之贵者,有桃支、灵寿。"土家山区的资源远不止这些。众多的植物为采集提供了源泉。不少植物的根、茎、叶、果实都是人们生活的来源。直到清朝康熙年间,采集生活仍占重要地位,"其粮,以葛粉、蕨粉和以盐豆,贮袋中,水溲会之;或苦荞、大豆;虽有大米,留以待客,不敢食也。"[3]土家族地区的特产茶叶、生漆、油桐、蕨粑、蕨菜、微菜,以及众多的药材,都是采集经济生活的依托。至今,土家山区的人们仍然把山上许多植物的叶、果实、根、茎作为食物,有的出口,并受到外国人的青睐。

旱作农业、渔猎经济、采集生活是山地经济的重要组成部分。此种复合式经济类型决定了所使用的工具不能像纯农耕民族、游牧民族或海洋民族那样单纯,依靠某一种经济为生,必须要依靠以上多种生产方式来维持,所以土家族人创制的工具中既有众多适宜山地耕作的农业生产工具,也有不少渔猎和采集工具,山地复合式经济既是土家族生产生活工具类型繁多的原因,同时也是复合式经济发展的条件。马克思说:"物质生活的生产方式制约着整个社会生活、政治生活和精神生活的过程。"[4]土家族的经济类型也决定着器物的创制改进。

4. 生活方式与器物

生活方式是指在一定生产方式和全部客观条件制约下的有关物质生活和精神生活的典型形式和总体特征,包括人们对衣食住行、劳动工作、休息娱乐、社会交往、待人接物等物质生活和精神生活的价值观、道德观、消费观、审美观以及与这些观念相适应的行为模式和生活习惯。人类的衣食住行必须在一定的空间和时间中进行，必须依赖于必要的物质手段，凭借一些物件来实现，其中最重要的就是器物。土家族长期生活在大山中，其生活方式独具特色，居住以吊脚楼为主，并形成不少吊脚楼群和村寨；土家人家都设有火塘；土家人爱吃酸辣、爱饮酒等等，这些生活方式使土家人创制了以吊脚楼为核心的诸多物件，火塘的设置就必须有长凳用于烤火，有三脚、鼎罐、火钳等用于烧火做饭；爱吃酸辣，就要有坛子泡酸菜，有火炕炕辣椒。独特的生活方式无疑是土家族器物创制的又一原因。

5. 文体活动与器物

每个民族都有自己的文化，各个民族的文化都从多方面显著出自己的特征。黑格尔说："民族的宗教，民族的政治制度，民族的伦理，民族的法制，民族的风俗以及民族的科学、艺术和技能，都具有民族精神的标记。"[5]民族文化是一个民族的精神产品，反映一个民族价值取向和精神状态，而这种精神产品必须通过具体的活动表现出来，在表现的时候需要借助于物件（通常是道具）来加强活动的神秘感、节奏感、形象性、生动性和娱乐性，使活动能为人类喜爱和接受。土家族的各种文化活动丰富多彩，各种节日、祭典、文艺活动成为人们生活不可或缺的部分，在各种活动中又创制了不少文化用具和器材。土家族器物中的宗教祭祀用具、乐器、雕刻书画用具、体育器材都是适应各种文体活动的产物。

6. 文化交流与器物

土家族居住区位于中国腹部，处于东西、南北文化的交汇点上，又是扼川和进入大西南的孔道。从古代至近代，民族迁徙相当频繁。特别是改土归流后，打破了"汉不入峒，蛮不出境"的限制，汉族人和其他各族群不断进入土家族地区，"客司中者，江、浙、秦、鲁人俱有，或以贸易至，或以技艺来，皆仰膳官厨。有岁久不愿去者，即分田授室，愿为之臣，不敢复居客位。"[6]这虽是记载容美土司的情况，其他地方也大致如此。外来移民的迁入，带进了不少先进工具和器用，不少铁制农具和手工工具都是从外地引进的。外地工具的引入，提高了生产力水平，促进了经济的发展，丰富了土家族的器具，也引起了器物种类和型制的变化。

可见,土家族器物的创造和不断改进的原因是复杂多样的,与土家人居住的自然环境,山区特有的资源,山地经济类型,生活方式的选择,各种活动的开展,文化的交流都有密切的关系。土家族器物形成原因的复杂性,也决定了器物的多样性和器物所蕴含文化的丰富性。

二、土家族器物的发展演变

恩格斯曾经指出,能制造和使用工具是人与动物的根本区别,人类从制作第一件石器或木器开始,就标志着人类向文明迈进了一大步。工具和器用的创制、改进既是社会生产力发展的动力,也是人类文明进步的标志。人类对工具和器用的创制、改进是在总结前人经验基础上,根据生产生活的需要,充分利用当地的资源不断革新和提高的。虽然各个时代表现出不同的特征,但每个时代的工具和器用都继承了前代的成就,打上旧时代的痕迹。我们在讨论土家族器物发展演变的时候,虽然给予大致的断代,概述性地描绘出各个时代器物的特点,但各个时代互渗现象都十分突出,甚至许多现代还在使用的工具可能在原始人类就开始创制使用了。根据土家族社会的历史发展进程,我们把土家族器物放在四个大的时期来考察,即:远古时期的器物(秦以前),古代史上的器物(改土归流以前),近代的器物(从改土归流到改革开放前),当代器物(改革开放以后)。

1. 远古时期的器物

通过考古发掘证明,在今土家族居住的湘鄂渝黔边地区,已经发现了从旧石器时代直到夏商周时期的大量遗址。据报道,在三峡工程建设中,考古工作已发现了旧石器时代遗址 50 多处, 其中巫山县龙骨坡遗址证明了巫山人是亚洲迄今为止发现的最早人类。还发现了古生物化石地点 10 余处,新石器时代遗址 73 处。三峡地区新石器时代人类活动情况,通过考古工作者几十年的努力,已找到了瞿塘峡以东新石器时代城背溪文化、大溪文化、屈家岭文化和长江中游龙山文化的遗址。[7]考古工作者在沅江上游泸溪县上堡乡的九家杨村、白沙村、天门溪村、刘家滩村和酉水中游的保靖县拔毛乡东洛村等地,共发现旧石器地点7处,采集和出土各种石制品36件。[8]在龙山的里耶、泸溪的浦市、大庸的古人堤,发现了3处新石器时代遗址。[9]在川东的黔江等地也有石器时代的遗物发现,黔江的正阳和阿蓬江就发现了新石器时代的刮削器和石斧。[10]在石器时代的遗址中发现了各种石器工具,如砍砸器、石斧、刮削器等。这些古老的人类,虽然目前还难以证明他们与土家族的渊源关系,但这些人类所制造和使用的工具无疑对后世生活在这片土地上的居民的生产生活产生过影响。

目前研究土家族的学者大多认为,古代巴人与今天的土家族有渊源关系,所以在探索土家族器物发展脉络的时候,我们不得不追述古老的巴文化。通过考古发掘,史书上对巴人历史的零星记载和存在的疑难已找到比较全面的解答和证实。考古工作者在古代巴人活动的峡江地区、清江流域和川东都发现了巴人的文化遗址。据报道,三峡库区发现了相当于中原夏商时期的巴人遗址168处,其中有几处是巴人的经济文化中心。位于大宁河畔,占地10万平方米的巫山县双堰塘巴人遗址,经发掘判断,被认为是距今约3000年前巴人的经济文化中心。占地5万平方米,与双堰塘巴人遗址相距80多公里的云阳县李家坝遗址是巴人的第二中心地区。[11]在清江中游也发现了属于早期巴文化的香炉石文化遗址。[12]这些发现能较全面地反映先秦时期巴人的经济生活和使用的器物情况。

下面以香炉石遗址为例,加以说明。香炉石遗址位于湖北长阳土家族自治县渔峡口镇东南0.5公里的清江北岸,东距长阳县城97公里,香炉石遗址面积仅700余平方米,已发掘不到400平方米。遗址堆积共分7层,出土了从夏代到汉代大量遗物,共计近万件。第7层出土石器5件,其中斧、凿各1件,锛3件;陶器79件,其中罐41件,瓮9件,钵8件,豆17件;纺轮4件;骨锥1件。第6层出土石器56件,其中斧3件,铲1件,凿5件,锛45件,矛2件;陶器878件,其中釜334件,罐177件,盆118件,瓮105件,豆80件,钵33件,盘4件,纺轮1件,网坠3件;骨器28件,有锥、笄、铲、镞、针、锯、滑轮、器盖、佩饰、牙饰等。第5层出土石器10件,其中锛9件,纺轮1件;陶器1000多件,其中釜1092件,罐80件,豆12件,钵7件,杯11件,纺轮12件,网坠1件;骨器26件,包括锥、笄、铲、筷、佩饰、牙饰等。第4层出土石器14件,有斧、锛、刀、镞、纺轮、砺石等;陶器2404件,其中釜2122件,罐196件,豆3

件，盆 3 件，钵 5 件，杯 6 件，纺轮 19 件，网坠 48 件，印章 2 件；骨器 38 件；铜器 11 件，有锥、凿、镞、环、鱼钩等。第 3 层有石器 12 件；陶器 1424 件，有釜、鬲、罐、瓮、盆、钵、碗、盘、豆、杯、纺轮和网坠；骨器 20 件，有锥、铲、凿、筷、笄、镞、牙饰等；铜器 8 件，有锥、凿、削、卵等。第 2 层为扰乱层，发现有东周时的陶片、陶网坠、陶纺轮、筒瓦、板瓦、小型铜器、铁器、骨器等。第 1 层为耕土，发现有东周的陶片、铜剑、铁斧及汉代铜镞和近代陶片。[13]

从以上发掘报告可以看出，早期巴文化的器物已相当丰富，有石器、陶器、骨器、铜器，甚至有铁器，虽然未发现竹木器，只是已腐烂无法证实罢了。在巴县冬笋坝和召化宝轮院巴人墓中就发现了竹木器。器物类型已包括生产工具、渔猎工具、生活用具、武器、装饰物等各个方面，其制作工艺和器物的类型无疑对后来的土家人使用的工具产生了影响。

从文献记载也可以找到一些巴人制造和使用器物的情况。据载，巴人参加武王伐纣后，一度建立过国家，据蒙文通先生考证，巴人至少建立了 4 个巴国。在巴国境内农业和手工业曾达到相当高的水平。据童恩正教授研究，巴人在农业发展的基础上，酿酒、化妆品制作、制茶、煮盐、采取丹砂、冶炼、制陶、纺织、编织、漆器制造都达到了相当高的水平。金属制造工艺已达到中原同期水平，编织、漆器都很精美，手工业已脱离了原始阶段，在内部有了不同行业的分工。[14]

发达的农业和手工业必然需要大量的工具，必然刺激手工业的发展，手工业的发展又极大地丰富了器物的种类。

远古时代土家族先民制造的器物以陶器、石器为主，也有不少骨器、木器、竹器和金属器具。由于这一时期的巴人与中原、东边的楚国和西边的蜀人交往甚密，所以其制作工艺必然受到这些文化的影响。如髹漆工艺可能受到楚文化的影响，金属工艺可能受到中原、蜀文化的影响。正因为受到这些文化的影响，加之巴人聪明的智慧，使巴国的手工业能与中原媲美，其器物也显示出时代的特征和自身的个性。

2. 古代史上的器物

公元前 316 年秦灭巴，曾经强大一时的巴国不复存在了，其国人也大多流落到了湘鄂川黔边大山区。从汉代开始，封建王朝对这一地区实行羁縻统治，直到清雍正年间改土归流后，在近2000年的时间内，这块地方都被视为“蛮荒”之地。中央政府一直采取遥控的办法进行统治。生活在这里的人群基本处于与世隔绝状态，虽然其间有过民族的局部迁徙，外面也有少量人员进入，但无法影响和改变武陵山区人群封闭的生活方式。从秦到唐宋1000多年的时间里，土家族作为一个人们共同体也逐渐形成。在土家族形成的过程中，他们充分利用山区的丰富资源，创制了大量的生产工具和生活用具，对开发武陵山区，促进土家族社会的发展进步起了重要作用。

这一时期土家人创制和使用器物，在继承巴人和其他族类器物的基础上有了显著变化。一是器物的类型发生了变化，如果说先秦以前主要是陶器、石器、骨器的话，那么这一时期主要是以木器、竹器为主，陶器和石器虽然仍在生活中充当较重要的角色，但远已没有竹木器那么重要，骨器使用已很少。二是器物制造在十分封闭的环境中进行，根据山地生产生活的需要，创制了许多独具特色的竹木器具，在形成自身特色的同时，也使生产工具和生活用具落后于发达民族的器物，影响生产力的发展和社会进步。三是由于这一时期土家人的反抗斗争多，并不断被中央王朝征调，所以武器制造在器物创制中占有相当重要的位置。四是由于土家族地区巫术盛行，信仰繁多，因此，用于祭祀和宗教迷信活动的器具也不断创制出来。总之，器物类型明显增多，同一类型器物的用途更为广泛，提高了器物的使用率，促进了生产的发展。

3. 改土归流后的器物

清朝雍正年间，土家族地区基本实施了改土归流，纳入中央的直接控制之下，从而打破长期以来实施的“蛮不出境，汉不入峒”的禁令。汉族和其他各族不断进入土家山寨开荒种地，从事手工业或贸易活动。“攻石之工，攻金之工，砖埴之工，设色之工，皆自远来矣。”[15]“土、木、竹、石、裁缝、机匠之属，各有专司，但外县人居多。”[16]外来工匠，带来了新的技艺，对器物的创制和改进起了重要作用，土家山寨原来未有的工具和器用从外地引入，增加了器物的种类，促进了社会生产的发展。

1840年鸦片战争后，西方侵略势力也逐渐渗透到土家山寨。在经济上，他们一方面掠夺土家山寨的原料，如茶叶、桐油、生漆、五倍子、药材等特产，另一方面大量倾销洋货，洋布、洋纱、煤油、香烟、肥皂、五金等进入土家山寨，使土家山寨器物中有了大量外来产品。

抗日战争时期,由于汉口、宜昌、长沙等大中城市的沦陷,土家族聚居区成为抗日的第一道屏障,政府机关和学校、工厂不断迁入土家族地区,沦陷区的人员也不断涌入,随之也带进了一些新的器物,迁入的工厂也生产了一些现代工具和生活用具,收音机、手表、汽车等现代工业品开始进入土家山寨,但其影响只在少数城镇,对农村影响不大。

建国后,在建设社会主义过程中,工业品和日常用品不断渗入土家人民中,土家族地区的城镇也创办了一些工厂,生产人民所需要的生活用具和生产用具,生产工具和生活用具在材料使用和型制上有了一些改变。"文化大革命"、"破四旧",使部分传统器具受到一定程度的破坏,但传统器物仍大量保留。

这一时期持续了200多年,中间经历了几次大的冲击,对土家族传统器物有一定影响和改变,但未有引起根本性的变革。一是外来工匠的进入,使手工业逐步专业化,加剧了作坊内部的分工,对扩大生产能力和提高工艺水平都起了决定性作用。二是手工工匠的专业化使其能够走村串寨从事手工加工,加上一些市场的形成,为手工工艺传播和器物在一定范围内流行起了推广作用,导致土家器物型制上小范围的趋同性和大范围内的差异性。三是洋货和现代工业品的进入,对土家族地区城镇器用产生了巨大的影响,对农村也有一定的影响,但并未动摇土家族传统器物的统治地位,土家人仍然把守着祖辈沿用的主要器物,只是把新的器物作为生产、生活的补充。四是文体和祭祀用具大多退出历史舞台,这主要是社会主义改造、破四旧、新时代文化教育发展的结果。

4. 当代器物(改革开放以后)

直到1970年代末期以前,土家族山寨的器物虽然受到现代文明的冲击和影响,但未发生大的变化。自改革开放以后,由于工业化和现代化的不断推进,传统的自然经济受到严重冲击。一是土家山寨不少年轻人外出打工,外地商人也深入到土家农村大势倾销商品,商店办到了大山深处,外地的工业品,甚至国外的商品也流入土家山寨。二是商品经济的渗入,交通信息、文化教育的发展,人们的思想观念和生产方式、生活方式也发生了变化,实用技术被广泛采用,促使了生产方式的改变;现代文明生活逐渐改变了人们的传统生活方式。三是经济的发展,人民购买力的提高,电的使用,交通条件改善,都为土家人使用现代工业产品提供了可能。四是森林大量被破坏,竹木的减少,传统工具的制造成本增大,也为工业品进入提供了契机。五是传统文化活动的逐渐隐退,现代文化活动的兴起,也为现代家电的引入提供了可能。六是现代加工工具的使用,传统的加工工艺已失去往日的作用。这些都是土家族器物发生变化的重要因素。

这一时期器物变化具有以下特点:一是传统器物向现代器物转变,现代化工业品在土家族人民生产生活中的作用越来越大,大有取代传统器具之势,土家人固守几千年的传统器物失去了优势;二是服饰、家电和运输工具是土家族器物变化的主要方面,收录机、电视机、洗衣机、自行车、摩托车、拖拉机、汽车进入普通百姓家;三是生产工具和生活用具出现二分天下的态势,生产生活中既使用传统的竹木器,又使用金属塑料制品,甚至青年人结婚的家具也从城里购买;四是已消退的祭祀迷信活动用具随着民间信仰活动的死灰复燃,又出现在土家人民的生活中,所以宗教用品又有新的创制。

实际上,土家族器物发展演变的历程,就是土家族的一部社会史和生活史,它是这个民族物质文化和精神生活的积和,是这个民族从蒙昧走向文明,奔向现代化的里程碑。

【参考文献】

[1]冯天瑜:《地理环境与文化生成》,载《文汇报·学林》,1988年11月7日。
[2]鹤峰山羊隘《向氏族谱》。
[3]高润身注释:《容美纪游注释》,天津:天津古籍出版社,1991年版,第55页。
[4]《马克思恩格斯选集》第2卷,北京:人民出版社,1972年版,第82页。
[5]黑格尔:《历史哲学》,上海:上海书店出版社,1999年版,第6页。
[6]高润身注释:《容美纪游注释》,天津:天津古籍出版社,1991年版,第47页。
[7]夏裴等:《留住三峡的文化血脉》,载《光明日报》,1997年11月5日。
[8]游俊、李汉林:《湖南少数民族史》,北京:民族出版社,2001年版,第87—88页。
[9]湘西土家族编写组:《湘西土家族》,载《吉首大学学报》,1981年第2期。
[10]黔江土家族苗族简况编写组:《黔江土家族苗族简况》,1984年内印,第16页。
[11]夏裴等:《留住三峡的文化血脉》,载《光明日报》,1997年11月5日。

[12]湖北清江隔河岩考古队:《湖北清江香炉石遗址的发掘》,载《文物》,1995年第9期。

[13]湖北清江隔河岩考古队:《湖北清江香炉石遗址的发掘》,载《文物》,1995年第9期。

[14]童恩正:《古代的巴蜀》,成都:四川人民出版社,1979年版,30—37页。

[15]民国《永顺县志》卷6《风俗》。

[16]同治《保靖县志》卷2《风俗》。

(原载《中南民族大学学报》2003年第4期)

土家族茶文化散论

土家族是一个热情好客的民族。每有客人来临，除用土家族特有的罐罐茶招待外，还要请客人品尝土家族的土酒和油茶。有诗云“依山面水一家家，风土人情不大差。惟有客来沿旧俗，常须咂酒与油茶。”[1] 1984 年 4 月，时任总书记胡耀邦视察咸丰时，咸丰人民即用油茶汤招待了历史上第一次到咸丰的最高领导人。可见油茶在土家人心目中的珍贵。从土家先民巴人种茶、饮茶，迄今已有几千年的历史，茶作为人们生活不可缺少的生活资料，广泛地影响着土家人的经济生活、精神生活，形成了独特的茶文化。

一、土家族种茶饮茶溯源

茶叶是我国人民的传统饮料，土家人的先民巴人应是最早种植和饮用茶的族群之一。陆羽在《茶经》里写道：“茶者，南方之嘉木也。一尺、二尺乃至数十尺。其巴山峡川有两人合抱者。”有两人合抱的茶树，可以想见种茶历史不会短，所以《茶经》又记：“汉有杨雄，司马相如……之徒皆饮焉。滂时浸俗，盛于国朝，两都并荆俞间，以为比屋之饮。”荆渝间正是巴人的故地。《华阳国志·巴志》也载：巴地盛产“桑、蚕、麻、苎、鱼、盐、铜、铁、丹、漆、茶……香茗。”从以上推之，巴人种茶至少有 2000 年以上的历史。

巴人的制茶饮茶也很别致，《茶经》载：“巴川峡山，纫谷皮为之。……荆巴间采叶作饼，叶老者，饼成以米膏出之。欲煮茗饮，先炙令赤色，捣末，置瓷器中，以汤浇覆之，用葱、姜、桔子芼之。其饮醒酒，令人不眠。”

土家族人继承了巴人种茶的优良传统，同治《长乐县志·风俗》载：“邑属水浕、石梁、白溢等处，俱产茶。每于三月，有茶之家，妇女大小俱出采茶。清明节采者，为雨前细茶；谷雨节采者，为谷雨细茶，并有白毛尖，萌勾，亦曰茸勾等名；其余为粗茶。”清初大学者顾彩在《容美纪游》中写道，容美（今鹤峰县）“诸山产茶，利最溥，统名峒茶，上品者每斤钱一贯，中品者楚省之所通用，亦曰湘潭茶，故茶客来往无虚日。”民国《咸丰县志》也载：“山货如桐、茶、漆、棓、……多归外来行商专其利。”

早在17世纪初，五峰、鹤峰、长阳等地产的“宜红工夫茶”就远销俄、日、英、美、东南亚等国家和地区。鹤峰的“容美茶”在英国誉为“皇后茶”。建国后，“玉露”、“宜红”等列为名茶，远销海内外。现代科学研究表明，恩施土家族地区的茶叶含有对人体十分有益的硒元素，“富硒茶”已引起了国内外的广泛重视。建始县“富硒茶”被评为国际文化名茶，恩施“富硒茶”已列入湖北省星火计划进行开发。现在，茶叶在土家族地区广泛种植，并引进先进的栽培、制作技术，茶叶已成为土家族地区的支柱产业。

土家族居住地大多是海拔1000米左右的二高山和低山，终年云雾缭绕，气候温和，雨量充沛，土壤含的有机质丰富，黄壤和黄棕壤土分布广，茶叶生长有得天独厚的条件。因此，从古及今，土家族地区出现了不少名茶，择要简介如下：

真香茗。早在南北朝时期，巴东的“真香茗”已载入史册，任昉《述异记》载：“巴东真香茗，其花白色，如蔷薇。”《名胜记》也载：巴山“一蜂分三冈，形如金字。山产茶，色微白，即所谓巴东真香茗也。”从唐朝起，真香茗已成为贡品。直到明代，真香茗仍很有名，明顾元庆的《茶谱》载：“茶之产天下者多矣……巴东有真香茗。”现在，真香茗仍属名优茶。

伍家台茶。因产于恩施自治州宣恩县伍家台而得名。据考，当地有一个叫伍昌臣的人，在开荒时发现几十株野生茶苗，于是就将其辟为茶园。此茶非同一般，味甘，汤色清绿明亮，似熟板栗香。泡第一杯水，汤清色绿，甘醇初露；第二杯水，汤深绿中透出淡黄，方有熟板栗香郁；第三杯水，汤碧泛青，芳香横溢。即使头年的春茶密封于坛内，次年饮用，其色、香、味与新茶无别。由是伍家台茶驰名遐迩，官吏豪绅争相索购，并作为贡品献给皇上，皇帝赐予“皇恩宠赐”的金匾。从此伍家台茶名扬天下，其名至今不衰。

容美茶。恩施自治州鹤峰等地古称容美，容美茶因此而得名。此茶汤色黄绿明亮，叶底嫩绿匀齐，饮之，滋味鲜美醇和，自然花香持久，清香爽神，怡人心脾，虽多次冲泡，仍醇香绵绵。有兴奋、强心、驱火、清热之功效。1981年被定为地方名茶。1983年被湖北省农业局授予名茶证书。容美茶远销欧美各地，在英国誉为“皇后茶”。

宜红茶。产于五峰、长阳、鹤峰等县，至今已有1000多年的历史。17世纪开始成为出口商品，很受外商欢迎，远销欧洲许多国家。18世纪初“宜红茶”列为全国工夫茶第二名，各地客商云集收购，经汉口转运世界各地。现在，宜红茶仍属茶中上品。

现在，土家地区已广泛种植茶叶，在原有名品的基础上又创出龙井、松针、毛尖、雀舌、珍眉等品种。特别是硒的发现，土家族地区茶叶生产的前景将是十分广阔。

二、茶与土家民俗

第一，茶与饮食。茶叶作为饮料，在各地各民族中具有普遍性，但在土家人中，茶叶的饮用却与一般民族不同，具有浓厚的民族特色和地方特色。

土家族热情好客，招待客人自然离不开茶。客人来后，主人就在长方形的火塘里生起火，在土罐里盛上山泉水，待水沸后，放入茶叶，慢慢煎熬，直到熬成红色后才倒给客人喝，所以称为熬茶，或叫罐罐茶。这种茶色、香、味俱好，既解渴提神，又生津解暑。唐代诗人郑谷在《峡中尝茶》里写道：“簇簇新英摘露光，小江园里火煎尝。吴僧漫说鸦山好，述叟休夸乌嘴香。入座半瓯轻泛绿，开缄数片浅含黄。鹿门病客不归去，酒渴更知春味长。”现在土家族农村仍然流行喝熬茶，主客边喝茶边摆龙门阵，交流情感，传递友谊。

油茶汤是土家族的一大特产，构成土家族饮食文化的重要内容。同治《来凤县志·风俗》记道：“土人以油炸黄豆、包谷、米花、豆腐、芝麻、绿焦诸物，取水和油，煮茶叶作汤泡之，饷客致敬，名曰油茶。”同治《咸丰县志·风俗》也载：“油茶：腐干截颗，细茗，阴米各用膏煎、水煮，燥湿得宜，人或以之享客，或以自奉，间有日不再食，则昏愦者。”又云：“擂茶：取吴萸、胡桃、生姜、胡麻共捣烂煮沸作茶，此惟咸黔接壤处有之。”各处记载大同小异。

土家族喝油茶汤可能源于巴人，《茶经》载“以汤浇覆之，用葱、姜、橘子芼之”即与土家族人油茶汤的制作方法相似。直到现在，咸丰、黔江等地的土家族仍然保持了喝油茶汤的习俗，其做法、喝法与方志记载基本相同。即先把阴米、豆腐干、花生、芝麻、胡桃、包谷子等用油炸酥，然后舀起，再把锅里放油，放入茶叶。待炸变色后渗入山泉水，放些生姜，待沸后又放些葱蒜，即可食。其吃法，先把包谷子、阴米等放入碗里，渗入油茶汤，只能用嘴喝，不能用筷子。喝时必须把汤与浮在汤上的食物一起喝入口中，汤喝完，碗里食物也吃完。

初次食用的客人都会闹笑话，或把汤与食物一起嚼，或喝浮在汤上的食物。油茶汤油而不腻，清香可口，提神解渴。“一日不饮，则神不清爽。”[2]至今，部分土家族人仍是每餐不离油茶汤。

现在，土家族油茶汤已走向世界。1991 年 4 月在杭州举办的中国首届国际茶文化节上，来凤县土家族油茶汤表演队表演了 5 场，各国专家品尝后，普遍赞誉，并邀其参加当年 7 月在韩国釜山市举办的第七届世界茶文化节。[3]世代埋藏在大山中的土家族文化瑰宝终于得到了认可，成为世界饮食文化的一部分。

第二，茶与交往。由于土家族地区多名茶，于是茶叶自然成了人们交往的桥梁和媒介。

首先，茶叶是地方头目向中央王朝进贡的必不可少的特产。元以前，土家族居住地基本上实行羁縻统治，元至清雍正年间实行土司制度。为了加强与中央的联系，更重要的是为了确保在地方的实力，土家地区的头目或土司不断向朝廷纳贡，茶叶是贡品之一，中央则给予回赐。通过进与赐的关系，加强了中央对少数民族地区的统治，也加强了中央与土家地区的联系，促进了汉文化与土家族文化的融合。

其次，茶叶是民间交往的重要物品。茶除了待客以外，还是赠送友人的佳品，特别是土家族茶叶名气大，更是馈赠的上等礼物。据《彭水县志》载：宋代大诗人黄庭坚贬谪彭水时，多次给友人赠送茶叶，并写信介绍鄂西川东的茶叶质地好，“味殊厚”，“亦可饮”。清初伟大剧作家孔尚任的密友顾彩在今鹤峰客居数月，写下了洋洋几万言的《容美纪游》，他与土司王田舜年结下了深厚的情谊。临行时，田舜年赠给顾天石的礼物中有茶叶四篓。[4]现在，茶叶作为土特产品仍是赠送亲友的佳品，是加深友谊，蒂结情感的媒介。

第三，茶与喜庆。结婚、生孩子是人生几大喜事。而土家人的这两大喜事都与茶有关系。同治《咸丰县志·风俗》载：“聚亲，男家请媒，茶定谓之过门。随具仪物、庚贴，女家填写八字。”婚期定下来之后，结婚前一天男方要备盐、茶、米、豆到女方家过礼。结婚的日子，即是土家族人尽情娱乐的日子，除了唱哭嫁歌外，还举行拦门礼。当男方吹吹打打到女方家接亲时，女方家用桌子拦于门外。男方随轿来的礼官,必须上前与女方拦门官相互敬酒、点香、烧烛,一问一答讲起来,若男方讲输了,要备三茶六礼,方得进门。婚后第二天,要拜茶,这天早晨,新娘梳洗完毕后,由新郎引着端上茶盘向来道喜的亲友、长辈敬茶,长辈要给茶钱。对此同治《长乐县志·风俗》有载:"合丞,次日晨起,夫妇同拜见亲长,谓之见大小。……凡亲长受新郎新妇拜者,当时必有馈赠,名曰茶钱。"生小孩后,产妇的娘家亲戚要备礼物去看产妇及小孩,叫"送茶"。

由上观之,茶在土家人心目中是神圣和吉祥的代名词,它是人们联络情感,加深友谊的媒介。茶在土家人的生活中占有重要的地位,渗透于物质文化的各个层面,成为世界茶文化一株奇葩。

三、茶与土家文化

土家族种茶不仅历史悠久,而且很普遍,满山遍野的茶给土家人民的生活增添了生机和乐趣,他们爱茶唱茶说茶,留下了许多茶歌、茶诗、茶故事,形成了独特的茶文化。

第一,茶歌。有人说,土家族的茶叶好喝是因为出自土家姑娘之手,心灵手巧的土家女从小就学会了种茶、薅茶、采茶、炒茶、揉茶等活计,也从长辈那里学到了不知唱了多少代人的茶歌,代代相传,不断丰富和完善。在雨后初晴、春暖花开的日子,一群群土家姑娘背着背篓,挂上茶篮来到山坡,进入茶园,双手不停地采摘茶叶,口里不停地唱着茶歌,悠扬的山歌洒向山野。她们用歌消除劳作的疲倦,传递情谊;她们用茶歌赞美劳动,赞美生活,歌唱爱情;她们用茶歌送走黑暗迎来黎明,唱出太阳,迎来月亮;她们用茶歌抒发青春的热情,直到把歌传给下一代,终止了音符。

土家族的茶歌有几十种曲牌,如《采茶歌》、《小采茶》、《四季采茶》、《倒采菜》、《正月采菜》、《阳雀采茶》、《谷花采茶》、《红花采茶》、《蜜蜂采茶》、《荷包采茶》、《侥夫子采茶》《茶号子》等等。茶歌多为七言四句,与长期流行巴地的竹枝词极为相似,大多以季节月份为序抒发情感,诉说不平,托物言志,唱名人遗事,歌唱现实生活,随感而发,通俗易懂。所以《长阳县志》称其"俚而不俗,颇近竹枝"。不妨把丰富多彩的土家茶歌扼要叙述如下。

① 倾诉生活的艰辛。采茶是艰辛的,不仅头顶烈日,还会遭到暴雨的袭

击。采茶的季节农活繁忙，土家姑娘不仅要采茶、制茶，还要忙栽秧薅草，其辛劳是不言而喻的。土家族茶歌不少反映了土家姑娘终年忙碌而无甚收获的辛酸情状。如流行于黔江土家族苗族自治县的《采茶歌》唱道："五月采茶是新年，姐妹双双去拜年；有钱之人双双拜，无钱之人不拜年。""二月采茶茶发芽，姐妹双双去采茶；姐采多来妹采少，采多采少转回家。""四月采茶茶叶长，姐姐妹妹两头忙，大姐忙来秧又老，二姐忙来麦子黄"；"冬月采茶冬月冬，采茶姑娘要收工；人家茶叶担担有，我家茶叶担担空。"[5]劳累了一年，茶叶没有了，连过年的钱也没有，显然"好茶已入朱门里"，[6]是对人剥削人制度的控诉，是对不合理社会的抨击。

② 赞颂团结友谊。土家人在创造历史的过程中，为了抗御大自然的威胁，形成了互帮互助的传统。从生产到生活都互帮互助，修房造屋、栽秧薅草都依靠群体的力量。同治《来凤县志·风俗》载："四、五月耘草，数家共趋一家，多至三四十人。一家耘毕，复趋一家。"采茶也往往是集体劳作，采茶女结伴而行，边采边唱，充满姐妹间的深情厚谊的茶歌由此形成。如流行于黔江的《四季采茶》："春天采茶茶发芽，姐妹双双来采茶；风吹茶树凉风爽，姐妹双双摘细茶。""夏天采茶热忙忙，头戴绿帽遮太阳；野鹿含花归家去，姐妹双双收茶忙。"[7]

土家族茶歌，不少是以姐妹口气唱出来的。当然不只是姐妹俩，而是许多茶女，你唱我答，大家齐声合唱，使枯燥的劳动变得活泼轻松，沉寂的大山充满生气。茶歌不仅是采茶女之间情谊的表达，也体现了这个民族的精神和品格，土家人的热情、淳朴、互帮互助、乐于助人从茶歌中表现得淋漓尽致。

③ 乐观的民族精神的体现。尽管土家人的生活是艰辛的，但土家人对待人生，对待生活却是豁达乐观的。流行于建始一带的《茶山四季歌》唱道："春季里来茶发青，采茶姑娘笑盈盈。夏日炎炎三伏天，采茶姑娘在山间。秋风吹来菊花黄，炒的茶叶喷喷香。冬月里来雪花飘，茶女在家乐逍遥。"采茶制茶虽然辛苦，但土家采茶女却热爱劳动，热爱生活，蔑视不劳而获的行为，看重劳动和收获的喜悦。从茶歌中看到了一个勤劳、乐观民族的身影。

④ 对爱情的吟咏。爱情是人类生活中永恒的主题，土家族山歌中情歌的比例很大。土家人乐观浪漫，而青年人的爱情更具浪漫情趣。早先，土家青年的婚姻是自由的，流行于土家族地区的女儿会便是佐证。只是改土归流后才

有“父母之命，媒妁之言”的束缚。

土家青年往往以歌为媒，寄托情意，茶歌里也不乏恋情之作。如流行于鄂西一首茶歌唱道：“正月采茶是新年，我要上路看娇娇。三个伙计前面走，看着娇娇上茶山。”其大胆不亚于当代马路求爱者。情歌从山上唱到屋里，流行于黔江的茶歌唱道：“新打茶壶八角花，一心打来泡好茶。阿哥泡茶不出味，妹子泡茶格外香。”“吃你茶来领你情，茶杯照影影照人。连茶连杯吞下肚，十分难舍你人情。”[8]其恋情之深之浓跃然纸上，可谓如胶似漆，难分难舍。

如果说青年男女唱的（情）茶歌充满欢快和浪漫色彩，那么寡妇唱的茶歌却是一曲曲催人泪下的悲歌，是一个生死相恋的故事。流行于黔江的《寡妇采茶》唱道：“正月采茶正月正，采茶娘子去观灯。娘子观灯是无意，一心思念我夫君。……五月采茶是端阳，采茶娘子哭断肠。堂前摆起雄黄酒，不见我夫在哪方。……腊月采茶是冷天，风吹罗帐风冷霜，鸳鸯枕头空一个，棉被牙床空一边。”[9]这是一曲用心血、用泪水写成的茶歌，听后令人肝肠寸断，不得不为这位对爱情坚贞不渝的土家妇女掬一把泪。

⑤ 现实的赞歌。茶歌是土家人民千百年来一代一代创造承袭下来的文化瑰宝，但并不固守传统，千篇一律。随时代的发展，聪明智慧的土家人赋予茶歌以新的内容。如《四季采茶》唱曰：“冬天采茶高歌唱，姐妹双双收茶忙，北京城里亲人望，朔风冷月抢时光。四季采茶不一样，姐妹要学黄继光，采茶来到茶山上，要把茶山当战场。姐妹采茶一片心，办好茶叶出山村，卖给国家是正份，北京城里敬亲人。”[10]反映了土家人民在社会主义大家庭里获得了平等自主的权力，真正做了国家的主人后的爱国热情，她们要把好茶卖给国家，把一片赤诚之心献给北京城的亲人。这些茶歌是对党的民族政策的讴歌，是对新时代土家人民新风貌的讴歌。

茶歌表现形式丰富多彩，内容随境迁而变，通俗易唱，反复吟咏，能悟出许多人生的哲理，找到别具一格的审美情趣。从中可窥见土家姑娘心灵之美，知识之丰厚，意志之坚强。茶歌一代一代相传，也把采茶制茶的技艺和土家民族的精神传下来，影响及今。同时，茶歌也影响了文人文学的发展，充实了文人创作的内容。

第二，茶与文人文学。土家族无文字，只有语言，书面文学留下来的为数不多；加之种茶采茶制茶都是下层人民的事，所以在土家族文人的作品中写“茶”的作品并不多，尽管如此，我们仍然可以看到“茶”对文人文学的深远影响。

清代长阳土家诗人彭秋潭竹枝词写道：“轻阴微雨好重阳，缸面家家有酒尝。爱他采茶歌句好，重阳做酒菊花香。”“灯火元宵三五家，村里迓鼓也喧哗。他家纵有荷花曲，不及侬家唱采茶。”从以上竹枝词中，足见茶歌对文人文学的影响。茶歌不但为下层人民所喜爱，也为文人所赞赏。

文人作品也有写茶礼俗的。土家诗人田泰斗的竹枝词写道：“茶礼安排笑语温，三朝梳洗共回门；新郎影落新娘后，阿母遥看拭泪痕。”这是写的新婚夫妇行茶礼后回门的习俗。

还有写采茶的。大多是外地文人写土家人采茶的作品。清初文人顾彩在今鹤峰客居了 3 个多月，不仅对土家族的生活习俗、文化艺术、土司制度、兵刑政治有所了解，而且对土家人民生活也颇熟悉，他所描写的采茶人的生活十分真切。“采茶去，去入云山最深处。年年常作采茶人，飞蓬双鬓衣褴褛。采茶归去不自尝，妇姑烘焙终朝忙。须臾盛得青满筐，谁其贩者湖南商。好茶得入朱门里，瀹以清泉味香美。此时谁念采茶人，曾向深山憔悴死。采茶复采茶，不如去采花！采花虽得青钱少，插向鬓边使人好。”[11]此诗把土司制度下土家茶农的悲惨生活淋漓尽致地描绘出来。如杜诗一样抨击了不合理的社会，不愧土家采茶史诗。

土家茶歌影响历代作家的创作，如明代文学家杨升庵仿照土家茶歌作了一首竹枝词：“最高峰顶有人家，冬种蔓青春采茶。长笑江头来往客，冷风寒雨宿天涯。”[12]方志艺文志里也有不少优秀的茶歌，成为土家族文学园地中不可多得的产品。

第三，茶故事。民间故事来源于民间，是下层人民喜怒哀乐的反映。由于茶与土家人民生活息息相关，因此，通过土家人民的世代构思创造，生出许多茶故事来。这些故事或述名茶的来历，或讲神仙与茶女的恋情，或诉土王逼茶税，或说名人与名茶，内容繁多，表现了土家茶女（茶农）的勤劳机智、乐于助人、不畏强暴的品格。如《白鹤井》讲的是鹤峰出产一种有名的龙井茶，其香气飘到武当山，引起太乙真人的欲望，于是就派白鹤童子去察看茶香从何处飘来。童子循香察去，终于找到香气是从鹤峰一处茶园飘出，于是白鹤童子就留下来，向茶农向长生学习制茶技艺，并与向长生的女儿茶姑产生了爱情。土司王欲得到茶姑,就想方设法陷害白鹤,不料在害白鹤时,茶姑与白鹤同时掉进了龙井中。一对白鹤从井中飞起,此井从此即改为白鹤井。[13]

这个故事既讲了土家名茶的来历,也再现了土家人民的勤劳勇敢、不畏强暴的高贵品格;也讲述了土家族高超的制茶技艺,是土家人民生活的反映。故事情节生动感人,人们无不为茶姑和白鹤遭陷害而痛惜,又为他们化为比翼鸟而得到慰藉。它反映了土家人民在土司制度下希望获得自由幸福的美好向往,既是一个有趣的故事,又是研究土司制度不可多得的参考资料。

《武陵茶》讲的是清代著名人物张之洞到今酉阳土家族自治县去督考,途中劳累而睡,被蛇咬伤,茶叶上滴下的水珠正好滴在伤口上和嘴里,使他醒来。之后,他又慢慢走到一户人家,主人给他泡了一杯茶,张之洞喝后不仅全身舒爽,伤口也不痛了,张之洞就把此茶取为"武陵茶",从此成为贡品。[14]这个故事虽然有虚构成分,但不仅讲了武陵茶的来历,还讲了此茶的奇妙,既生津止渴,又解毒祛邪,表明土家人在编造故事时已经有了科学的理性思考。同时又表现了土家人助人为乐的品德,是一曲土家人与汉族人民团结友好的颂歌。

土家族的茶故事与茶歌一样,把制茶、种茶的经验和技艺代代相传的同时,也把民族的勤劳、勇敢、机智、乐于助人的美德和善于思考的习惯传下来,成为民族文化的宝贵遗产。

土家族的茶文化是土家文化重要组成部分,它经过巴人到土家人几千年的创造发展,不断丰富,成为中华茶文化园地中的奇葩,是振奋民族精神,发展民族经济的宝贵财富。特别是富硒茶的保健功用越来越被人们所公认,土家族的茶文化将显示蓬勃生机,成为振兴民族经济的巨大动力。

【参考文献】

[1]同治《咸丰县志》卷18《艺文》。

[2]同治《咸丰县志》。

[3]《鄂西报》1991年5月27日第2版。

[4]高润身注释:《容美纪游注释》,天津:天津古籍出版社,1991年版,第101页。

[5]黔江土家族自治县《民间歌谣谚语》(内刊)。

[6]黔江土家族自治县《民间歌谣谚语》(内刊)。

[7]黔江土家族自治县《民间歌谣谚语》(内刊)。

[8]黔江土家族自治县《民间歌谣谚语》(内刊)。

[9]黔江土家族自治县《民间歌谣谚语》(内刊)。

[10]黔江土家族自治县《民间歌谣谚语》(内刊)。

[11]高润身注释:《容美纪游注释》,天津:天津古籍出版社,1991 年版,第 48—49 页。

[12]四川社会科学院研究丛刊《历代三峡诗咏》。

[13]鄂西土家族苗族自治州群众艺术馆编:《鄂西民族民间故事传说集》(内部资料),1983 年编印,第 19—25 页。

[14]黔江土家族苗族自治县《民间故事》。

(原载《土家学刊》1997 年第 1 期)

土家族酒文化泛论

土家族是一个有着悠久历史的民族，土家族的酿酒也有悠久的历史，它对土家族人民的政治、经济、民俗、民族精神及民族文化都产生了深远的影响，形成了极富民族特色的酒文化现象。

一、土家族的酿酒源流

酿酒在原始社会末期已经出现。商代的甲骨文及以后的金文和石经，“酒”均写作“酉”，汉代以后，才出现“酒”字。

土家族的酿酒始于其先民巴人。《华阳国志·巴志》载：“川崖惟平，其稼多黍。旨酒嘉谷，可以养父。野惟阜丘，彼稷多有。嘉谷旨酒，可以养母。”《太平御览》卷53引《郡国志》载：“南山峡峡西八十里有巴乡村，善酿酒，故俗称巴乡村酒也。”《水经注·江水》也载：“江之左岸有巴村，村人善酿，故俗称巴乡清郡出名酒。”

我国古代的酒有“清”、“浊”之分。汉邹阳《酒赋》写道：“清者为酒，浊者为醴；清者圣明，浊者顽呆。”《酒谱》也记：“凡酒以色清味重为圣，色如金而醇苦者为贤。”即是说色清者方为上品。巴人能酿清酒，说明其酿酒技艺已超乎一般。所以，春秋战国时期秦国很欣赏巴人的清酒。秦国在与巴人的盟约中称：“秦犯夷(巴人)，输黄龙一双。夷犯秦，输清酒一钟。”[1]清酒之名贵可见一斑。

巴人不但能酿有名的清酒，还有酿制药酒的技能。谯周在《巴蜀异物志》里赞道：“文草作酒，能成其味，以金买草，不言其贵。”巴人将草药入酒，制成药酒，价值万金。直至唐代，大诗人杜甫仍对巴地的名酒赞赏不已，其诗云：“闻道云安曲米春，才倾一盏即醺人。乘舟取醉非难事，下峡销愁定几巡。”

土家族继承了巴人优良的酿酒技艺，并加以发展。史载，土家族居住地“民食稻米而外，包谷为大宗，兼以酿酒，贫富利赖。”[2]《方舆胜览》卷61记：“蜀地多山，多种黍为酒。民家亦饮粟酒。”此处蜀地指川东土家族地区。光绪《长乐县志·风俗》载：“其酿法，于腊月取稻谷、苞谷并各种谷配合均匀，照寻常酿酒法酿之。”顾彩在《容美纪游》中还记述了用龙爪谷酿酒的事实。

土家人酿造的酒大致有以下几种：

一为苞谷酒。土家族种植苞谷大约始于明，所以用苞谷做原料酿造酒应不早于明代。《长乐县志·习俗》：“邑惟包谷酒，上者谓堆花酒”。当今土家族山区普遍酿制的苞谷酒，是土家人最喜爱的酒。

二为咂酒，是以往土家族最有名、最富特色的酒。这种酒与古代巴人的藤枝酒有渊源关系。其酿法和饮法是以曲拌蒸晒干收贮。买酒者，吸完加水味尽而止，名曰咂酒。此指用龙爪谷制作咂酒的办法。同治《咸丰县志》卷7《风俗》载：“乡俗以冬初，煮高粱酿瓮中，次年夏，灌以热水，插竹管于瓮口，客到分吸之曰咂酒。”又云：“咂酒，俗以曲蘖和杂粮于坛中，久之成酒。饮时开坛，沃以沸汤，置竹管于其中。曰咂篁。先以一人吸咂篁，曰开坛，然后彼此轮吸。初吸时，味甚浓厚，频添沸汤，则味亦渐淡。盖蜀中酿法也，土司酷好之。”此外，《长乐县志·习俗》亦载有张、唐、田、向四姓家酿咂酒的情况。

咂酒也称杂酒，大约因以多种粮食杂酿而成之故。还有叫钩藤酒和藤枝酒的。乾隆《鹤蜂州志·杂述》载：“土俗尚咂酒。”《方舆胜览》卷61记：“民家亦饮粟酒。地产藤枝，长十余丈，其大如指，中空可吸，谓之引藤，故名藤枝酒。”此乃以吸饮的材料得名。

三为冬酒。“以冬月酿，至春三月开瓮饮之，色味俱似苏酒，颇佳。”[3]

四为糯米酒，也称甜酒。用糯米加苞谷酿成，装入坛中，待酿好后连糟一起食用。夏天可以加入泉水，可用竹筒轮饮。又称筒酒。

土家族的酿酒发展到今天，已发生了极大变化，极富民族特色的咂酒已不复存在了。受外来酿酒文化的影响，现代化的生产已用于酿酒行业，液体发酵，勾兑等技术应用到酿造业，酒的品种和类型更加丰富多彩，除苞谷酒外，各种曲酒、香槟酒、啤酒大量酿造，以至酿酒工业成为土家地区的一大支柱产业。

二、土家族的酒文化

1. 酒与土家民俗

酒渗透于土家族人民整个生产生活活动中，它与土家人民的宗教信仰、礼尚往来、民族性格、民风民俗结下了不解之缘。

第一,酒与祭祀。土家文化与巫术文化紧密相连,“信鬼尚巫”成为普遍现象。由于土家文化早先受楚文化、蜀文化的影响,后来又受汉文化及周围地域文化的影响,既保留了原始社会自然崇拜的遗迹,又吸收了汉文化的成分。因此,信仰庞杂,无绝对至高的偶像,随意性极大,因不同场合或不同需要有不同信仰,有信仰必然有各种祭祀活动和仪式,在祭祀活动中除给神唱歌送舞外,献牲送礼必不可少。在土家人众多的祭祀活动中,酒是必备之物。

土家族最信仰的是白虎神。若遇家有疾病,都到天王庙烧香许愿,待病好后,即前往神前献牲,请土老师礼祭还愿。祭毕则就神像前招族人亲戚畅饮。每遇有争论冤屈之事,也得到天王庙前盟誓,刺猫血滴在酒里喝下去,叫作“吃血”,祈求神断,吃血后必须发誓:“你若冤我,我大发大旺,我若冤你,我九死九绝。”事无巨细,吃血后不能反悔。吃血后三日,要献牲酬愿,谓之“侮罪做鬼”。[4]续修《鹤峰县志·杂述志》载:“大二三神,田氏之家神也。刻木为三,其形怪恶,灵验异常,求医问寿者,往来相属于道。神所在,人康物阜,合族按户计期迎奉焉。期将终,具酒醴,封羊豕以祭之,名曰喜神。”

《北山酒经》:“酒立于世也,礼天地事鬼神。”酒用于祭祀是世界文化史上的普遍现象,影响及至今日。土家人以酒祭鬼神只不过打上了民族的印记而已,成为民族酒文化的组成部分。

第二,酒与节令。节日文化是一个民族文化中不可缺少的元素。每个民族在生产、生活中出于某种需要都约定俗成了类型繁多的节日。土家族月月都有节日,所有的节日几乎都离不开酒。五月有春酒,道光《施南府志》载:“春酒彼此招饮。上九夜:龙灯狮灯,索宝驱疫,灯火花爆相竞,至元宵止。”二月有社酒;三月有祭山酒,四月有牛王生日酒,说的是四月十八是牛王菩萨的生日。同治《来凤县志·风俗》云:“宰豕为大脔糁,糯米蒸之,祭祖先兼延客”。五月有端阳酒,八月有送瓜酒,九月有登高酒。志云:“重阳,携酒登高,捣米粉为糕,曰重阳糕。”腊月有除夕酒,除夕“洁治酒馔,祀祖先。”[5]

以上观之,酒与土家族节日文化中占有显要位置,几乎到了无酒不成节的程度。

第三,酒与红白喜事。土家族长期生活在大山中,与外界接触极少,但每一群体内部却交往甚密,谁家有婚丧嫁娶、修房造屋、栽秧割谷等事,邻里都会主动帮忙。主人不给帮忙者工钱，热情招待即可，招待自然离不开土家人嗜爱的酒。土家人从降生即与酒结缘，酒伴随土家人的一生。

改土归流前，土家族青年男女的婚姻是自由的。后来受“父母之命，媒妁之言”封建思想的影响，当婚事定下之后，每逢节日或女家有大事小物，男方均得送礼。同治《长乐县志》云：“聘定之后，每于年节必多备酒盒，遍送女家族戚，谓之朝年。”娶亲前三天，男方派人挑上酒、肉及新娘的衣物到女家过礼，迎亲将及门，必于门外设一座，上列香、烛、酒、帛、鸡一只，或蛋一元、米一升，请士人端拱，祝回女家宅神。发亲之前，女家要办酒席陪十姊妹，整“戴花酒”。出嫁之日，女方兄弟穿着草鞋跟轿到男方家吃酒，叫“赶脚酒”。男方则要办陪郎酒。婚后三天新郎新娘回娘家叫回门，娘家要办“回门酒”。同时要给媒人办果酒一席，叫“接风酒”。土家人整个婚礼充溢着酒的气息，散发出浓浓的酒香。

接亲时，男方送一坛酒到女方家，待生小孩后，由娘家用这坛子装上甜酒送去，俗称“今天吃火酒，明年吃甜酒。”小孩出生后，要办酒席叫“送饭酒”。满一个月时要办“满月酒”，满周岁时要整“抓周酒”。

老年人过生日办的酒席叫“整生期酒”。老年人过世，要举行跳丧活动，歌舞相伴，边唱边饮酒吃黄豆，叫“喝黄豆酒”。对此，光绪《长乐县志·习俗》载：“家有亲丧，乡邻来吊，至夜不去，曰伴亡，于柩旁击鼓，曰丧鼓；互唱俚歌，哀词曰丧鼓歌，丧家酬以酒馔。”

此外，修房有“上梁酒”，木船下水有“启驾酒”，农事活动中有“栽秧酒”、“薅草酒”、“打谷酒”。土家人有事必有酒，事事不离酒，时时事事充满浓浓的酒味。酒在土家人的生活中无时不在，无所不有。

第四，酒与社交。土家人纯朴直爽，热情好客，每有客至即用最好的东西招待客人，酒更是不可少。同治《巴东县志》卷10《风土志》载：“惟后里人客至，则系豚开酒坛泡之以为敬，盖以酒连糟贮坛，饮时泡以沸汤，插筒其中，主宾吸之也。肘至膝以上全而献之，谓之脚宝，特以奉尊客。切肉方三寸许，谓之拳肉。酒以碗酌，非此不为敬。客初至，必揖主人妇，既饮，主人妇乃出进酒，否则以为慢。”清初伟大剧作家孔尚任的密友顾彩，于清初在今鹤峰县游居数月，写下了洋洋数万言的《容美纪游》，此书记载，每宴客必有酒，而且酒礼十分讲究。该书载：“宴客，客西向坐，主人东向座，皆正席，肴十二簋，樽用纯金。……酒饭初至，主宾拱手，众皆垂手起立，俟客举箸乃坐。……亦有适从田间来，满胫黄泥，而与于席间手持金杯者。……行酒以三爵为度，先敬客，后敬主人。”当顾彩临行前，土司王田舜年“悉召宾客将吏”饮，“至酒半，慷慨欷歔，泣数行下。”土家人好客的程度可见一斑。而土家人好客很大程度又以酒为媒，酒成了土家人传递情感、加深友谊的桥梁。

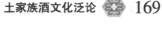

2. 酒与文艺

土家族的民间文化异常丰富，民间故事、五句子歌、穿号子、跳丧舞、摆手舞、铜铃舞、傩戏、南戏等雅俗兼有。由于酒的缘故，土家族文化园地中又多一束文化奇葩，即土家族的酒文艺。

第一，酒与文人文学。自从有了酒，酒就与文学结下了姻缘，所以有“对酒当歌”、“青梅煮酒论英雄”、“斗酒三百篇”等典故。似乎有了酒才有灵感、才有诗、才有歌、才有舞。翻开土家族文学史，在为数不多的文人文学作品中，随手可拾写酒的作品，饮酒、酒俗在土家族文人笔下变花样地反复出现。

土家族诗人田泰斗写了不少竹枝词，从中可找到许多写酒俗的歌。如“出门真果见嘉宾，当道华筵点缀新。四面箫声一樽酒，风前宛转劝冰人。”这首竹枝词写的是新婚后给媒人办接风酒的习俗。又如“敬酒人来立下方，衣冠郑重貌端庄。昨宵演过好辞令，一到筵前却又忘。”这首竹枝词描写的是在婚筵上选择一个能说会道者领着新郎敬酒的情景，虽然头天晚上彩排过，到得席前却忘光了，读后令人捧腹。

明末清初，在容美出现了中国文学史上少有的连续七八代的文学世家，他们的作品后来收入《田氏一家言》中。沧海桑田，兵戎不断，从残存的488首诗文中有数十首关于酒的作品。如田玄的“儿童未解意，柏酒过相劳”；田甘霖的“酒罢还吟咏，斜阳已就睡”；田九龄的“去年中秋月，去筵绿酒新”；田宗文的“嗷嗷猿声夜已分，松风寂历醉中闻”；田圭的“有酒常自酌，宛然古陶家”；田舜年的“兀坐琴三弄，间吟酒一巡”。[6]以酒赋诗，寄情言志，成为田氏文人群体作品中一项重要内容。土家人爱酒，土家文人更是癖酒。“癖诗癖酒癖烟霞”（田玄诗句），是土家文人共同的心态。正因为癖，才会感受深刻；感受至深，才能产生灵感；有灵感，才会有诗文。于是形成了独特的酒文学现象。

第二，酒与民间文学。民间文学产生于人民大众中，是劳动人民在生产生活中创造出来的，经过历代口传心授，不断丰富和完善。在丰富的土家族民间文学中。与酒有关的作品俯拾即是。

在歌谣方面,如《十二杯酒》以酒为引,把一年十二个月的气候变化和农事活动全部有序地排列出来,从"一杯酒儿正月定,立春已到迎新春,雨水有水不一定,一寸黄土一寸金"唱到"十二杯酒腊月定,小寒大寒水结冰,二十四节有一定,大寒到了动工程。"看起来似乎重复拖沓,实则通俗易懂,有较强的科学性,特别是每个月以"一杯酒"起头,起到提示和强调作用。又如《十杯酒》把土家青年男女恋爱过程的心态生动逼真地描绘出来。酒歌又成了恋人抒发情感的媒介。还有《斟酒歌》、《酒歌》等等。[7]犹如一本本生活风俗画卷,涉及土家族社会生活的各个层面,是一部不可多得的风俗史。

故事方面。与酒有关的也不少。如《土地佬找酒吃》、《酒鬼县官》、《酒谜》、《卖酒掺水》、《四秀才饮酒》等,一个个酒故事引人入胜,妙趣横生。一方面折射出土家人爱酒豪爽的民族性格,另一方面也讽谏了嗜酒贪杯的各色人物。一篇篇朴实生动的酒故事就如一部土家人饮酒的百科全书。

第三,酒与表演艺术。土家族的乐舞艺术继承了其先民巴人的某些成分,又加以发展。从巴人到土家族的表演艺术中,不难找到酒与艺术的亲缘关系。白居易《巴氏春宴》写道:"巫峡中心郡,巴城四面风。薰草铺坐席,藤枝注酒樽。蛮歌声坎坎,巴女舞蹲蹲。"诗中给我们展示了一幅古代巴人把酒观歌舞的情景。土家人进一步发展不仅饮酒"唱蛮俚曲",跳丧也饮酒助兴,特别是土家人饮酒观戏的习俗很是别致。

顾彩在《容美纪游》中记载:五月"十三日,以关公诞演戏于细柳城之庙楼,大会将吏宾客,君(田舜年)具朝服设祭,乡民有百里来赴会者,皆饮之酒,至十五日乃罢。"孔尚任在《桃花扇·本末》记,田舜年"每宴必命家姬奏《桃花扇》。"被称为土家艺术之花的南剧,也有饮酒观演的习俗。土家族饮酒观演不只是上层人物有此特权,"满胫黄泥者"、"乡民"也如此。表明饮酒看戏的普遍性、全民性。酒与表演艺术的结合,使人的艺术享受能达到完美的地步,证明土家人不仅会创造艺术,更会享受艺术。

3. 影响土家族酒文化的诸因素

民族文化的产生发展都受到政治、经济、地理环境、民族生活方式等多方面因素的影响和制约。纵观巴人到土家族文化的发展过程,也同样受到以上诸因素的影响。

首先是生产方式的制约。人类的饮食随社会的进步不断演进和发展。就目前我国的考古发现，酿酒是人类即将进入文明门槛的时候才有的事情，即是说酿酒是生产力发展到一定水平才会出现。马克思指出："物质生活的生产方式制约着整个社会生活、政治生活和精神生活的过程。"[8]

土家族酒文化的产生发展同样受着生产方式的制约。约在春秋时期土家先民巴人已开始酿酒，这从《华阳国志·巴志》和《水经注》等书中已反映出。巴人在这个时期出现酿酒业不是偶然的。当时，巴人的经济已发展到相当高的水平，《华阳国志·巴志》写道："土植五谷，牲具六畜。"农业已使用金属工具，农作物有黍、稷、麦、稻等；经济作物的种植十分普遍，特别是手工业十分发达，冶炼、煮盐、制茶、制丹、编织工艺、漆器工艺、化妆产品等与中原水平不相上下；都市业已出现，社会分工明显，产品交换频繁。

在生产力发展、社会分工日益扩大的基础上，有了较充裕的粮食和起码的酿酒工艺，于是巴人才可能酿酒。但受生产力发展的制约，巴人酿酒的数量很有限，只能作为珍贵的礼品和奉养父母的奢侈品。

宋代以后，牛耕在土家山区逐渐推广，耕地面积不断扩大，先进的耕作技术也不断引入，玉米等适应山地种植的农作物又传入山区。粮食产量不断增加，为酿酒提供了必要的物质基础。从此以后，苞谷酒、咂酒的酿造十分普遍。最迟在明清时期土家族地区已出现了较大规模的酒肆。不过，在相当长的时期内，土家族的酿酒工艺始终承袭了巴人的传统，无多大改变。

随着近代文明进入土家族山区，土家族的酿酒受到近现代工业文明的影响，情况不断变化。一方面，传统的作坊手工酿酒仍大量存在，主要酿造苞谷酒，但酿造咂酒的工艺已慢慢失传。另一方面，先进的酿造技术进入土家山寨。一是酿造设备和工艺现代化。有了流水线和液体发酵等工艺；二是酒的种类增多，除传统的苞谷酒、米酒、高粱酒外，曲酒、啤酒、猕猴桃酒、刺梨酒、花粉酒、土茯苓酒、蕨根酒等也大量酿制。使土家族的酿酒业发生了历史性的变化，在这一变化中起决定作用的仍是生产方式，是生产力发展和人的认识水平提高的结果。

其次是民族生活方式和民族精神的影响。民族精神和民族生活方式是构成民族文化的重要内容。物质生活决定民族的生活方式的内容，影响着民族精神，而生活方式和民族精神又反作用于物质生活，对经济活动起着推动或制约作用。

土家族是一个勇敢、豪放、乐观的民族，豪放的民族性格和浪漫的生活方式与酒恰是一对孪生兄弟。酒的饮用更强化了民族个性，使这个民族更加豪放，更无拘无束；反过来豪放的民族个性、乐观豁达的民族精神，重节日喜庆的民族生活方式，加速了酿酒业的发展，使酒文化更加丰富多彩。咂酒正是二者结合的产物。土家族的酒与民族生活方式、民族精神休戚相关，相互促进。土家族的生活方式和民族精神丰富了酒文化，酒文化又熔炼出一个勇敢豪放乐观的民族。

再次，地理环境的影响。土家族居住地气候温和，雨量充沛，终年云雾缭绕，空气湿度大，史称"烟瘴之地"。史载："山中侵晨。必有瘴气，非雾非云。弥漫山谷。""从岩邃谷间，水泉冷冽，非辛热不足以温胃和脾也。"[9]而酒恰有温胃健脾的功用。《饮膳正要》写道："酒，味苦甘辛，大热有毒，主行药势，杀百邪，去恶气，通血脉，厚肠胃，润肌肤，消忧愁。"因此，土家人嗜酒与地理环境和气候密不可分，饮酒可祛风除湿，温胃健体，有利健康。再则土家山区到处都有矿泉水，现代科学研究表明，鄂西土家族地区的矿泉水还含有微量元素硒，酿上等酒就必须有矿泉水。同时，土家地区出产的苞谷、高粱以及多种野生植物的根、茎、果实都是酿酒的上等原料。以上这些为酿制佳醇提供了必备条件。

总之，土家族的酒文化与土家族的社会经济发展、民族生活方式、所处的地理环境、生活观念、民族精神等密不可分。

【参考文献】

[1]《华阳国志·巴志》。

[2]光绪《黔江县志》卷5《风俗》。

[3]同治《来凤县志》卷28《风俗志》。

[4]《来凤土家族历史简编初稿》(内刊)，1980年编印，第35页。

[5]同治《来凤县志》卷28《风俗志》。

[6]中共鹤峰县委统战部等编：《容美土司史料汇编》，1984年编印。

[7]黔江《民间歌谣谚语》(内刊)。

[8]《马克思恩格斯选集》第3卷，北京：人民出版社，1972年版，第574页。

[9]同治《来凤县志》卷28《风俗志》。

(原载《湖北民族学院学报》1995年第1期)

土家族"赶仗"活动的历史文化考察

"赶仗",又称"赶山"、"撵山"、"赶肉"等,是土家山寨的一种传统狩猎活动。至今,在湘鄂川黔边土家族地区的边远山乡仍然保留着这一习俗。毫无疑义,"赶仗"对土家族的生存发展曾经起过重要的作用。因此,对其进行历史和现实考察,揭示其文化意蕴,对于理清土家族的经济发展脉络,认识土家族经济生活与文化的相互关系,正确处理现代化建设过程中协调发展等问题,都具有十分重要的借鉴意义。

一、"赶仗"活动的历史考察

土家族是居住在湘鄂川黔边武陵大山中一个古老民族,这里是中国腹部一块神奇而富饶的土地,山清水秀,资源十分丰富。海拔大多在 500～2000 米之间,是典型的山地地貌。气候温和,年均气温约 16℃左右。雨量丰沛,年降雨量在 1200～1600 毫米之间,很适合于各种动植物的繁殖生长。直至今日,仍有水杉、中华鸽子树、银杏、木莲、鹅掌楸等珍贵植物,以及白猴、金丝猴、娃娃鱼、香獐、锦鸡等珍稀动物,成为中国中部地区重要的动植物宝库。在远古的时候,这里的动植物种类之多,数量之大,是可以想见的。此种地理环境决定了狩猎在土家族先民经济生活中所占的重要位置。考古发掘证明,在土家族居住地区发现的早期人类遗址中,均有大量的狩猎工具和兽骨,如长阳人遗址、龙山里耶溪口遗址、大庸古人堤遗址、永顺不二门遗址、泸溪县浦市二中和五里洲遗址等,均发现有石球、箭簇、网坠、追击器等渔猎工具和大量兽骨。[1]特别是最新考古发现的早期巴文化——香炉石文化,更明晰地反映出土家先民巴人的渔猎生活情况。香炉石文化位于长阳土家族自治县渔峡口镇东南 0.5 公里的清江北岸,遗址堆积共分 7 层,第 1—3 层都有陶网坠,从第 2 层开始有骨器,第 3—7 层均有大量的骨器和兽骨,专家们认定,香炉石文化的经济生活中捕鱼和狩猎占很大比重。[2]由于香炉石文化跨越夏朝至东周时期,表明渔猎生活在这群人中长时期占主导地位。随着巴人不断向西和西南方向迁移,他们所面临的山越来越大,动植物资源更加丰富,渔猎是巴人及武陵山区其他族类生存的重要食物来源,狩猎活动显得尤为重要。秦汉时期,巴人的一支板楯蛮,以狩猎为职业,他们以白弩箭射杀虎豹,并得到了政府的褒奖。《汉书·地理志》记载,秦汉时武陵山区的各族“以渔猎伐山为业”。《华阳国志·巴志》记,蜀延熙年间,蜀政权还把川东土著5000人迁至蜀,任其为狩猎官。由此看来,三国两晋南北朝时期,狩猎仍是生活在武陵山的族类经常性的职业,否则,蜀政府是不会用其专门狩猎的。唐宋时期,武陵山区各族仍把狩猎作为生活的主要来源之一,善猎者,在社会上仍享有崇高的威望。据《永顺县志》和《龙山县志》载,唐末五代时,在湘西北有一著名首领叫吴著冲,其手下还有惹巴冲和春巴冲两名首领,他们的势力范围很大。据土家语专家考察,“吴著冲”按土家语本音应为“禾撮冲”,“禾”汉意为“围”,“撮”汉意为“猎”,“冲”即王的意思,“禾撮冲”即“围猎王”,即是率领当地人打猎的首领。可知,当时狩猎仍是有组织、有领导的全民性活动,打猎的首领就是地方最高军事和行政长官,狩猎对这群人的极端重要性不言自明。明清时期,狩猎在土家地区仍是一项重要的经济活动。明嘉靖《贵州通志》载:“省溪司土人,离治远,居幽谷深箐之间,常畏虎狼,昼耕则持刀弩往,暮则合聚同归。”乾隆《永顺府志》卷12记:“每冬狩猎,谓之‘赶仗’。”土司时期,武陵山区各土司向中央王朝进贡少不了虎皮等物,也可印证狩猎之盛行。直至20世纪五六十年代,土家族地区还有不少狩猎专业户。如贵州江口县太平土家族乡龙沛村狩猎专业户邓秀礼,湖北咸丰县小村狩猎专业户张天元,都是出名的猎手。邓秀礼在20年的专业狩猎期间,猎兽2500多只,并带出7个徒弟。[3]张天元世代狩猎,从父辈那里学得打猎的绝活。1954年至1962年,野猪横行咸丰等地,严重地威胁农业生产,张天元为首的狩猎队转战咸丰、利川、恩施、宣恩、来凤、四川黔江数县,猎获野猪、拱猪、狸猪、刺猪等兽害数以千计,为保护农作物做出了重要贡献。张天元两次出席全省劳模大会,受到省长的接见。[4]可见,狩猎在1950年代至1960年代仍是土家族地区一项重要的经济活动,是粮食丰收的重要保障。以上观之“赶仗”活动贯穿于土家族从愚昧走向文明,从落后迈向进步整个历史过程。

纵观土家族的“赶仗”活动,大致可分为以下几个阶段。第一阶段即原始狩猎阶段，无论是清江流域的长阳人和香炉石文化的人们，还是沅水和酉水流域的早期人类，都把狩猎作为必要的生存手段，因为住在武陵山区的原始人类，农耕和游牧条件都不具备，只有山中取之不尽的动植物和溪河里的鱼类才是他们维持生存的食物来源，离开狩猎这种获取食物的手段，这些早期人类要生存和繁衍是很难设想的。

第二阶段，从巴人进入湘鄂川黔大山区开始，直到唐末宋初。这一时期，“赶仗”是土家先民猎取生活资料的十分重要的手段。据《华阳国志·巴志》等史志记载，这一时期武陵山区各族已有了原始的农业，种植小米、荞麦、燕麦等农作物，但耕作方式是刀耕火种，生活方式落后，农作物也单一，而且为数不多的农田全部处于原始森林的包围之中。据乾隆《永顺县志》载，五代以前土家地区仍是“鸿蒙未辟，狉狉榛榛。”常健在《空灵山应田叟》诗中写道：“湖南无村落，山舍多黄茆。淳朴如太古，其人居鸟巢。牧童唱巴歌，野老亦献嘲。泊舟问溪口，言语皆哑咬。土俗不尚农，岂暇论肥硗。莫徭射禽兽，浮客烹鱼鲛。”唐代的湘西北一带仍是人烟稀少，人们构木为巢，语言不通，不重视农业，以渔猎为重要谋生手段。常健的诗简直是一幅土家地区的生活风情画面。北宋初年，土家人居住的山区还是“山岗沙石，不通牛犁，惟伐木烧畲，以种五谷。”[5]耕作方式仍十分落后，靠生产粮食毫无保障，特别是遇到自然灾害更难以为继，“赶仗”是食物的重要来源。因此，这一时期出现了众多的狩猎和围猎首领，正是他们在社会生活中的重要，才为人们所爱戴和尊重。

第三阶段，从北宋到清朝雍正年间改土归流，“赶仗”是土家人生活资料的补充手段。“赶仗”一方面可以增加食物，更重要的是为驱赶野兽对人畜、庄稼的侵袭。宋初，土家地区引进了牛耕技术，以后又逐步引进了玉米、红薯等适宜山区种植的农作物，并引进了简车等提水工具，农业生产有了较快发展，但耕地仍处于山林的包围之中，庄稼经常受到野猪、麂子、猴子、老鸦等禽兽的侵袭，史载：“山深林密，獐、兔、麂、鹿之类甚多，各保皆有猎户。”[6]若无“赶仗”活动，粮食就难以得收。解放初期，土家族地区全民性的赶麻雀和大规模的赶野猪足可证实当时“赶仗”的重要。

第四阶段，约从改土归流设县至20世纪五六十年代，“赶仗”主要是为了守护人畜庄稼，其次才是为增加食物。雍正年间土家族地区基本上实行了改土归流，纳入中央的直接控制下。随着汉文化的大量渗透，汉族地区的先进生产技艺、生产工具和农作物更多地引进土家族地区,农业生产有了新的发展,但是,武陵山区的自然生态除人口增多,伐木烧畲的面积扩大而损坏部分外,整体自然生态未遭大的破坏,禽兽仍然严重地威胁农业生产和人畜,所以大规模的"赶仗"活动持续到20世纪五六十年代,主要目的是保证粮食丰收,同时也获得一些食物。

第五阶段,从1960年代至现在,"赶仗"一是为了娱乐;二是为了弄点野味。由于1950年代末大办钢铁,大片森林被毁。后来,随着公路的兴修,人口猛增,土家族地区的森林更是遭到毁灭性的破坏,老虎等一批禽兽慢慢消失,野猪、麂子等也急剧减少,禽兽再也构不成对庄稼和人畜的威胁。所以,"赶仗"的目的也发生了变化,逐步由生产性转变为娱乐性和牟利性,"赶仗"活动的规模也越来越小,次数也越来越少,随着森林面积减少,社会的进步,"赶仗"活动将逐步退出历史舞台。

二、"赶仗"活动之概貌

土家族的"赶仗"活动在史志上记载不多,从民国《永顺县志》卷36《杂事》所记可看出其大致情形,湘西北一带"林深密箐,原皆土官围场,一草一木,不许轻取,每冬狩猎,谓之赶仗。先令舍把头目等视虎所居,率数十百人用大网环之,旋产其草,以犬惊兽,兽奔,则鸟铳标枪立毙之,无一脱者。"土家山寨的"赶仗"大致如上所记。早先的赶仗不受季节的限制。后来,由于农业生产的发展,"赶仗"多在粮食成熟的秋天和农闲的冬天进行。"赶仗"前要有充分的准备,猎狗是必不可少的,土家山寨几乎家家养狗。有的大寨子有上百头狗,这些狗除看家外,主要为了狩猎,猎狗是要经过训练的。其次要准备好"赶仗"工具,猎网、角哨、套扣、弩枪、标枪、火铳、猎刀、棍棒都是自制的赶仗工具,往往由赶仗的组织者准备。其三,准备干粮,外出"赶仗"有时需要很长时间,所以必须带足食物。其四,合理分工,"赶仗"前往往由有经验的老猎手分工,一般分为侦察组,土家人叫"理脚迹"或叫"点脚印",由富有经验的猎手组成,他们能掌握野物出没的规律,可以根据野物的脚印、粪便、窝巢等准确地判断出野物的种类、大小、去向、经过的时间;环网组,土家人叫"守网"、"安壕",由勇敢强壮的人组成,事先将猎网安在野兽经常经过的道口上,待其经过落网;堵卡组，又称“断堑”、“守道口”，由枪法准、刀法快、沉着勇敢的人组成；闹山组，即赶山组，由嗓音宏亮、眼好脚快的人及猎狗组成。其五，问卦、祭祀梅山神。做了以上准备工作后才开始“赶仗”。

一切准备就绪后，“赶仗”队伍就浩浩荡荡出发了。出发前，一般来说都确定了到达的目的地。到达目的地后，侦察组就开始“理脚迹”，寻找猎物的去向；守网组和堵卡组也各就各位，闹山组带上猎狗从围场的入口处进入猎场，正式开始“赶仗”，这时其他各组都静默待守，唯闹山组边赶边吼，当猎狗大声狂吠时，意味着所赶之物受惊而逃。这时，角声四起，闹山组紧追不舍，其他各组严阵以待。狂奔的野物不顾一切地逃命，不是落网，就是上卡，很少逃脱。有时赶一野物要赶几天几夜。捕获猎物后，要喊三声“啊伙”，吹几声角哨，让“赶仗”的人都知道猎物已落网。

接着，就把猎物抬回家，边走边吹角哨，表现出满载而归的喜悦心情，猎物抬回家后还要祭一次梅山神。接着就分配猎物，其分配原则是：除杀死猎物的人得兽头和颈部肉（土家人叫“项圈”）外，其余严格按“山中野物，见者有份”的原则平均分配，谁也没有意见。在整个“赶仗”活动中，大家都恪守祖传规矩，不轻取他人猎具和猎物。若两班“赶仗”的人在山中相遇，一方捕获另一方所赶猎物，必须两班平分。

三、“赶仗”活动的文化考察

土家族“赶仗”不仅是这个民族经济活动的重要组成部分，也包含了深刻的社会文化功能，蕴藏丰富的文化内涵，是研究土家族历史文化的珍贵资料。

1. 再现原始社会遗风

土家族的“赶仗”活动就是一幅原始社会生活的图景。其一，从土家族“赶仗”组织者的推选看，与原始人类推选氏族部落首领有相似之处。“赶仗”的组织者不是靠军事或行政的特权成为组织者的，而是在于他有丰富的狩猎经验，他的经验和胆识为周围的人所信服，从而成为“赶仗”的首领，任何人不会有异议；组织者也无特权，分配给他的猎物与其他人完全一样，他往往要出猎网、猎狗等“赶仗”工具。其二，从“赶仗”的组织方式上看，与原始先民的集体狩猎有相似之处。土家人的"赶仗"也是集体活动,往往是全寨子出动,自发地组合,只要听到角声,人们就自然地聚合在一起。大家一齐到猎场,齐心协力"赶仗",捕到猎物一起抬回家,自始至终体现出团结友爱、共同劳动的情景。其三,从"赶仗"活动的信息传递看,与原始人类传递劳动信息相似。"赶仗"活动从组织到结束均以角声和吆喝声传递信息,这种信息传递方式正是原始人类遗留下来的。其四,从分配原则看,与原始先民平均分配相似。"赶仗"所获猎物严格按"山中野物,见者有份"的原则平均分配,无论小孩、妇女都是如此,这与原始人类共同劳动、共同享用劳动果实完全一样。

土家族"赶仗"活动源于原始人类的渔猎生活,由于土家先民直至今天的土家族所处的自然环境未发生根本性改变,致使其获取食物的方式得以延续,于是"赶仗"的组织方式、信息传递方式、分配方式也代代相袭。这种鲜活的民族学资料不仅是研究土家族早期社会组织和经济生活的重要依据,也是研究整个人类早期社会组织和经济活动的重要参考材料。

2. 铸造勇敢的民族精神

土家族在历史上以勇猛著称,"天性劲勇" 是这个民族的基本品格之一。土家族勇敢的民族精神与其居住的自然环境、所依赖的经济生活、所参加的众多征伐战事都有密切联系,"赶仗" 应是铸造勇敢强悍民族性格的重要因素。史载:"板楯蛮夷者,秦昭襄王时有一白虎,常从群虎数游秦、蜀、巴、汉之境,伤害千余人。昭王乃重募国中有能杀虎者,赏邑万家,金百镒。时有巴郡阆中夷人,能作白竹之弩,乃登楼射杀白虎。昭王嘉之,而以其夷人,不欲加封,乃刻石盟要,复夷人顷田不租,十妻不算。"[7]板楯蛮是土家先民的一部分,泱泱秦国独板楯蛮能射杀虎王,说明其勇猛无敌。射杀猛虎又反过来铸造着勇敢的民族精神。《华阳国志·巴志》载:"涪陵郡,巴之南鄙。……土地山险、水滩,人多憨勇,多獽蜑之民。……汉时,赤甲军常取其民。蜀丞相亮亦发其劲卒三千人为连弩士,遂移家汉中。延熙十三年,大姓徐巨反。车骑将军邓芝讨平之。……乃移其豪徐、蔺、谢、范五千家于蜀,为猎射官。"以上记载反映出川东土家族地区各族强悍无敌,特别善于狩猎。善于狩猎者必须具备勇敢沉着心理素质,经常性的狩猎活动使勇敢者更勇敢,强悍者更强悍。清初著名文人顾彩在《容美纪游》还记载了土家族地区以搏虎训练勇敢沉着的心理素质的情况,"一人搏虎,二十人助之,以必毙为度","纵虎者重罚",对"得禽则倍赏当先者"。正是经常性的训练,才铸造了一个勤劳勇敢的民族。

在土家族文化深层中,善于"赶仗",敢于与猛兽搏斗的人就被视为英雄,如《摆手歌》中歌颂的日客额、地额额等都是善狩者。善狩者就有勇敢强悍的性格,人们就敬慕他们、服从他们、祀祭他们、歌颂他们。带领土家人"赶仗"的吴著冲因其勇敢善于狩猎,被尊为首领,大家愿意服从他的领导,后虽被彭瑊和向柏林所害,当地人民至今还崇拜他。被土家人奉为猎神的梅山神(梅嫦神),她机智勇敢,擒过不少野猪、豹子、狗熊、老虎。一次为了除掉伤害百姓的野猪(有的地方说是老虎),她首先用计连杀了六头凶猛的野猪,后来在与一头老母猪搏斗中摔下悬崖。土家人把她视为英雄膜拜,把她作为勇敢的象征礼祭,"赶仗"前后都要为她烧香化纸,隆重祭祀。如果透过宗教信仰的外衣,可以透视到这个民族对勇敢者的崇敬,也正是通过对这些英雄的崇拜使勇敢的民族精神代代相传,使之成为民族进步的精神动力。

3. 形成与其关联的文学艺术

文学艺术来源生活,再现生活,是生产劳动的产物。由于"赶仗"伴随土家族从愚昧走向文明,从远古走到今天。因此,"赶仗"活动与土家人的精神活动结合,形成了众多的表现猎狩活动的文艺作品,在土家族古老的摆手活动中,保留了《打猎歌》,歌词唱道:"背铳就往树林走,走进树林去赶猴。拿铳撵猴三整天,猴子跑得屁股冒红烟。公猴母猴胆也大,跑上岩坎就打架。拿起铳来点着药,猴子死在岩坎脚。"[8]《打猎歌》还描述了土家先民追捕老虎的情形。《打猎歌》是用土家语传唱的,说明其形成时间较久远,是土家先民"赶仗"活动的真实记录,这些记录不仅把狩猎经济生活如实记载下来,还把狩猎技术一代代往下传,是生产知识教科书。在《摆手歌·日客额地客额》等篇中也有为数不少对狩猎场面的描写,歌词往往是对善于狩猎、敢于与猛兽搏斗的英雄们的礼赞,既是对土家族狩猎活动的如实记载,也是对勇敢民族精神的传扬。在土家族众多的民间传统故事中,不少涉及"赶仗"场面,如《锦鸡和巴西》、《土喇叭的来历》、《新婚三日不同房》等都有关于狩猎情节的描写。特别是关于土家猎神——梅山(梅嫦)的传说,更是广泛流传于川鄂湘黔边大山中,人们构造各种感人的情节和场面歌颂她的机智勇敢、沉着冷静、勇于牺牲的高贵品质,为了使她作为丰碑耸立于土家人民心中，传说她死后成为神仙，统领和指挥百兽，所以“赶仗”人家均设有她的牌位，“赶仗”前后都要顶礼膜拜，这样才会得到她的护佑。关于梅山神的传说是所有猎狩故事的极致作品，有了她，其他作品就黯然失色，土家人的愿望、理想、品格和民族精神都可以从中体现出来。土家族的其他民间文学作品，如民歌、谚语、歇后语等都或多或少地涉及狩猎活动。形式多样、表现生动的“狩猎”作品，成为土家族民间文学的一株奇葩，不断教育和鼓舞着土家儿女。

艺术与文学是一双姐妹，而艺术更能形象地再现先民们的生产生活。在土家族传统舞蹈摆手舞中，有模仿“赶仗”的动作，特别是大摆手舞中，对土家先民的“赶仗”有较完整的模仿。在雕刻编织工艺作品中，也有不少猎狩场面。如唐崖土司石牌楼的雕刻就有生动的狩猎场面。艺术的模仿比文学描述更生动、更真切，传授狩猎技术更直接，教育功能更强。

由于土家族无文字，早期文学作品都是用土家语口耳相传。由于早期人类的文艺作品大多是对先民们的生产、生活活动的直接记录或描绘，所以“赶仗”这种场面宏大、充满血与火的活动成为先民永远难忘的故事。经过加工，或编为歌谣传唱，或构成故事传承，或融入舞蹈传扬，或摹绘于墙壁展现。一方面给土家族文艺百花园增添了生动、鲜活、感人的内容；另一方面，也把狩猎技艺、民族的品格和精神代代相传，极大地丰富了土家族文化的内容。

4. 滋生了一种宗教礼仪

由于“赶仗”是土家先民获取食物的重要手段，所以狩猎收获的大小直接关系到整个民族的生存繁衍。“赶仗”是一项全民性的活动，也是一种神圣的职业。在生产力水平十分低下的情况下，原始人类对自身和大自然的认识时常出现偏颇，特别是在“赶仗”活动中，经常会受到猛兽的伤害。为了避免伤害，捕获更多的猎物，土家先民只得借助神的力量。在长期的狩猎活动中，土家先民认识到了武陵大山中最凶恶的野兽莫过于野猪和老虎(所以至今仍有“头猪二虎”的说法)，于是他们就塑造出能与野猪和猛虎搏斗的女猎手梅山这一英雄形象。这一构造是费尽苦心的，按生活常识“赶仗”主要是男人的事，但猎神的塑造者恰恰把这位神祇附于一个年轻女子身上。若撇开母系氏族公社时期狩猎生活中遗俗，塑造者的动机在于：女性都能与武陵山中最凶恶的野猪、老虎搏斗，并战胜了它们，那么对于男性战胜这些猛兽该是轻而易举的事，对男性无疑是一种鼓舞，此其一；其二她是老猎手的女儿，门第纯正，有家传技艺；其三，她与野猪或老虎搏杀是为民除害，有大义凛然、大公无私的品格；其四，能杀死六只野猪（老虎），与最后一只最凶恶的老母猪（老虎）同归于尽，具有战胜最凶恶野兽的胆识和能力；其五，死后成为神仙，统领和指挥百兽，符合人们理想；其六，她是一女性，有引诱猎物进入圈套的寓意。土家人套野鸡用媒子，即以驯化的野鸡引诱野鸡上当。土家猎神梅山又称为媒嫦，实际上也是土家人狩猎时与野物打交道的媒介，所以造一个女神比男神更具吸引力和欺骗性。所以土家人铸造了一个最理想的女神作为猎神。造神的过程，实际上也是土家先民认识自然、逐步战胜自然的过程，也是“赶仗”活动反思和经验总结。土家人完成了猎神的塑造，于是生活中又多了一位神仙。打猎的人家都立有她的牌位，有的立于家神旁，有的设于屋后，有的设在房屋的左右僻静的地方，也有的设在宅第附近的岩洞里。每月初一、十五必须焚香化纸，这两天不得高声喧哗、谈笑，凡狩猎工具要放在猎神旁边，每次出门打猎都要祭祀她，获猎物后还要感谢她。学狩猎的人拜师前和出师后都要为梅山神焚香化纸，出师后要设“梅山坛”。梅山神不仅成为猎人们崇拜的偶像，也成为勇敢民族精神的象征，至今不衰。除崇拜梅山神外，个别地方供奉“三洞梅山王”，上洞“赵大王”，中洞“李大王”，下洞“付大王”。传说三洞梅山王均是“飞山王”的部下，还有的地方在行猎前敬事管神，这种现象应为土家文化多元性的表象。可以肯定，梅山神才是土家人最尊重的猎神，她集真、善、美、正义、勇敢于一身，她才是土家人民族精神和民族品格的代表。

四、结语

通过对“赶仗”活动的历史文化考察，可以看出它对土家族生息繁衍、发展壮大的积极作用，并随之形成了以“赶仗”为核心的狩猎文化。如果说以往的“赶仗”是为了战胜大自然，追求人类的文明进步，求得人与大自然的平衡，那么今天的“赶仗”活动完全失去了往日的积极意义，与保护环境、保护生态平衡完全是背道而驰的。因此，纠正土家人在历史上形成的“赶仗”生活方式，禁止捕猎已成为土家族地区经济建设和社会持续发展的当务之急，只有保护好武陵山区这块难得的绿色家园，才能保证土家族社会持续稳定的发展。

【参考文献】

[1]湖南省博物馆:《湖南沅江中下游古文化遗址调查》,载《考古》,1980年第1期。

[2]王善才、张典维:《湖北清江香炉石遗址的发掘》,载《文物》,1995年9期。

[3]贵州省志民族志编委会编:《民族志资料汇编》(第9集),1989年版,第99页。

[4]咸丰县民族事务委员会等编:《咸丰文史资料》第5辑,1996年编印,第248—249页。

[5]《太平寰宇记补缺》卷119《施州》。

[6]咸丰《长乐县志》卷12《风俗》。

[7]《后汉书》卷86《南蛮西南夷列传》。

[8]《土家族文学史》编委会编:《土家族文学史》,长沙:湖南文艺出版社,1989年版,第35页。

(原载《怀化师专学报》2000年第3期)

土家族最早的戏剧世家

一、容美文化发展之概说

戏剧作为民族文化的重要组成部分，与整个民族文化的发展分不开，戏曲是一种综合性的表演艺术，是民族文化发展到一定阶段的产物。容美戏曲艺术的产生，是与其整个文化发展密不可分的。

容美，历史上又称柘溪、容米、容阳。处武陵山区之东部，地势险要，山川秀丽，物产富饶，风俗淳美，犹桃源胜境，世为土家先民居住。从唐元和元年(806年)到清雍正十三年(1735年)930年间为田氏驻守。容美田氏不但继承了巴人勇敢善战的传统，还大倡文教，以教治民，文化事业繁盛一时，成为湖广最强大的土司之一。

容美田氏土司在治政过程中，重视文教，实行文化开放政策。容美土司从第五世土司田世爵起，即大倡文教，他认为“贼乱之祸，始于不明大义”。要消除内乱，必须“知书识礼”，故“以读书为义方，且躬履戎行”，“以读书严课诸男”。第七世土司田九龙“于群书一览不忘”，第九世土司田玄“为储子三十余年，未尝见其疾言狂笑，惟日与诸弟信夫名圭，宾友宋两许、欧河沙数辈，质疑询难，角韵唱和以为常。”第十三世土司田舜年“博览群书”。[1]从田世爵以后，容美土司代代文礼兼备，他们都有专门读书的地方，还举办“诗会”等文化活动[2]，以此推动司内文化的发展。

手段之一，学习引进汉文化。容美地处偏僻，土家族又无文字，除了民间巫术、歌舞、传说故事之外，文人文化是一片空白。因此容美土司把引进先进的汉文化作为第一要务。从田世爵起，即与荆州、武昌藩道官府往来密切。史称“公天性轻财，重结交，与荆州藩、道、府，无不密契。”其子田九龄“从华容孙太史学，……喜交游，足迹遍两都，所交与唱和者多当时名士。”田沛霖率同母诸弟，刻意向学，“遨游荆、澧、湖湘之间，士人有才望者，率折节引为同社。”田甘霖"警敏嗜书，弱冠补博士弟子，入楚围。"[3]田舜年时期，不但与荆楚文人往来，与当时的著名文人孔尚任、顾彩等人也往来甚密。总之，从田世爵起就派子弟外出求学，学习汉文化。外出学习以荆州为主，田舜年及子孙均在荆州读过书。

手段之二，办学校，延引汉文化名人到容美教授。土司王田楚产"为官舍子弟及民间童稚，置塾延师以教之"。田甘霖"并创立学宫"。[4]从教的老师来源有二，一是土司王请来，如清初著名文人顾彩就是田舜年请来的，随同到达容美的名儒有50多人；二是因战乱、政治避难等到容美的。1607年，张献忠攻占荆州，南明遗老及荆州、公安文人墨客到容美避难，这些人成为传授汉文知识的主要承担者。像公安的雪斋、白珩、毛廓庵等都教过容美子弟。所以《田玄世家》记载："明末兵乱，绅缙上流避地相依，如彝陵文相国铁庵、黄太史，宜、枝、松滋、远安、归州，梅昭平君燮及公安姓族，不下数十辈，公皆官养，始终无倦。"[5]清初到容美的文人更多，顾彩在《容美纪游》中载："客司中者，江、浙、秦、鲁人俱有，或以贸易至，或以技艺来，皆仰膳官厨，有岁久不愿去者，即分田授室。"他们对传播汉文化起了重大的作用。

手段之三，与汉文化人互唱和。容美因交通极为不便，为了学习汉文化，历代土司王以信件等形式与汉儒唱和。明太史严守升在《田信夫诗集·序》中写道："容美田氏，居楚要荒，汉家待以不臣，故名利心净。然其先世世尔雅，与吾邑(即华容)孙氏、油江(今公安)袁氏倡和不歇。"清初田舜年与著名剧作家孔尚任等亦有书信来往。长达十二卷的《田氏一家言》中许多是唱和之作。

手段之四，发展本民族文化。在引进的同时，容美土司十分注重发展本民族的文化，把先进的汉文化融入本民族文化之中，并加以发展创新。因此，土家族文化艺术空前繁荣，出现了连续七八代的文化人群体。从田九霄起，代代文武双全，"通经史，解音韵"。田九霄"学问渊赡，神采异常，兼有文武之资。"田九龄"高才积学，以诗文齐名七才子。"田九龙"于群书一览不忘"。田楚产"其天性嗜声律"。田玄"才名足擅一时，……所著有《金潭咏》、《意草笠浦》等书"。田沛霖"富于文辞，章疏笺答，千言立就。"田既霖"为文隽佚淡宕，大有魏晋之风。"田舜年"博洽古文"，"能文章"。[6]这种代代相承，连续七八代的文学世家在中国文学史上也是少见的。

文学成就累累。散文有《万全洞记》、《万人洞记》等。剧作有《许田射猎传奇》、《古城记》等。诗歌特别突出，“冠绝古今，卷帙盈笥，烂然如万花谷。”田舜年时期将先祖及自己共七八代之诗集，辑成《田氏一家言》，由田九龄的《紫芝亭诗集》、田宗文《楚骚馆诗集》、田玄《秀碧堂诗集》、田圭《田信夫诗集》（附田商霖《田珠涛诗集》）、田霈霖《镜池阁诗集》、田既霖《止止亭诗集》、田甘霖《敬简堂诗集》、田舜年《白鹿堂诗集》等汇编而成。读其诗“如探幽选胜，处处移怀，而锦绣璀璨，膏馥沾人，受用不尽。”

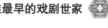

史学得到发展。土司王田舜年著有《二十一史撮要》、《二十一史补遗》、《容阳世述录》、《五峰安抚司列传》、《石梁安抚司列传》、《水浕安抚司列传》等，为研究容美乃至整个湖广土司的历史文化留下了宝贵财富。

容美经过几代土司的苦心经营，向外大力引进，自身耕耘不舍，文化成就可以与华夏媲美，并形成了中国文学史上少有的家族作家群体，其戏剧世家正是在此基础上产生的。

二、容美田氏戏剧世家钩沉

人世沧桑、兵燹事变，加之历代统治者轻视对少数民族历史的记载，对容美戏曲活动的记载只能在一些诗文、游记、家谱、方志中找到一鳞半爪。尽管如此，仍可窥见明清时期容美戏曲活动之大概。

被誉为开创田派诗风鼻祖的田九龄，著有诗文二十卷，从仅存的两卷残本中我们仍可看到他游北京、吴越、武当、荆州、武昌时，观看歌舞、戏剧的情景。如诗：“江汉风流化不群，管弦久向日边闻。”“漫夸武士千钧壮，倘许词人百战优。”“泽在漫寻游猎迹，台荒空忆管弦秋。”“郢里佳人最善讴，听来何客不忘忧，一声意外阳关曲，翻恨尊前有莫愁。”“弦诵武城译化日，阳春郢里和歌年。”田九龄诗中还用戏剧人物比拟，如“凭将尺八专诸铁，报尽人间事不平。”这种用戏剧术语写诗，在田九龄以后各代的诗歌中屡见不鲜。

田九龄的侄子田宗文常游荆州等地，与公安派袁小修等人“倡和不歇”，他在《楚骚馆诗集》里写道：“挥洒定应饶楚调”，说明容美在明代已有了“楚调”。

田宗文之后，从田楚产始，容美便出现了精通戏则的五代戏剧世家，《田楚产世家》载：“其天性嗜声律。”只可惜再没找到关于田楚产的戏曲活动情况。

田楚产的长子田玄(1590—1646)“角韵唱和以为常,虽隆冬盛暑,手不释卷。”与荆州文人往来密切。因征剿李自成、张献忠领导的农民军有功,与封于荆州的惠王关系密切,惠王拥有一个数十人的戏班子。田玄得到皇帝嘉奖,教养有一定规模的戏班子很有可能。所以田玄在《甲申除夕感杯》诗里写道:“纵说青阳好,笙歌辍市廛。”“繁华暗欲歇,歌舞漫催深。”田玄能在诗里写出戏剧行话,可见他对戏曲并不是一般的了解。

田玄的四个儿子中,有三个对戏剧很内行。长子田沛霖在《封侯篇》里写道:“一剧二剧三四剧,板腔不必寻规矩。”次子田既霖在诗里写道:“堂阶停舞袖,乐部罢鸣鼗。”“艳舞将移节,芳心寄落梅。”三子田甘霖也有“哀咏欲取动神听,欢舞方能御田祖。”“佩书弦,水为证……怪我痹扬雄病。”等诗句。甘霖的原配夫人覃美玉“不仅识字,颇知音律”。以上足以证明,田玄父子时期,容美已有一定规模的乐舞戏剧班子。

如果说在田甘霖以前属容美戏剧活动初创时期的话,那么到第四、五世戏剧世家田舜年父子时期,容美的戏剧活动已进入成熟期。田舜年不仅在治政方面功绩卓著,而且爱好十分广泛,除吟诗读史外,对戏剧有特殊的感情。他从小受到戏剧艺术的熏陶,袭职后,更是大力发展戏剧艺术。他亲自主持修建了众多的戏园、戏厅、戏房。每逢宴客、祭祖、节日、诗会都举行演出。在民间选取青年男女组成戏班子,延引艺人教授。还派人把孔尚任的名剧《桃花扇》引入容美,搬上舞台。孔尚任在《桃花扇本末》中记道:“楚地之容美,在万山中,阻绝入境,即古桃源也。其洞主田舜年,颇嗜诗书。予友顾天石(即顾彩)有刘子骥之愿,竟入洞访之,盘桓数月,甚被崇礼。每宴必命家姬奏《桃花扇》,亦复旖旎可赏。”《长乐县志·杂记》也载:“九蜂(即田舜年)宴客,女优恒演《桃花扇》侑酒。”田舜年的儿子田丙如也是戏剧行家,也养有一个水平很高的戏班子。从已能得到的资料表明,田舜年父子时期容美已形成了独具特色的戏曲艺术。

第一,有了水平较高的戏班。田舜年父子各养了一个戏班子,为戏班子事,父子不时发生矛盾。顾彩在《容美纪游》中记道:“君喜人誉其女优。客之谀者,必盛言丙如女优之劣,以为万不及父。君则曰:‘彼字且不识,安责知音?’及观丙如戏,又言太都爷行头潦倒,关目生疏,不如主爷教法之善。丙如辄曰:

‘老父固强为知音者！’有识已知其父子之不和矣。”戏班子是从民间选择的，据载，容美土司“任意取进学戏”，女子尤多。除演戏外，还侍奉土王和客人，顾彩记道：“其二女旦皆剃发男装，带刀侍立如小校，丙如之行眷也。”所以改土归流后鹤峰第一任知州毛峻德在乾隆元年发布的禁令中指出：“旧日民间子女，缘土弁任意取进学戏，男女混杂……应予禁止。”戏班子不但演“容阳竹枝词”、民间小调，还演汉族名剧，在全楚“也称上驷”。有如此高水平的戏班子，表明容美戏剧已趋成熟。

第二，有供演出的戏园、戏房、戏厅。计有宜沙别墅天成楼、细柳城众春园、中府百斯庵、宣慰司署戏楼、爵府槿树园、来阁园、天兴楼、夫子庙、关公庙、长松园、半间云等。有众多的演出场所，想必演出活动也频繁。

第三，多种形式的演出活动。每逢宴客、祭祖、节日、诗会、关公生日等活动都演戏。《容美纪游》载：“宴客，客西向坐，主人东向坐，皆正席，肴十二簋，樽用纯金。可笑者，于席间横一长几，上下各设长凳一条，长二丈，丙如居首，旗鼓及诸子、婿与内亲之为舍把，及狎客之寄居日久者，皆来杂坐，介于宾主之间，……亦有适从田间来，满胫黄泥，而与于席间手持金杯者。其戏在主人背后，使当客面，主人莫见焉（余始至教令开桌分坐，戏在席间，然反以为不便云）。”又载：“（五月）十三日，以关公诞演戏于细柳城之庙楼，大会将吏宾客，君具朝服设祭，乡民有百里来赴会者，皆饮之酒，至十五日乃罢。”各种演出活动，观众不仅有土司僚臣、客宾，还有广大山民，大有与民同乐之氛围。众多的演出活动，没有较高的演出水平是难以想象的。

第四，学习司外技艺。前已论及，容美大力引进学习汉文化，其中也包括戏曲艺术。一方面请进来教。顾彩记：“客司中者，江、浙、秦、鲁人俱有，或以贸易至，或以技艺来。”凭技艺来的人当中肯定少不了懂戏剧的。特别是顾彩这样的戏剧行家在容美居住达数月，对推动容美的戏剧活动起了不可低估的作用。另一方面，派人到外学习，前已述及田氏与荆州、武昌，特别是公安袁氏倡和不休，而容美的戏曲“终带楚调”，是否学来的？很有可能。田舜年时，除与孔尚任有书信往来外，还专派舍把唐柱臣“游京师，谒孔东塘先生，从之学诗。”有的学者认为唐柱臣应是从孔先生学戏，目的是为了引进名剧《桃花扇》。由于容美土司田氏广泛学习，所以到田舜年统治时，楚调、苏腔、梆子腔都为艺人所吸收。

第五,多种声腔同台演出,集花、雅部之大成。《容美纪游》载:“女优皆十七八好女郎,声色皆佳,初学吴腔,终带楚调。男优皆秦腔(所谓梆子腔是也),反可听。”其子田丙如的戏班水平略胜父一筹,“丙如自教一部乃苏腔,装饰华丽,胜于父优,即在全楚亦称上驷。”顾彩作为一个戏剧行家,鉴别声腔该是不会错的。他对田氏戏班有如此高的评价,可知其水平不同一般。

第六,已出现了本民族的导演、剧作家。田楚产、田玄、田甘霖等因资料所限,还难以确定能否导演戏剧,那么田舜年、田丙如父子已完全可以确定是戏剧的导演行家。前已述及他们各教一个戏班子,而且水平还不低。孔尚任在《长留集》中写道:“舜年诗文甚富,亦有传奇数种。”一是见于《鹤峰州志》上的《许田射猎传奇》,二是见于清姚燮著的《今乐考证》上的《古城记》,其他可能已散失。以上二者都写的三国故事,后者与古本不同,并列入“花部”。可见所唱声腔,不是南北路,即是梆子腔。

通过以上论述可以看到,若从田九龄算起到改土归流,容美田氏已有连续七代戏剧世家,若从田楚产起,也有五代。像这样的文化现象在中国文化史上,特别是在少数民族文化史上是难以找到的。特别作为地处荒徼的土司,能站在人类文化的前沿,实行文化开放政策,大力引进汉文艺,使其文艺水平达到相当的高度,是令人敬仰的,应载入中华文化艺术史册。

三、田氏戏剧世家产生的效应

容美田氏戏剧世家形成于17世纪至18世纪,是土家族戏剧艺术发展的重要阶段,对土家族文化艺术的发展产生了深远影响。

第一,对土家族南剧的形成奠定了基石。南剧又称南戏,施南调,俗称“人大戏”,是流传于鄂西土家族地区的地方剧种,深受土家族、汉族等人民的喜爱,南剧的奠基者应是容美田氏,这至少从三点证明。

首先,从地域看,土家族南剧流行的地区正是过去容美土司辖地或相邻的地方。容美土司管辖鹤峰、五峰以及建始、恩施、巴东、长阳一部分,与宣恩、来凤等县相邻,南剧流行于建始、鹤峰、恩施、宣恩、来凤、咸丰等县,基本与古容美地吻合。这是由于改土归流后,被土司王“任意取进学戏”的青年男女凭所学技艺流落到民间谋生,传播戏剧艺术,使田氏所创艺术得以在过去容美土司辖地及邻县继承下去。

其次，从南剧唱腔看与容美戏剧有连续性。容美田氏戏班“反可听”的秦腔——梆子腔，与土家族南剧的上路声腔有直接的渊源关系，从鄂西戏台上雕刻的《封神榜》、《打金枝》等梆子剧目，以及上路声腔所用的类似秦腔的“盖板子”主奏乐器梆梆，都足以证明。梆子腔从清初容美田氏开始，经鄂西艺人融合创造，逐渐成为鄂西各族人民喜爱的南剧特种声腔。

从容美田氏戏班恒演《桃花扇》起，就唱“吴腔”、“苏腔”，到施南府清军操防营早期昆腔活动直到嘉庆初年，入赘施南府副将的樊继祖家“晓昆山音律”，彭邦鼎传播昆曲，昆曲在南剧里保留了一些剧目及曲牌，其连续性仍然明显。

关于“楚调”，17 世纪初，田九龄、田宗文等与公安派袁小修等人“倡和不歇”，田宗文诗里就出现“楚调”，到康熙年间顾彩看到的田舜年的戏班“终带楚调”。有人认为“楚调是汉调南北路的前身”，那么容美戏班的“楚调”与南剧的南北路声腔的连续性也很明显。

其三，从演出习俗上看，容美田氏戏班与南剧亦有连续性。容美戏班有关公诞演及宴饮看戏的习俗，南剧亦有此习俗，并一直保留到解放前夕。

第二，汉文化与少数民族文化交融的结晶。容美田氏戏剧世家的出现，除田氏数代人的努力创造外，更重要的是汉文化与土家文化交融的结果。前已论及，容美历代土司通过走出去请进来的方式，加之容美是避难的好去处，结识了大批名流，其中不乏戏剧行家，于是将秦腔、楚调、苏腔、吴腔传到容美，并融入当地土俗、民歌、小调，使之成为具有民族特色的地方戏，最终形成了土家族的南剧。这一事例说明，中华民族文化是各族人民共同创造的，汉族离不开少数民族，少数民族离不开汉族。

第三，少数民族必须实行开放政策。容美土司文化能辉煌一时，能产生连续七八代的文学世家和戏剧世家，不是土司闭关自守靠世袭传承下来的，而且遵循“文化绿色植物效应”的结果，即既吸收，又放出。中华几千年的文明发展史看，中原地区总是比周边少数民族地区经济文化发达，所以少数民族学习先进的汉文化势在必行。容美田氏在“蛮不出境，汉不入峒”的禁令下能打破禁令，实行文化开放政策，不惜一切学习先进的汉文化，致使容美的文化艺术昌盛近一个世纪，提高了土家族在中国文化史上的知名度，同时也给当今留下诸多的启示:少数民族经济文化要振兴,必须实行开放政策,接纳当今一切先进的科技文化和管理方式,同时保持民族特有的优秀成分,把二者融为一体,我们的民族才能永远立足于世,民族文化也才能弘扬千秋。

【参考文献】

[1] 见《田氏族谱》世家 11。

[2] 高润身校注:《容美纪游注释》,天津:天津古籍出版社,1991 年版。

[3] 同治《宜昌府志》卷 3《人物志》。

[4] 《田氏族谱》卷 1。

[5] 中共鹤峰县委统战部等编:《容美土司史料汇编》,1984 年编印,第 96页。

[6] 严守升《田氏世家》,引自中共鹤峰县统战部等编:《容美土司史料汇编》第 88-103 页。

(原载《民族艺术》1992 年第 4 期)

从《桃花扇》上演看土家族早期戏剧活动

清初伟大剧作家孔尚任(东塘)在其《桃花扇本末》中写道:“楚地之容美(今恩施土家族苗族自治州鹤峰县等地),在万山丛中,阻绝入境,即古桃源也。其洞主田舜年,颇嗜诗书。予友顾天石(顾彩)有刘子骥之愿,竟入洞访之,盘桓数月,甚被崇礼。每晏必命家姬奏《桃花扇》,亦复旖旎可赏,盖不知何人传入。或有鸡林之贾耶?”孔先生提出这一疑问是很有道理的。

其一,鄂西容美,历来被视为“蛮峒”之域,交通闭塞,文化落后,真正的“下里巴人”之区,历代封建王朝都对此地实行羁縻怀柔政策,元明清三代设土司于此。在这样一个“万山丛中,阻绝入境”之地,上演《桃花扇》确难以令人置信。

其二,《桃花扇》于康熙三十八年(1699 年)六月“三易稿而书成”,康熙四十六年(1707 年)于天津刊行,在此之前唯有王公贵族的抄本。然而孔先生的密友顾彩于康熙四十二年(1703 年)二月游容美期间已见《桃花扇》在容美地广为上演。“九峰(田舜年的号)宴客,女优恒演《桃花扇》”(《长乐县志·杂志》)。所以孔先生大吃一惊。

其三,《桃花扇》通过对李湘君、史可法等典型形象的描写,讴歌了具有正义感和民族气节的爱国精神,刺伤了清王朝统治者。虽然《桃花扇》问世后,“王公荐绅,莫不借钞,时有纸贵之誉。”“长安之演《桃花扇》者,岁无虚日。”在北京盛演“故臣遗老”,“掩袂独坐”、“唏嘘而散”,可是在上演的第二年,孔先生就被免职,回故里闲居,《桃花扇》的命运就可想而知了。在这样的情况下,《桃花扇》却在僻远的少数民族地区上演。激动欣喜之余,孔先生不免纳闷,这到底怎么回事?

顾彩是孔尚任的密友,他们曾合作写过《小忽雷传奇》,那么顾彩在容美看到的《桃花扇》演出情况应是确切无疑的。要解开孔老先生提出的这个千古之谜,必须分析《桃花扇》上演的可能性和怎样传入。

鄂西容美地,自汉唐以来世为土家族之大姓田氏驻守,自宋代起,建立了世袭的家天下——土司制度。这里地处偏僻，民风古朴，愚昧落后，重尚习武，绝少文艺，实行愚民统治，由此造成内乱不断，互相残杀。从土司王田世爵开始，一反以往土司的愚民政策，深感“贼乱之祸，始于不明大义。”要使内乱平息须得“知书识礼”(《田氏家谱》)。从此开始引进和推广汉文化，“严课诸男”，派人到京师、武昌求学。以后的土司王田九霄、田九龙、田楚产、田玄、田霈霖、田甘霖、田舜年都十分注重吸收汉文化，于是容美出现了自己的文人群体。有《田氏一家言》、《敬简堂诗集》等作品问世，容美渐渐有华夏之风，成为湘鄂西川东地区文化重镇。

随着文化的发展，交流日盛，外地来容美经营、游历、传艺的人越来越多。“客司中者，江、浙、秦、鲁人俱有，或以贸易至，或以技艺来，皆仰膳官厨，有岁久不愿去者，即分田授室”(《容美纪游》)。在与外地文化交流中，丰富多彩的土家民族文化不断与外来文化融合，于是土家族的戏剧开始出现。土司王田玄在《甲申除夕感怀》里写道：“纵说青阳好，笙歌辍市廛。”“酸心诉画角，优忧厌铃靴。”“繁华暗欲歇，歌舞漫催深。”田既霖依韵和诗：“堂阶停舞袖，乐部罢鸣鼗。”“艳舞将移节，芳心寄落梅。”田霈霖在《封侯篇》里更明确写道：“一剧二剧三四剧，板腔不必寻规矩。”可知，早在明末，鄂西土家族地区已有了戏剧表演艺术。

发展到清初田舜年统治时，也即是《桃花扇》脱稿时，容美的戏剧已基本成熟。

其一，有了专门戏班子。田舜年和其子田丙如各有一个戏班子，为戏班子事，父子还产生了矛盾。顾彩写道：“君喜人誉其女优。客之谀者，必盛言丙如女优之劣，以为万不及父。君则曰：‘彼字且不识，安责知音？’及观丙如戏，又言太都爷行头潦倒，关目生疏，不如主爷教法之善。丙如辄曰：‘老父固强为知音者！’有识已知其父子不和矣。”这些戏班子的成员都取于民间，史载，容美土司“任意取进学戏”，特别是女子犹多。所以容美改土归流后第一任知州毛峻德在乾隆元年发布禁“恶习”的禁令中指出，“旧日民间子女，缘土弁任意取进学戏，男女混杂，……应予禁止。”有了专门戏班子，应该说戏剧活动已成熟。

其二，多种声腔同台演出，集花部、雅部之大成。顾彩在《容美纪游》中写道：“女优皆十七八好女郎，声色皆佳，初学吴腔，终带楚调。男优皆秦腔，反可听(所谓梆子腔是也)。丙如自教一部乃苏腔,装饰华美,胜于父优,即在全楚也称上驷。"顾彩是戏剧的行家里手,当然能鉴别各种声腔,他对田舜年父子戏班子的表演予以高度评价,可见其水平超乎一般。

其三,有专供演唱的戏厅、戏楼、教戏房。"宣慰司署……堂后则楼,上多曲房深院,……楼之中为戏厅","宣慰司行署在平山街,……诸郎君读书处在槿树园,下坡为戏房,乃优人教歌处。""(五月)十三日,以关公诞演戏于细柳城之庙楼。"(均见《容美纪游》)在田舜年统治期间,修了众多的戏楼、戏厅。

其四,别致的演出形式。"亦有适从田间来,满胫黄泥,而与于席间手持金怀者。其戏在主人背后,使当客面,主人莫见焉(余始至教令开桌分坐,戏在席间,然反以为不便云)"(容美《纪游》)。可见宴客观戏不只贵宾,也有农夫。又载:"(五月)十三日,以关公诞演戏于细柳城之庙楼,大会将吏宾客,君具朝服设祭,乡民有百里来赴会者,皆饮之酒,至十五日乃罢(容美《纪游》)。"大有与民同乐的气氛。可见戏剧演出之普遍。

其五,出现了土家族自己的剧作家和导演。土司王田舜年为戏剧世家,他自己更是戏剧爱好者和行家,他写有《许田射猎传奇》和《古城记》。前已述及田舜年与其子各教一个戏班子,都达到了相当高的水准。

以上分析不难看出,容美在康熙年间已具备了上演《桃花扇》的条件,"旖旎可赏"也是情理之中的事。

那么田舜年为什么要引进名剧《桃花扇》?前已论及,田舜年对戏剧有特别嗜好,当他知道大剧作家孔尚任的名字后,就派舍把唐柱臣游京师,"谒孔东塘先生,从之学诗。"也即是说,早在《桃花扇》问世后,田舜年已与孔尚任有了交往,当《桃花扇》问世后,田舜年立即投诗称赞《桃花扇》,孔尚任依韵回赠,在题记里写道:"舜年诗文甚富,亦有传奇数种。"(见《长留集》)后来孔之好友顾彩游容美数月,也是在孔尚任举荐下方成。共同的爱好使中原文人与荒徼土司王结为知音。田舜年要引进《桃花扇》已是自然之事。

同时《桃花扇》的内容与田舜年的思想很合拍,从许多资料可以看到田舜年有反清复明思想,如他曾接受吴三桂的敕封。共同的思想,共同的命运,《桃花扇》自然成了他们寄托情怀的最好载体。可见《桃花扇》在脱稿后很快在边远的鄂西少数民族地区上演，是孔、田双方共同促成。

总之，在清初《桃花扇》脱稿时，容美的戏剧活动已相当活跃，并达到相当高的水准。正当《桃花扇》和其作者遭受不幸时，容美土司王田舜年却对《桃花扇》产生了特别的兴趣，当然孔尚任也希望《桃花扇》继续上演。因容美处于万山丛中，中央政权鞭长莫及，加之有演名剧的戏班子，《桃花扇》上演成为可能，《桃花扇》的上演又推动了土家地区戏剧艺术的发展。

（原载《民族艺术》1991 年第 4 期）

研究综论

土家族研究的历程及其特征

关于新中国成立后的民族学发展历程，学者们进行了广泛的研究和讨论。多数学者认为，新中国的民族学应该分为三个阶段或三个时期：1949—1958年是新中国马克思主义民族学确立时期，1959—1978年是新中国民族学萧条时期，1978到现在是新中国民族学繁荣发展时期。王建民、张海洋、胡鸿保等撰写的《中国民族学史》下卷认为新中国民族学经历了三个大的阶段、五个时期：三大阶段是“文化大革命”以前、“文化大革命”时期、“文化大革命”以后。五个时期是，1950年初至1957年“反右派斗争”开始之前，是民族学在中国得到恢复和发展时期；1957年“反右派斗争”开展以后到1966年“文化大革命”开始之前，是民族学艰难发展时期；1966年“文化大革命”开始到1978年十一届三中全会召开，是民族学学术发展遭受严重灾难时期；1978年到1992年，邓小平南巡讲话之后改革开放方略的确定，是民族学在中国重新恢复和再发展时期；1992年至今，是民族学在中国走向开放和学术转型的时期。[1]土家族研究与中国民族学所走的历程大致一致。但同时也表现出自身的特征。纵观土家族研究所走的半个世纪的历程，大致可分为奠基阶段（1950—1957年）、曲折发展阶段（1957年反右派斗争开始—1966年“文化大革命”爆发）、停滞阶段（1966—1978年）、复兴阶段（1978—1987年）、全面推进阶段（1988年—现在）。

一、奠基阶段

早在1930年代，著名学者凌纯声、芮逸夫赴湘西调查苗族情况，1948年出版了《湘西苗族调查报告》，对土家族的风俗习惯有所记载。凌纯声、芮逸夫二位先生离开湘西后，石启贵被聘为补充研究员，继续对湘西少数民族进行调查，在其《湘西土著民族考察报告》等成果中都有关于“土人”的记载。1941年，卢美意先后在《青年之声》上发表了《湘西现代文化对于中国文明之贡献》

和《湘西历史文化之新发现》，也涉及对土家历史文化的认识和估价。由于当时土家族未被当局确认，所以调查研究者往往用苗族统而言之。

真正对土家族的研究始于 1950 年代初期。这一阶段的调查研究主要是配合落实党的民族政策，确认土家族的民族成分，实行民族区域自治而进行的。解放初期，湘西以田心桃为代表的一部分“土家”同胞多次向湖南省、中南局和中央有关部门的领导反映：“土家”有自己的语言和风俗习惯。于是引起了有关领导的关注。1950 年，田心桃以苗族代表的身份随同中南区少数民族国庆观礼团到北京参加国庆周年庆祝活动，在此期间，田心桃向中央有关领导反映了“土家”的一些情况。当时，中央为了进一步掌握各少数民族的语言情况，事先拟了一篇稿子，然后选一名代表到中国科学院语言研究所翻译成各民族的语言，田心桃代表“土家”录了音。录音完毕，罗常培教授说：“土家语是属藏缅语族。”于是引起了中央的重视，特派人类学、民族学、语言学专家杨成志教授对田心桃进行了专访，田心桃按要求用土家语翻译了许多词汇，并向杨教授讲述了土家的生活习俗和遗存的文化，还通过杨成志教授向中央赠送了“西兰卡普”等工艺品。[2]罗常培和杨成志教授对田心桃的采访和对土家语的研究，拉开了建国后土家族研究的序幕。

1950 年代，土家族研究的直接目的是为了识别“土家”的民族成分。因此，按照斯大林关于民族的四大要素对土家族的语言、历史、经济生活、风俗习惯等进行了调查研究，而重点又放在语言和历史两个方面，研究方法则采用了实地调查与文献相互印证的民族学与传统考据学相结合的方法。这一时期的研究成果主要体现在以下几个方面：

第一，在语言研究方面。因为在斯大林关于民族的定义中，“共同语言”是确认一个民族成立与否的关键条件，因此，最先对土家族的研究是从语言开始的。自罗常培和杨成志教授对田心桃讲的土家语进行录音研究后。1952 年，著名语言学家严学宭教授深入湘西北“土家”聚居区，对永顺、龙山、泸溪等地的土家语作了大量的调查工作，并写了十多万字的调查报告。[3]1954 年，著名语言学家王静如教授根据严学宭、汪明瑀等人的调查，结合方志对土家语的记载，写成了《关于湘西土家语言的初步意见》一文，文章通过比较研究后认为：土家语是属于汉藏语系藏缅语族接近彝语支的一种语言。[4]1955 年 3 月至 6 月，湘西北的土家族教师彭武一为了给各级党委和政府确认“土家”的民族成分提供依据，写了《湘西土家语言句法初探》一文，通过对土家语和云南的彝语进行比较研究后指出："湘西土家语言列入汉藏语系藏缅语族彝语支是非常正确的，不容置疑的。"[5]王静如先生认为土家语接近彝语支，而彭武一先生则完全肯定土家语是彝语支。此外，中央和地方调查组的调查中都涉及土家语的问题，只是未做深入研究罢了。

第二，在历史研究方面。土家语作为一种独立语言被认定后，就涉及这个民族的历史渊源，为了弄清土家族的渊源关系，潘光旦先生经过几年的艰辛劳动，于 1955 年完成了《湘西北的"土家"与古代的巴人》一文，用大量的事实论证了土家族是由古代巴人发展而来的。[6] 1957 年向达、潘光旦在《湘西北、鄂西南、川东南的一个兄弟民族——土家》的联合发言中，再次强调了巴人是土家先民的观点。[7]潘光旦先生的研究不仅奠定了土家族历史研究的基石，而且为土家族的最终确认起了十分重要的作用。这一时期土家族历史研究还有一项重要成果就是彭武一撰写的《湘西土家人民古代历史研究纲要初稿》，这篇文章是彭武一先生在 1955 年 2 月至 3 月写成，也注明"为提供各级党委识别民族成分作参考用"，所以作者的目的十分明确，反映了当时"土家"知识分子希望确认民族成分的迫切要求。彭武一通过考证认为："土家古代历史是异常悠久的。它来自甘肃和四川这个方向，它的远祖是戎中之氐，它的近祖是巴子国遗族中的板楯蛮。"[8]其观点与潘光旦先生有相近的地方，但所取的论证材料却有差异。

彭武一的文章虽然没有公开发表，但在当时却引起了一场争论，1956 年 12 月，湖南省政协民族工作组就土家问题举行了讨论会，瞿崇文、何汉文等围绕彭武一的《湘西土家人民古代历史纲要初稿》作了长篇发言，他们的发言基本上否定了彭武一的观点。[9]这场由土家问题所引发的争论对进一步弄清土家族的族源及土家族民族成分的确认都有促进作用。只是这些资料至今仍封存在档案馆里，未被大多数人所见到。

第三，调查研究成果。1950 年代初，为确认土家族的民族成分，对土家族地区进行了几次大的调查。自 1952 年严学窘先生深入湘西北土家地区进行调查后，1953 年 9 月，中央民族学院研究部中南民族研究室汪明瑀等一行深入湘西北龙山的苗市乡和多谷乡，保靖的昂洞乡，永顺的凤栖乡等地进行调查，这是中央组织的调查组第一次深入土家地区调查。调查结束后，1954 年由汪明瑀执笔写成了《湘西土家概况》，这个报告较全面地反映了当时湘西北土家族的人口、经济发展水平、社会组织、风俗习惯以及与相邻民族关系等情况。[10]这个田野调查报告是目前所见到的最早的专门反映土家问题的实录报告。1956年夏天，中央土家问题调查组在谢鹤筹的率领下又深入到湘西北的永顺、保靖、龙山等地调查，写出了《关于土家问题的调查报告》。[11]与此同时，潘光旦先生于1956年夏、冬两次深入土家地区调查，分别写出了《访问湘西北"土家"报告》和《湘西北、鄂西南、川东南的一个兄弟民族——土家》两个报告。这些报告不仅保留了珍贵的资料，也为确认土家族的民族成分起了十分重要的作用。

为了配合中央的调查研究工作，湘西北各县和湖北恩施专区都在1950年代初期对土家族的情况进行了调查，形成了数十个调查报告，如《湘西"土家"语言调查报告》(1956年)、《关于访问土家族情况报告》(1957年)、《恩施土家族情况》等。[12]只不过是这些报告都未能公开出版发行。

奠基时期的土家族研究有如下特点：

第一，研究的直接动因是为了解决"土家"同胞要求确认"土家"的民族成分，落实党的民族政策。所以调查研究是一项严肃的政治任务，时间紧迫，研究的针对性很强，政治色彩浓厚。

第二，调查研究者多是上面派的知名学者。当时参与"土家"调查研究的罗常培、杨成志、严学窘、潘光旦、王静如、汪明瑀等人都是知名的专家教授。由于他们渊博的学识，严谨的治学方法，科学的研究态度，得出的结论富有权威性。他们的研究结论不仅为中央落实民族政策提出了指导性的建议，还一直影响到今天的土家族研究。

第三，研究方法上注重田野调查。学者们多次深入到十分闭塞落后的"土家"山寨，调查访问各阶层人士，不仅获得了大量的第一手材料，还对"土家"文化以深切感受。他们将第一手资料和感受，结合文献记录进行研究得出了许多令人信服的结论。不仅如此，前辈学者不畏艰难，不畏险阻，热爱科学，献身科研的精神鼓舞着一代又一代土家学人。潘光旦先生不畏双眼高度近视，右腿抱残，拄着双拐两次深入"土家"地区调查研究，在当时交通十分不便的情况下其艰辛是可想而知的。正是这种坚强意志，才完成了《湘西北的"土家"与古代的巴人》及两个很有说服力的报告，从而成为土家族研究的鼻祖。严学宭教授在湘西考察期间从马上摔下来，差点送了性命。因此，拓荒者们的治学方法和献身科学的精神对现在的土家族研究仍有指导和启发意义。

第四，研究面狭窄。由于当时研究的针对性强，又属拓荒工作，所以研究面狭窄。一是从地域上看，主要集中对湘西的调查研究，鄂西南、川东南、黔东北少有或没有涉及。尽管潘光旦先生多次设想把研究范围扩展到湘鄂川黔边，但由于极“左”思潮的干扰未能如愿。二是研究的内容主要是语言和历史，政治、经济、教育等其他方面的问题少有或未有涉足。因此，拓荒时期的研究还不能反映土家社会的全貌，拓荒工作也未能全面完成。

第五，前辈的调查研究为以后的研究打下了坚实的基础。土家族研究起步较晚，资料也十分欠缺。严学宭、汪明瑀、潘光旦、彭武一等前辈的调查研究，为土家族研究积累了大量的资料，并形成了初步成果。他们所做的开拓性的基础工作，成为后来土家族研究的奠基石。

二、曲折发展阶段

土家族作为一个单一民族在 1956 年被确认下来不久，“反右派斗争”迅速扩大到“民族问题”上来，一些为确认土家族做出了重要贡献的人士遭到批判。首先有人在《新湖南日报》、《光明日报》、《人民日报》上点名批判向达、潘光旦、彭泊等人，说他们在政协会议上就“土家问题”的发言是“反党反社会主义”的“右派言论”，他们很快被打成“右派分子”。据初步统计，因土家问题被打成右派或遭受批判的有 300 多人。此外，一些学者也站出来批判向达、潘光旦等人的学术观点。最具代表性的就是 1958 年《历史研究》第 11 期发表的王忠撰写的《驳向达、潘光旦关于土家族历史的谬说》一文，文章开宗明义地指出：“向达、潘光旦一九五七年三月十八日在政协第二届第三次全体会议上做的联合发言，是资产阶级社会科学界的右派分子拼揍力量披着学术外衣向党恶毒进攻的显著例子之一。”这篇文章除了政治上的别有用心和对二位先生的人身攻击外，作者也对向、潘二位先生的学术观点进行了批评。该文的作者认为，巴人根本不可能进入湘西，潘光旦关于土家族是巴人后裔的说法是站不住脚的。该文作者以“溪州铜柱”的记载为依据，认为土家族来自贵州，即是乌蛮。该文的作者还认为，潘光旦先生关于江西彭氏进入湘西“土家化”后成为湘西北的统治者的事实也不成立，指出湘西彭氏是当地土著。这种争论虽然当时带有政治上的色彩，但它涉及土家族族源问题的讨论，对进一步弄清土家族的族源有一定的促进作用。但是，这种学术批评采用人身攻击的方式，甚至上纲上线指责为政治上的野心，把学术批评作为政治斗争的工具也是十分有害的，严重地影响了学术研究的科学性和严肃性、神圣性，也自然影响了土家族研究的进程。使刚刚开始的土家族研究遭受到严重挫折，影响了其正常进行。

这一时期土家族研究的最重要成果是谢华编著的《湘西土司辑略》和中国科学院民族研究所湖南少数民族社会历史调查组编写的《土家族简史简志合编》。前者由中华书局1959年11月出版。该书共分8个部分，前边是"序言"，概述了湘西彭氏土司的基本情况；第一章"武陵蛮"与"武溪蛮"，考察了古代湘西历史地理和古民族的活动情况；第二章"赤石蛮"彭玕、彭瑊兄弟起兵及归楚，考证了彭氏进入湘西的情况，梳理了有关彭氏兄弟的事迹；第三章"彭士愁与马希范盟于溪州立铜柱为界"，就溪州大战及溪州铜柱的相关问题作了考识；第四章"彭士愁建二十州以下溪州刺史为都誓主后分为永顺保靖二州"，对上溪州、下溪州的辖地和永顺、保靖二土司的世系作了考订，并对下溪州的32个土王（包括永属三州、六峒）和保靖土司37个土王（包括所属大喇司的15个土王）的事迹作了梳理；第五章"桑植司柿溪司"，分别对这两个向氏土司的情况作了考察；第六章"若干补充资料"，编著者从有关方志辑录了一些很有价值的资料，涉及土司时期的政治、经济、军事、习俗、改土归流等史料；最后是"结语"，对湘西土司从建立到改土归流的基本情况作了简明扼要的论述。

《湘西土司辑略》是最早对土家族土司进行考证、研究的历史著作，资料十分丰富，考据也较翔实，对今天的研究仍然有参考价值。

《土家族简史简志合编》是中国科学院民族研究所湖南少数民族社会历史调查组在对湖南永顺、龙山、保靖、古丈、泸溪、桑植、大庸和湖北恩施专区来凤、鹤峰、利川等县的调查基础上，结合文献资料编写而成的。参加编写的有刘孝瑜、施正一、胡克瑾、王炬堡等。初稿于1959年4月写出，之后曾到湘西、恩施等地征求意见，校对材料，后又经过多次修改才完成。该书除前边的概况和后面的大事年表外，分为八章，即：第一章"封建社会制度时期"，第二章"鸦片战争至五四运动时期”,第三章“新民主主义革命时期”,第四章“中华人民共和国的诞生,土家族地方人民政权的建立、巩固和经济恢复”,第五章“社会主义革命和社会主义建设”,第六章“政治思想战线上社会主义革命的伟大胜利和社会主义建设的全面跃进”,第七章“人民公社化运动”,第八章“走上了广阔发展道路的文学艺术”。从其章节的安排看,未有对土家族的渊源进行考察,也就是说没有采用潘光旦先生的研究成果,基本上是从五代以后写起。所涉及的内容主要是政治斗争和阶级斗争,深深地打上了时代的烙印。

此外,这一阶段还发表了《党的民族政策的光辉胜利:湘西凤栖寨土家族人民的今昔对比》(《民族研究》1958 年第 4 期)、《湘西土家摆手舞的历史来源及其活动情况》(彭武一《舞蹈丛刊》第 4 辑,1958 年)、《在党领导下的土家族人民的革命斗争》(彭黎《民族研究》1960 年第 2 期)等少数几篇介绍土家族历史、文化和现状的文章。

这一时期为了配合中心工作，有关方面对土家族地区进行了几次大的社会调查。在大跃进的背景下,1958 年中国科学院民族研究所湖南少数民族社会历史调查组深入湘西北永顺、龙山等地调查,形成了《湘西土家族苗族自治州永顺县凤栖寨调查报告》、《湘西土家族苗族自治州龙山县草果社调查报告》,这两个洋洋数万字的调查报告对土家族地区民主改革和社会主义改造前后的情况进行了详细调查，是我们今天了解解放初期土家族社会难得的资料。

与此同时,为了贯彻落实中共中央宣传部关于编写少数民族文学史和文学概况的指示精神,1958 年至 1959 年湖北省委宣传部委托中南民族学院(今中南民族大学,后同)和武汉大学中文系到鄂西南土家族地区进行调查;湘南方面,1957 年,组织了湖南湘西土家族访问团,在访问的同时,也调查收集了一部分资料。1959 年,湖南组织群众艺术馆等单位赴湘西北土家族苗族地区调查民族民间艺术。1960 年代初,湖南又组织力量对土家族的民间文学艺术进行了大规模的抢救挖掘,获得了一批十分珍贵的资料。这些资料成为以后研究土家族文学艺术的基础。

这一时期土家族研究具有如下特点:

第一,政治色彩十分浓厚。1957 年开始的“反右派斗争”和 1958 年的“大跃进”,深深地影响了土家族的研究工作,1958 年土家族社会历史调查和以后对土家族民族民间文学艺术的调查都是适应当时的政治需要而开展的。我们可以从《湘西土家族苗族自治州永顺县凤栖寨调查报告》、《湘西土家族苗族自治州龙山县草果社调查报告》以及《土家族简史简志合编》中看出当时学者们的心态，这些研究成果中处处可见以中心工作为主的痕迹，处处充满了政治斗争的火药味。如在《土家族简史简志合编》(初稿)第六章中写道："无数的事实粉碎了右派分子的谎言。土家族人民以亲身的实际体会说明：没有共产党的领导就没有新中国，就没有土家族，就没有各民族的团结和平等。""土家族地区在合作化以后，虽然经济战线上的社会主义革命取得了决定性的胜利，但是社会主义与资本主义两条道路的斗争问题并没有完全解决。"像如此的政治术语在这本书里随处可见。这表明，当时的学者已难以从事真正的学术研究，学术已成了政治的附庸。

第二，调查研究工作以团队作战的形式出现。如当时到龙山草果调查的有刘孝瑜、魏启文、何杰、罗小群、李忍、郭礼明、王炬堡等，参加永顺凤栖调查的有施正一、胡克瑾、石建中、徐云龙、刘志述、韩恒煜、陈问丁等，他们一边参加劳动一边调查，以便体验当时火热的生活。特别是湖北省委宣传部组织的调查活动，人数达70多人，湖南省组织的土家访问团人数更多。这种团队作战的方式一方面是为了完成任务，另一方面与当时的政治气候相关联。此种做法虽然也搜集了一些资料，但与严格的学术调查是有差距的。

第三，这一阶段的调查积累了丰富的民间文学艺术资料。据初步统计，从1958年开始到1960年代初，仅湖北、湖南两省就搜集了几百万字的土家族民间文学艺术资料，这些资料为十一届三中全会后研究土家族文学艺术奠定了基础。

三、停滞阶段

1966年开始的"文化大革命"，完全中断了对土家族的调查研究工作。从1966年至1978年十多年间，除了极少数民间文艺工作者默默搜集土家族民间文学艺术资料外，没有人敢从事土家族的调查研究。不仅如此，在批判和破坏中，土家族传统文化遗产也惨遭厄运，十多年的大肆破坏以及研究的中断，给以后的土家族调查研究造成了不少困难。

四、复兴阶段

十一届三中全会以后，由于政治上的拨乱反正，思想上坚持实事求是的路线，民族工作和民族研究工作也开始步入正轨。土家族研究在继续完成奠基工作的同时研究范围不断扩大，从湘西北和鄂西南扩大到整个土家族地区；研究领域进一步扩大，从原来主要对历史、语言、风俗习惯的研究扩展到对政治、经济、文化、艺术方面的研究。这一阶段从1970年代末到1987年土家族聚居区基本实现民族区域自治为止。

土家族研究很快进入复兴阶段，主要有以下因素促成：

第一，通过拨乱反正，民族工作及民族研究工作引起了各级党委和政府的高度重视，为土家族研究的复兴提供了良好的社会环境。

第二，因“土家”问题造成的“冤、假、错案”的平反，解除了研究者的顾虑。在1957年“反右派”和1959年“反右倾”运动中，因土家问题被打成右派的潘光旦、向达、田心桃、彭泊、彭秀彶、彭秀枢、彭凯等人，以及因“民族问题”被批判、处理的土家族干部、教师、学生的“冤、假、错案”得到平反。不仅使以往从事土家族研究的人们消除了疑虑，也给从事土家族民族识别和调查研究的人吃了一颗定心丸。

第三，悬而未决的鄂西南、川东南、黔东北的民族成分确认和民族区域自治问题又一次提到日程上来。十一届三中全会后，鄂西南、川东南、黔东北地区的土家族干部群众通过各种方式，强烈要求恢复民族成分，实行民族区域自治。在此过程中，各地都抽调力量进行民族识别和民族调查，为研究土家族起了直接的推动作用。

第四，地名志和地方志的编修，十大集成的搜集整理，国家民委民族问题五种丛书的编写，政协文史资料和党史资料的搜集出版，不但为土家族研究积累了大量资料，也推动了土家族研究的进程。

第五，民族院校的恢复和建立，民族学、民族史等专业的开设，为了教学的需要，土家族地区的高等院校和其他院校的土家族教师加入研究土家族的行列，壮大了研究队伍，促进了科研工作的发展。

纵观这一阶段土家族研究工作有如下特点：

第一，把相当精力放在资料的搜集、整理和民族知识的介绍上。湘西以外，这一时期鄂西南、川东南、黔东北的研究工作仍然是围绕民族成分的恢复和民族区域自治的实施而进行的。湘西也存在着恢复民族成分、搜集整理民族资料的问题。所以，这一阶段，广大民族工作者和研究爱好者深入土家山寨调查，获得了一批宝贵的第一手资料；同时把正史、野史、杂记和方志、家乘等有关涉及土家族的资料编辑出来，汇集成册。影响较大的资料集有湖南省民委民族研究所编印的《土家族语言与风习》、《湘西土家族的文学艺术》（1982年印），鹤峰和五峰两县史志办合编的《容美土司史料汇编》（1984年印），鄂西州民委编印的《鄂西少数民族史料辑录》（1986年印），黔江地区民委编印的《川东南民族资料汇编》（1986年印），《土家族挤钹牌子》（彭秀榘搜集整理，1987年7月民族出版社出版），贵州民族志编委会编印的《民族资料》第九辑“土家族专辑”（1988年印）。加上各县市搜集整理的各种民族资料，估计在几百万字。同时，编写了大量的介绍土家族历史、文化、风习的小册子，如：《来凤土家族历史简编》（1980年）、《咸丰土家族简介》（1980年）、《湘西土家族》（1981年）、《鄂西土家族简史》（1981年）、《恩施土家族简介》（1983年）、《酉阳》（1983年）、《黔江土家族苗族简况》（1984年）、《唐崖土司概略》（1987年）、《长阳》（1983年）等，约有几十种之多。这些册子把知识性和趣味性相结合，对普及民族知识，增强民族认同感，对土家族的研究起了不可低估的作用。

第二，研究开始铺开，但主要集中在历史、语言和文化风习研究介绍上，重点是对历史、语言的研究。研究的铺开，一方面是从地域上看，除对湘西土家族进行研究外，同时也对其他三大块土家族进行研究；另一方面，从研究的内容看，从第一阶段的历史、语言研究发展到历史、语言、政治、经济、文化等方面。但研究成果仍然主要体现在历史、语言方面。据不完全统计，1980—1987年共发表各类研究介绍土家族的文章230多篇，其中涉及历史的90多篇，占40%，语言研究约20篇，占10%左右，有份量的文章都涉及这几方面的内容。语言研究方面，彭秀模、陈康、何天贞、叶德书等都发表了一些具有较高学术水平的研究土家语的论文。田德生、何天贞等编著的《土家语简志》（1986年10月民族出版社出版）是语言研究的奠基成果。

在历史研究方面，著作主要有：童恩正的《古代的巴蜀》（四川人民出版社1979年），邓少琴的《巴蜀史迹探索》（四川人民出版社1983年），徐中舒的《论巴蜀文化》(四川人民出版社 1981 年),董其祥的《巴史新考》(重庆出版社 1983 年)。这一阶段土家族研究的最大成果是王炬堡、刘孝瑜二位先生编写的《土家族简史》(1986 年 4 月湖南人民出版社出版),是研究土家族的第一部通史,较全面地反映了土家族的历史、政治、经济和文化艺术,是土家族研究奠基之作。彭官章、田荆贵、彭武一、张二牧、王承尧、彭英明、刘尧汉、练铭志等都发表了一些具有较高价值的土家族历史研究论文。此外,彭武一等选编的《土家族研究论文集》(1985 年印)、湖北群艺馆和鄂西州文化局主编的《土家族文化论文集》(1986 年印),收集一些质量较高的文章。

1983 年 9 月,湘西州人民政府在吉首市召开的土家族历史讨论会,集中讨论了土家族的族源和历史问题,不少学者对潘光旦先生的观点提出不同的看法,提出了土著先民说、乌蛮说、氐羌说、濮人说、江西迁来说等新观点。这次盛会是对 1980 年代初土家族历史研究的一次小结,会后编印了《土家族历史讨论会论文集》,收录了 40 多篇文章。

第三,初步形成了专业队伍与业余研究人员相结合的可喜局面。与第一阶段不同的是,这一阶段除了中央民族学院的王炬堡,中南民族学院的刘孝瑜、彭英明、张雄、吴永章,吉首大学的彭秀模、彭秀枢、王承尧、叶德书、彭南均,广东民研所的练铭志,湖南民研所的彭继宽、彭官章,四川民研所的李绍明等专业研究人员从事土家族研究外,还有彭勃、彭武一、田荆贵、胡挠、向国平、祝光强、白新民、彭林绪、田永红、陈洪、龚发达等一大批业余研究者。二者相互学习,共同探讨,优势互补,共同推动了土家族研究的发展。

第四,形成了几个小阵地和研究团队。这一阶段除了《民族研究》、《中央民族学院学报》发表一些研究土家族的文章外,《吉首大学学报》、《湖南民族研究》(现名《民族论坛》)、《中南民族学院学报》、《湖北少数民族》(现名《民族大家庭》)、《贵州民族研究》等,成为发表研究和介绍土家族文章的主要阵地,这几种刊物成为土家学人联络和交流的主要纽带。同时在中南民族学院和吉首大学形成了两个土家族研究团队,他们在土家族研究中起着中坚和排头兵的作用。

第五,研究力量分散,呈现出各自为战的态势。由于行政区划等方面的原因,1980 年代初土家族研究虽然有几个阵地和研究团队,但四大块各自仍然处于相对封闭的环境中进行研究,相互往来和交流少,研究形不成大气候,诸多学术问题也难以形成共识，影响了土家族研究的突破。因此，打破行政区划界线，加强湘鄂川黔四省边学术交流和联系成为急需解决的问题。

五、全面推进阶段

1987 年 11 月 20 日和 23 日，印江土家族苗族自治县和沿河土家族自治县的成立，标志着土家族聚居区实施民族区域自治的任务基本完成。随之而来的土家族研究也进入全新的阶段。

1980 年代末期，土家族研究能够进入一个全新的阶段，主要原因有：

第一，前几阶段的调查研究不仅搜集了大量的资料，还形成了一批研究成果，积累了科学的调查研究方法，为研究全面推进作了资料准备和理论储备。

第二，由于民族成分的恢复和实施民族区域自治的工作基本结束，研究从单纯的工作需要转向学术研究，从原来只注重在土家族特点上下功夫转向对土家族地区全面深入的研究。研究出发点的转变，为研究的进一步深入和全面推进提供了可能。

第三，前阶段的调查研究锻炼和培养了一批既有理论功底，又有实际调查研究经验的研究人才，他们是土家族研究全面推进的直接动力。

第四，随着哲学社会科学在经济社会发展过程中的理论指导作用日益显露，民族文化在经济建设中发挥的作用愈加明显，从中央到地方更加重视对哲学社会科学的研究，更加重视利用民族文化资源为本地经济发展服务。土家族地区也不例外，不断重视对本民族历史文化的挖掘、抢救和研究，充分发挥民族文化的功能效应，并企图通过研究本地的历史文化，寻找经济增长的新方式。社会的需要，客观上促进了土家族研究的发展。

第五，随着改革开放的深入，向外宣传民族历史文化和资源成为冲破封闭、接纳外来季风的重要手段。改革开放以后土家族地区也充分认识到宣传、研究民族历史文化对民族地区现代化的重要意义，认识到民族地区吸引外资、构建新的产业，其优势在于丰富的资源和富有个性的民族文化。此种认识强化了对民族历史文化的研究和宣传。

第六，研究中的竞争和合作推动了土家族研究不断深入。进入 1990 年代后，湖北省民委、恩施州民委、中南民族大学、湖北民族学院、三峡大学、长阳土家族自治县，湖南省民委、湘西、张家界、吉首大学、怀化学院、三峡学院、涪陵师院（今长江师范学院）、重庆师范大学、贵州民族研究所等都投入力量对土家族进行研究，或建立学会，或创办刊物。从一枝独秀到百花齐放，既带来了竞争，也优势互补，成果互借，为全面推进土家族研究创造了一种良好的学术氛围。

这一阶段土家族研究具有如下特点：

第一，研究全面推进，取得了丰硕成果。在第三阶段以研究历史和语言为重点的基础上开始向历史、人物、文学、艺术、哲学、伦理、宗教、人口、人力资源、饮食、居住、经济、生态、教育、医药、体育等各方面推进，不仅研究土家族历史文化和现实问题，还把土家族与相邻的巴文化、楚文化、蜀文化等进行比较研究。据初步统计，1988 年至 2006 年共发表研究和介绍性土家族方面文章 3000 多篇，几乎涉及土家族的各个方面。这十多年中，公开出版的著作（包括论文集和资料集）近 300 部。

出版的书籍包括资料集、概况、民族志、历史、考古、语言、宗教哲学、文化、风俗、文学艺术、经济、人物、居住、教育、体育、医药、工艺美术、家庭家族问题等方面。此外还出版了一些图文并茂的书籍。

第二，协作研究加强，出现喜人的局面。土家族研究的分散状态一直是困扰研究的一大障碍，当土家族研究全面铺开后，经过有关部门的协调和广大研究者的共同努力，分散研究、各自为战的状况得到明显改善。

一是建立了跨省区的协作组织，1990 年 11 月成立了土家族文化经济发展研究协作会和土家族文化经济发展领导小组。研究协作会是由湖南、湖北、四川、贵州共同发起组织的，领导小组由四省民委领导及四省边民族部门的领导、知名学者组成。协作会的成立，标志着土家族协作研究的加强，有力地推动了土家族研究的发展。1991 年 4 月，贵州省土家族研究会成立，湘鄂川三省的民族工作者和研究者参加了成立大会。2000 年 9 月，张家界土家族研究会成立，湘鄂渝黔的专家学者和民族工作者也参加了成立大会，许多人被聘为顾问或理事。通过这些学术组织，加强了研究人员的往来，增强了研究实力。

二是召开了一些重要会议。如 1990 年 10 月在恩施举办了巴文化研讨会，来自北京、武汉、湘西、鄂西的 50 多名专家学者参加了会议。1990 年 11 月在长阳召开了第一次土家族文化经济发展研究协作会议，四省民委和湘西、铜仁、黔江、鄂西4个地区(州)民委负责人,以及研究土家族的学者40多人参加了会议,这是土家族协作研究具有里程碑意义的会议。会议确定了协作研究的任务,决定建立协作研究机构,并出台了相应的措施,这次会议对四省协作研究具有决定性的意义。土家族经济文化研究协作会已经召开了七次会议,对推动土家族研究起了非常重要的作用。1991年4月,在铜仁市召开了贵州省土家学研究会成立大会暨首届学术讨论会,湘鄂川黔四省研究人员和民族工作者150多人出席了会议,这是一次空前的盛会,有力地推动了土家族研究向纵深发展。1999年10月由湖北民族学院主持召开了"面向21世纪土家族研究学术研讨会",2007年1月三峡大学主持召开了"土家族确认五十周年座谈会",2007年5月,湖北民族学院等单位主持召开了"土家族确认五十周年暨土家族研究学术研讨会"。无论是湘鄂川黔边区的协作会,还是各省属的土家族研究会,都互通情报和信息,经常展开学术交流,既加深了友谊,又推动了研究的进程。

三是各相关高等院校的联系加强。进入1990年代后,中南民族大学、湖北民族学院、吉首大学、三峡大学、贵州民族研究所、怀化学院、三峡学院、重庆师范大学等院校,经常进行学术交流,既密切了关系,又推动了研究工作的开展。

四是协作研究加强。1989年由湖南文艺出版社出版的《土家族文学史》是四省协作的第一项重要成果,这部42万字的文学史凝聚了四省民族工作者和研究者的心血。已出版的《中国土家族历史人物》、《土家族文化通志新编》和正待出版的《土家族通史》都是四省通力合作的成果。这里特别要提到的是:由湘西州政协向熙勤、吉首大学谭必友等人策划的《中国湘鄂渝黔边区研究》,把四省市边区放在一个大文化的背景下,放在一个特定的自然环境中来认识和解读,开启了土家族研究一种新的理念。经过四省(市)边区同仁的共同努力,《中国湘鄂渝黔边区研究》出版了五集,共200多万字,涉及边区的历史、政治、经济、文化、教育等方方面面。"边区研究"能顺利地运作,并形成成果,表明协作研究的加强。

第三,竞争加强,形势喜人。1980年代,土家族研究力量主要集中在中南民族学院和吉首大学,1990年代以后,除这两所高校仍然保存相当实力外,湖北民族学院、三峡大学、涪陵师范学院(今长江师范学院)和三峡学院以及重庆市区的一些高校、怀化学院、贵州民族研究所等都有人对土家族进行研究,出现了共同研究的喜人局面。

第四,多套丛书先后推出,引起轰动效应。在世纪之交的时候,土家族研究迎来了它的高峰期,相继推出了《土家族研究丛书》、《土家族问题研究丛书》、《五溪文化丛书》、《湖北民族文化系列丛书》、《恩施州民族研究丛书》、《重庆民族丛书》、《巴土文化丛书》、《张家界土家族文化旅游丛书》,贵州土家族研究学会出版了《土家族研究》五集。在学术界引起了较大的影响。

第五,研究成果不仅数量喜人,质量也有很大提高。由于学者们脚踏实地的努力,土家族研究的学术品位有了显著提高。仅 2001 年一年,就在民族学权威刊物《民族研究》上发表了有关土家族研究论文 8 篇,涉及土家族历史上的土司制度、改土归流、扶贫开发、人口、社会变迁、文化互动等方面。还有的研究成果获省部级奖励,转载和收录的成果逐年增多。这些都表明土家族研究整体水平的提高。

第六,对现实问题的研究引起了学者们的极大关注。进入 1990 年代后,不少学者从对土家族的历史文化研究转向对土家族地区现实问题的关照上,力图通过研究为土家族地区经济社会的发展提供科学依据。这些研究涉及土家族地区的经济发展战略、可持续发展、扶贫、旅游和文化产业、资源开发利用、文化遗产保护、移民、人口和计划生育、社会保障、教育和人力资源、体制改革等方面。为推动土家族地区现实问题的研究,《吉首大学学报》开辟了“湘鄂渝黔边区研究”栏目,《湖北民族学院学报》哲学社会科学版开辟了“西部开发与民族地区经济社会发展”栏目,此外《贵州民族研究》、《中南民族学院学报》、《民族研究》等学术刊物也发表了不少研究土家族地区经济社会发展问题的论文和调研报告。特别是向熙勤、谭必发等人主编的《中国湘鄂渝黔边区研究》,从 1997 年开始编辑出版,目前已出版了五集,收录了近千篇文章,涉及边区经济、扶贫开发、企业发展、资源开发、社会问题、教育人才、劳动力与就业等专题,集中对湘鄂渝黔边区的现实问题进行全方位的调查和研究。

第七,研究已引起国外学者的关注。土家族是中国腹地的一个山地民族,以往一直未引起国外学人的重视。1990 年代开始,由于改革开放的不断深入,自身研究和宣传影响的扩大,土家族研究已引起了国外学人的重视。美国、日本、英国、韩国等国家都有学者研究土家族。他们参与土家族研究的学术会议,深入土家族地区调查。这表明,土家族研究已冲出自身的封闭体系,开始与国际学人交往和对话。

第八,对以往研究进行了初步的总结。当土家族的研究走过50多年历程的时候,土家族的研究者们已意识到有必要对以往的研究进行阶段性的总结。在这方面,富有代表性的有田敏的《古代巴族族源综论》(《民族研究动态》1996年1期)、柏贵喜的《土家族研究的历程》(《民族大家庭》1997年第6期)、李绍明的《川渝土家族研究的回顾与前瞻》(《土家学刊》1997年第4期)、彭继宽的《土家族民间文学搜集整理四十年巡礼》(同前)、陈国安的《贵州土家族研究述评》(《土家学刊》1998年第2期)、萧洪恩的《土家族哲学研究现状述评》(《土家学刊》1998年第1期)、黄柏权的《土家族研究四十年》(《湖北民族学院学报》1998年第2期)、《土家族族源研究综论》(《贵州民族研究》1999年第2期)等。这些文章都对土家族研究作了回顾性的总结。由湖北民族学院主持召开的"面向21世纪土家族研究学术研讨会",是在世纪之交的时候召开的一次具有里程碑意义的学术会议。这次会议既对过去的土家族研究进行了认真总结,又对新世纪土家族研究作了展望。与会者认为:21世纪的土家族要进一步扩大视野,加强协作,提高品位;要重视专业研究队伍与业余研究队伍的结合,挖掘抢救与理论研究结合;传统历史文化研究与现实问题研究结合;土家族研究与其他民族比较研究结合;聚居区研究与散杂居区研究结合;个案研究与宏观研究相结合;传统研究方法与现代化研究方法结合;民族内部同一性与差异性研究相结合,从而开创土家族研究新局面。

半个世纪的土家族研究取得了令人喜悦的成绩,它不仅为一个民族的确认和民族区域自治的实施提供了理论上、学术上的支持,也为土家族地区经济发展和社会进步提供了理论参照,同时也奠定了土家族研究自身的学术地位。当然,研究过程中也积累了不少的经验教训。无论得与失,都是以后研究的宝贵财富。

【参考文献】

[1]王建民、张海洋、胡鸿保:《中国民族学史》下卷,昆明:云南教育出版社,1998年版,第13—14页。

[2]田心桃:《确认土家族是单一民族的历史见证》,见彭振坤主编《历史的记忆》,贵阳:贵州民族出版社,2003年版。

[3]严学窘:《调查土家杂记》,载彭振坤主编《历史的记忆》,贵阳:贵州民族出版社,2003 年版,第 1—3 页。

[4]王静如:《关于湘西土家语言的初步意见》,见《中国民族问题研究集刊》第四集(内部资料)。

[5]彭武一:《湘西土家语言句法初探》(未刊稿)。

[6]潘光旦:《湘西北的土家与古代的巴人》,见《中国民族问题研究集刊》第四集(内部资料)。

[7]潘光旦、向达:《湘西北、鄂西南、川东南的一个兄弟民族——土家》,载彭振坤主编《历史的记忆》,贵阳:贵州民族出版社,2003 年版。

[8]彭武一:《湘西土家人民古代历史研究纲要初稿》(未刊稿)。

[9]《关于土家族别问题的讨论》,载彭振坤主编《历史的记忆》,贵阳:贵州民族出版社,2003 年版。

[10]汪明瑀:《湘西土家概况》,见《中国民族问题研究集刊》第四集(内部资料)。

[11]中央土家问题调查组:《关于土家问题的调查报告》,载彭振坤主编《历史的记忆》,贵阳:贵州民族出版社,2003 年版。

[12]彭振坤主编:《历史的记忆》,贵阳:贵州民族出版社,2003 年版。

(原载《广西民族研究》2008 年第 1 期)

土家族族源综论

自从1955年潘光旦先生在《湘西北的“土家”与古代的巴人》一文中揭示巴人与土家族的关系以来，土家族族源问题一直是学者们讨论的热点。40多年来，共发表涉及土家族族源问题的研究文章和著作超过200篇（部），学者们运用考古学、考据学、历史文献学、历史地理学、民族学、文化发生学等研究方法，各抒己见，提出了许多见解。学者们的研究推动了土家族研究向纵深发展。

一、主要观点

综观土家族族源研究，主要有巴人说、氐羌说、土著先民说、江西迁来说、乌蛮说、濮人说、蛮蜒说、东夷说、毕方和兹方说、僰人说、多元说等。

1. 巴人说

“巴人说”是土家族族源研究中最早的一种说法，也是影响最为广泛的一种说法。这种观点最早是由著名学者潘光旦先生提出来的，他在《湘西北的“土家”与古代的巴人》一文中，以大量的文献资料论证了“土家”不是瑶，也不是苗和獠，而应是古代巴人，并从其自称、信仰、语言、姓氏等方面论证了巴人与土家的渊源关系，还就巴人从鄂西南向湘西的迁徙进行了考察。

在潘光旦先生发表《湘西北的“土家”与古代的巴人》后不久，1958年，彭武一在《舞蹈丛刊》第4期上发表了《湘西土家族摆手舞的历史来源和活动情况》，从“巴渝舞”与摆手舞的连续性进一步论证了古代巴人是土家族的先民的观点。十一届三中全会后，掀起了研究土家族的热潮，其中族源问题成为主要焦点，在争论中，主张“土家”为巴人后裔说的占大多数。这里又分为巴人后裔说和巴人主体说。庄燕和在《巴史中的几个问题》一文中指出：巴人应是由甲骨文记载的“巴方”发展而来，后发展到湖北清江流域，约公元前3世纪，一部分巴人迁到湖南西部，成为那里土家族的先民。[1]林奇先生在《巴楚关系初探》一文中认为，巴最早见于文字记载是殷墟甲骨文，巴国灭亡后，巴人聚居到湘鄂西一带生息，现在湘鄂渝黔边界的土家族即是巴人的后裔。[2]原苏联学者伊茨也从巴渝舞等文化表象入手论及巴人与土家族的关系。[3]邓少琴先生在《巴史再探》中运用丰富的文献和考古资料，论证了巴族乃是土家族先民的理由。[4]陈启文在《鄂西土家族族源考略》中指出："鄂西土家族的族源确切地说是巴人的一支。"[5]廖子森在《土家族族源浅谈》中说："今日鄂西、湘西都聚居着土家族，与东汉时的巴郡、南郡蛮是有深远的渊源关系的。"[6]胡挠先生在《廪君·夷城·土家族》一文中说："现在鄂西的土家族是古代巴人主要是廪君五姓的遗裔。不仅在姓氏上有延续关系，而且在文化、信仰、习俗上也有延续关系。"[7]胡挠还在其他文章中多次强调这一观点。在卞澎的《廪君巴蛮子与长阳土家族》、金吉光的《德江土家族源流探索》、谷臣章的《桑植土家族族源初探》、冉敬林的《酉阳土家族是清江巴人的后裔》、杨通惠的《论秀山土家族族源》、张加良的《沿河土家族与古代巴人》、邹廷生的《沿河土家族族源考》等文中，都主张土家为巴人的后裔。[8]

鄂西、川东和黔东北版的一些介绍土家族的小册子多持此说。《鄂西土家族简史》指出："古代居住在鄂西地区的巴人，他们在这一块土地上生息繁衍，并有后代绵延。其后代即现在居住在这块土地上的土家族。"[9]1986 年出版的《土家族简史》也持这种观点，该书写道："根据历史文献、文物考古资料和社会历史调查材料，我们认为：土家来源于楚、秦灭巴后，定居在湘鄂川黔接壤地区的巴人。但是，在有关巴人活动记载之前，这里就有古人类活动，这个地区是我国早期人类活动发祥地之一。"[10]

随着研究的深入，单纯的巴人后裔说越来越受到挑战，于是，主张以巴人为主体，融合其他民族的"巴人主体说"越来越受到关注。彭武一先生是最早提出"巴人主体说"的学者之一。他是最早研究土家族的土家学人，历来主张巴人后裔说。进入 1980 年代后，他对原来的观点作了进一步完善，在《唐宋年间土家族先民的族属问题》中指出："土家族就是以这支巴人作为主体成分融合其他民族成分，经过漫长的岁月逐步形成的。"[11]著名土家族学者彭英明教授在《试论湘鄂西土家族"同源异支"》中说："土家族作为一个稳定的民族共同体，也是在长期历史发展过程中，以居住在湘鄂西地区的土著巴部族为主体，溶合了其他一些部族如濮人、蛋人、乌蛮等的某些氏族部落，而在唐、宋时期‘混血形成的’。”[12]著名民族社会学家、土家族学者李绍明先生也持这种观点，他在《川东酉水土家》一书中，通过对川东酉水流域的土家族进行实地考察、结合史料记载进行综合研究后说：“古代巴人与现今的土家族有族源上的关系，或可这样说：以古代巴人的一支后裔为主逐渐融合了周围的其他民族，在历史长河中形成了土家族。”[13]《川东酉水土家》是研究土家族的一部十分重要的民族学著作，其结论具有代表性。贵州民族研究所的陈国安先生在对黔东北的土家族进行调查研究后，也得出了以上相同的结论。他在《贵州土家族族源初探》一文中指出：第一，贵州土家族的先民主要来源于古代巴人；第二，板楯蛮一支，也成为土家先民的一部分；第三，土家的先民中，应该说也融进了部分僚人。[14]董珞先生也主此说，认为总体来说土家先民应为巴人，但北部方言区与南部方言区有差别，北部方言区的主体先民是廪君蛮，而南部方言区的主体先民是板楯蛮。[15]

无论是巴人后裔说，还是巴人主体说，其主要依据是：古代巴人活动的中心地域与现今土家族居住地基本吻合，他们有着共同的地域；从历史发展的线索看，巴人—蛮—土—土家的脉络清晰可辨，其历史发展有连续性；从信仰看，土家族信仰白虎与巴人的信仰一脉相承；从文化表象看，土家族的摆手舞、跳丧舞与巴人的巴渝舞、踏蹄白虎事道有密不可分的联系，建筑文化、地名文化等都有承袭关系；从姓氏上看，古代巴（蛮）人中的瞫、相（向）、田等大姓仍是土家族的大姓；民族性格和民族心理也具有一致性，巴人的勇敢善战等民族性格在土家人身上也明显地表现出来。

2. 氐羌说

氐羌是古代生活在我国西北部的族群，分布广，人数多，西南许多藏缅语族的民族都是从古氐羌人发展而来的。最早注意到巴人与氐羌关系的仍然是潘光旦先生，在《湘西北的“土家”与古代的巴人》一文中已经注意到了“西南有巴国，太皋生咸鸟，咸鸟生乘厘，乘厘生后照，后照是始为巴人。”[16]和“伏羲生咸鸟，咸鸟生乘厘，是司水土，生后炤，后炤生顾相，夅(降)处于巴。”[17]这两条史料，并提到巴人源于西北，只是点到为止，未作进一步探研。最先提出“氐羌说”的是彭官章先生，他在1981年写成的《从语言学角度谈土家族源问题》一文中说：“土家语是古羌人氏族部落方言——巴语的基础上发展起来的。土家是以古羌人的一支——巴人为主体的，又融合了其他民族成分的混合体，土家是古羌人的后裔。”[18]接着他与朴永子在《羌人·巴人·土家族》一文中，运用大量的文字资料、考古资料和民族学资料，进一步论证了土家源于氐羌的理由。[19]

持氐羌说的还有著名民族学家刘尧汉先生，在其主编的《彝族文化研究丛书·总序》中指出：元谋人是亚洲人类的共祖，“从而可以说，甘、青古羌戎是从金沙江两侧迁去的。”因此，彝、白、土家等民族都是虎伏羲部落的遗留。刘先生在《中华民族龙虎文化论》[20]、《彝族和土家族同源于虎伏羲》[21]、《中国文明源头新探》[22] 中反复论证了这种观点。伏羲属氐羌因而土家族祖于伏羲，也就是氐羌的后裔。

何光岳先生是研究南方民族源流的著名史家，他在《冉龙来源和迁徙——兼论土家、布依族的一支先民》[23]、《巴人的来源和迁徙》[24]、《相(襄)人的来源和迁徙——论土家族向氏的先民》[25]等文章中都论证了土家族源于羌人的理由。

此外，彭武文等人也支持这种观点，他在《从葬俗特征论述土家族的族源》中分析比较了古羌人与土家族的屈肢葬、火葬、二次土葬、岩棺墓二次葬习俗完全相同，并论及了氐羌人由西北向东南三次迁徙的过程，他说：“土家族从远古到唐代末年的两千多年间，以氐羌为主体，融合了其他数以十计的部族。这数以十计的部族则是土家族之前身。”[26]

氐羌说实际上与巴人说有密切联系，只是，氐羌说对巴人的来历进行了一番追根溯源，把《山海经》和《路史》的记载与《世本》、《后汉书·南蛮西南夷列传》的记述结合起来，对土家族族源进行了更深的发掘和清理。

氐羌说的主要依据是：土家语是在古羌人氏族部落方言——巴语的基础上发展起来的；廪君不是巴人始祖，土家族族源的正确序列应是：古羌人—巴人—土家；古羌人的信仰与巴人、土家人的信仰一脉相承；羌人的建筑“笼”与巴人的干栏、土家人的吊脚楼有因袭关系；葬俗上羌人与土家人也十分一致。因此，氐羌与土家族有渊源关系。

3. 土著先民说

最早提出土著先民说的是谭其骧先生，他在《近代湖南人中之蛮族血统》

一文中认为,永顺、保靖的彭姓土司是土生土长的“蛮人”血统。[27] 1980年代后,湘西不少研究者提出土著先民说,1981年刊印的《湘西土家族》在第一章开宗明义地指出:“在探讨湘西土家族的族源过程中,我们发现,湘西土家族的先民是居住在湘西的古代土著人。因此,我们认为,就湘西土家族这个民族的主体来说,是古代湘西地区土著的后裔,用土家群众的话来说就叫‘毕兹卡’,也就是‘本地人’。”[28]之后,不断有人写文章支持这一观点。彭秀枢先生在《土家族族源新议》中说:“从湘西地区的土家族情况看:土家族是古代土著先民的后裔,是史籍记载中‘武陵蛮’和‘五溪蛮’的一部分。”[29] 彭勃先生在《土家族的祖先就是从古以来聚居于湘鄂川黔边区的土著先民》中指出:“土家族祖先就是从古以来就定居于湘鄂川黔边境的土著先民,或者说以土著先民为主体,融合了其他一些部族的先民,形成了今天的土家族。”[30] 他把土著说扩展到四省边区。叶德书先生从语言学的角度强化了这种观点,他说:“从语言上看,土家语和‘巴语’无亲缘关系,因而‘巴人’就不能是土家的源,而只能是流;和土家语有着共同的本质属性的,倒是繁衍生息在湘、鄂、川、黔边境的土著先民的共同语。所以,土著先民才是土家族的源而不能是流。”[31] 田永瑞、彭善坤、向渊泉等人都持以上观点。[32]

持土著先民说的主要理由是:(1)湘西与巴子国无领属关系;巴郡南郡蛮与武陵蛮不是一个系属;湘西出土的文物不属于巴文化系统,湘西土家人没有信仰白虎或白帝天王的习俗。(2)从酉水流域发现的石器时代的人类遗址看,湘西自古就有人类生息繁衍。(3)从土家族的自称和留下的许多土家族语地名可证实湘西土家自古就是当地土著民族。(4)从梯玛日和舍巴日等文化事象的沿袭以及“土老司”祭祖唱词和摆手舞唱词看,土家族祖先迁徙的地域未超出酉水和沅水的范围,没有越过大江大河。因此,湘西土家族就是本地人。

4. 江西迁来说

1950年代的民族调查中,一些湘西土家族群众传说,他们崇拜的彭公爵主、田好汉、向老官人是在唐末五代从江西吉安府迁来的。之后,有的学者也撰文支持这一观点。向泽新写的《湘西土家族来源于江西》、彭继清撰写的《彭士愁来自江西考》、彭秀枢撰写的《溪州彭土司来自江西考—兼与谭其骧教授商榷》，都论证了湘西彭氏土司来自江西的理由。[33] 他们认为：(1)彭氏是湘西土司的始祖，乾隆《永顺府志》、光绪《龙山县志》、民国《永顺县志》均有记载。(2)据江西欧阳圭斋的《彭氏族谱序》、解缙的《彭氏族谱序》、艾幼学的《安定王玕公传》等记载，彭氏是江西吉安的望族，入主湘西的彭瑊在《通鉴》、《九国志》、《十国春秋》上有记载。(3)《溪州铜柱记》所记的彭氏、田姓、覃氏、龚氏、向氏、朱氏皆来自江西，这些姓氏成为后来湘西土家的大姓。

5. 乌蛮说

1981年人民出版社出版的《中国少数民族》在论述土家族族源时，提出了土家族是古代乌蛮的观点。后来也有人撰文支持这种观点。王承尧撰写的《古代乌蛮与今天的土家族》、罗维庆撰写的《土家族源于乌蛮考》是这一观点的主要代表作。王文说："根据史书记载，研究一下古代的乌蛮与今天的土家族，可以得出这样的结论：土家族和乌蛮有着渊源的关系。土家族应该是隋唐时期进入土家族地域乌蛮的一支，融合土著居民和巴人一部分而形成的人们共同体。"[34] 罗文说："我们认为土家族中虽有'巴人'的成分，但'巴人'不是形成土家族的主体，土家族是乌蛮的一支，自黔西北进入湘鄂川黔边融合一些其他民族而形成的。"[35]

乌蛮说的主要论据是：(1)史书记载湘鄂西一带有乌蛮居住。(2)土家族自称"比兹卡"，而古代贵州有比兹族，并留下许多与"比兹"有关的地名。(3)土家语近彝语支，即是说与彝族语言有渊源关系，而乌蛮属于彝族。(4)宗教信仰、葬俗、服饰、婚娶、风习上二者有许多相似之处。如都敬土王、驱赶白虎，都行火葬和崖墓葬，服饰包头巾，女子穿八幅罗裙，男子都穿肥大筒裤，都行姑舅表亲，都尚黑、尚红等。可见，渊源关系明显。

6. 濮人说

著名文史专家徐中舒先生在《巴蜀文化续论》中指出："巴、濮的上层统治部族虽然不同，但是他们的人民，原来都是江汉平原上农业公社的成员，他们本来就是一家。"[36] 何介均在《从考古发现看先秦湖南境内的民族分布》一文中利用考古材料，对湘西沅水流域的文化层面进行了清理，认为沅水中上游最早的居民是濮人，继为巴人，再为楚人。[37]邢敏建先生进一步加强了这种说法，他以一个考古工作者的精细，运用最新考古资料，结合文献记载，对湘西酉水流域的古文化进行了系统的清理排序。他认为，春秋战国时期酉水流域地区主要分布着楚、巴、濮三个民族，在楚未进入湘西以前，这里主要居住着当地的土著民族“百濮”，春秋战国时期，楚国开始经营西南，使大量巴人进入湘西，形成“百濮”、“巴人”杂居的局面。到战国早期，楚人进入了湘西，楚民族和楚文化成为融合濮民族、巴民族和其他民族文化的主体。邢敏建先生在主张濮人说时，又提出了楚人为土家先民一部分的新观点。[38]颜勇又把濮人说的地域范围扩大了，他在《土家族族源新探》中说：“我认为，土家族是湘鄂川黔接壤地带的土著居民和以后进入的巴人、濮人等融合而成，其主体部分是当地的土著居民—濮人。”[39] 此外，彭南钧先生撰写的《源远流长、正本清源—关于土家族的几个主要问题》、林时九的《湘西古代民族文化渊源探》、谢心宁的《从湘西酉水流域崖墓的族属看土家族源》等文都主张濮人说。[40]

主张濮人说的主要依据是：(1)从语言学上看，《宗周钟铭》记载的“南国孳”就是自称“毕兹”的濮子，“孳”这支濮人，就是土家族的先民。(2)从周代到春秋战国，濮人大批向西南迁徙，其中一支向湖南沅水、澧水一带流动，从迁徙时间、地点、路线等可以断定，进入湘西一带的濮人就是今天的土家族先民。(3)土家族神话有伏羲兄妹繁衍人类的传说，“伏羲”的对音是“毕兹”，濮人的祖先为伏羲，故毕兹卡的先民是濮人。(4)从沅水、酉水流域的考古发掘看，最早的文化应是濮人创造的。(5)濮人的居住习俗、绩织细布、攻取朱砂等都在土家族文化中有表现。

7. 蛮蜒说

主张土家先民源于“蛮蜒”的学者不多。刘美崧在《试溯湘西土家族的族源—兼探土家先民“蛮蜒”与楚、巴、濮等的关系》一文中，提出了“蛮蜒是土家族早期先民”的论断。[41]他在文章中列举了“古蛮蜒首领与现代土家族大姓的姓氏相同”、“早在南北朝以前，‘蛮蜒’在湘鄂川黔接壤地区已相当活跃”、“錞于是土家先民‘蛮’人祠祀的神物”、“从葬礼等风习来看，土家族是‘蜒’人后裔”等11条理由。并对巴人后裔说，土著先民说提出了不同的看法。董其祥先生也基本持此说，他认为，“巫蜒”所在地，也就是巴族先民的聚住地。[42]

8. 东夷说

何光岳先生在《虎方·白虎夷的族源和迁徙——论土家族主要的一支先民》一文中说:“虎方是古老的一个方国，它最早为虎氏族，是黄帝系统的六个胞族之一。……到了商代,成为虎方。与商的关系是先和后战,终于被迫由河南中部向东南迁于濮北及淮南。由于邻近东夷诸族,其习俗渐变有浓厚的东夷色彩,故又称为虎夷或夷虎。……其中一支和巴人结合，还有一部分则南迁于川鄂湘黔边境成为土家族的一支主要先民。”[43]文中较清晰地追述了从虎方—东夷—白虎复夷—土家的全过程。肖国松老师在《古代巴人从黄河流域迁到武落钟离山略考》一文对土家族的来历作了梳理和考证,他认为东夷族一支约于4000年前从黄河迁出,后迁鄂西南清江流域的武落钟离山,成为土家人的先民。[44]不少学者都认为伏羲属东夷族团,范文澜先生即主张此说。龚平在《伏羲始作八卦考》中说:“伏羲所在的风姓东夷族活动于长江、黄河下游这一地域内。”[45]可见,东夷说与氐羌有关系,都追溯到崇虎的伏羲,分歧只在伏羲所在的地望。

9. 毕方、兹方说

毕方、兹方说是邓和平先生近年来在全面研究土家族族源的基础上提出的一个新观点。他在《松滋土家族史考》和《土家族源流研究》中反复申述了他的观点:“确切地说,土家族是古代巴部落联盟—巴国中的‘毕方’、‘兹方’的后裔为主,融入其他民族成员形成的一个民族共同体。”[46]他认为,“毕方”当在今川东一带,理由有三:(1)毕方在羽民国以东,羽民国在黑水下游以南,黑水南入海,印证毕方在川东南。(2)毕方在灌头国之西北,灌头国是“三苗部落联盟”的一支,位于崇山,崇山在今湘西或川东南。(3)毕方以鸟为图腾,以狩猎为生,居于深山老林之中,与川东南地貌吻合。[47]兹人,远古时居于今甘肃境内,春秋战国时期一支东迁,一支南迁,一支复向西迁,一支东南迁,其中南迁的部分兹人后裔,与“毕方”后裔融合为“毕兹卡”。[48]邓先生的观点目前还未引起土家学界应有的重视。

10. 僰人说

这也是一种全新的观点。当人们在为土家族的族源争论不休,又对“比兹卡”的本意难以解读的情况下，中央民族大学的朱文旭先生提出了一个令人耳目一新的观点。他在《从彝语支土家族族称看僰及乌白蛮源流问题》一文中，利用民族语言学、语音学、语义学的比较研究方法，得出了“毕际”、“毕兹”就是“僰人”，土家缘于“僰”，而不是源于“巴”的结论。他的主要依据是：(1)从语音学上分析，僰人，上古并纽职部 *bwak，中古并用德韵 *buak，僰在汉藏口语中念 b 或 ph、p 辅音，土家族自称 $pi^{33}t^{55}$“毕际”、“毕节”、“毕兹”为僰 *bwak、读为 pitɛ i，“僰”辅音演变成 p，k 辅音韵尾演变成 t。(2)“僰”其实就是“白蛮”，它与乌蛮尚黑相对，“白”表示阳、天、日、男；“黑”表示阴、地、月、女。从语言学角度，把白语和土家语划归在彝语支是恰当的；从文化现象看，土家服饰与彝语支民族服饰是一个系统，生活习俗相一致。(3)从贵州毕节地名及其读音看，“僰”后裔土家族迁徙到金沙江以东毕节地区约在唐朝南诏时期，他们在贵州毕节地区居留一阵后，向东迁入湖南湘西、川东及鄂西一带，那里的人叫他们为“毕际客”。[49]

11. 多元说

从前 10 种观点可以看出，真正主张单一论者不多，大多学者主张以某一先民为主体融合了其他民族后形成了土家族。因此，我们在此论及的“多元说”是论者在考究土家族族源时未明确提出主体论观点。伍湛先生在《四川土家族的形成及其发展轨迹述论》中说：“四川土家族族源如帚，正源是最早居住在这里的‘奴獽夷蜒’诸溪洞‘蛮人’部落；北源是巴子国时期及其以后迁入的涪、万等地的‘巴民’；南源是唐、五代、北宋时来自贵州的黔人夜郎遗裔和僩、苗先民。‘多因复成’是四川土家族早期族源结构的基本特征。”[50]赵大富在《黔东地区土家族》一文中说：“显然土家族的族源只能是多源的，而不可能是单一的。应当说，在古巴人迁入五溪地区后，融合了原有土著以及后来迁入的其他民族，而逐渐形成的土家族。”[51]曹毅先生在对各种观点分析综合后指出：“土家族有两个主要源头，即伏羲氏族的巴人与湘西地区土著居民，这两个主要源头在历史进程中又融入了少量的它民族成员，特别是在黔东北和川东南融合了较多类别的其他民族，而在唐宋年间形成了较为稳定的民族共同体——土家族。”[52]

此外还有“三苗”说、“僚”人说等。由于不具代表性，此不举述。

二、分析综述

以上举的十多种观点都是学者们经过长期研究得出的结论，都有各自充分立论的理由和基础。通观学者们的观点似乎可以做出以下综合结论，土家族有两个源头：一是古氐羌人中的伏羲族团的一支——巴人；二是自古就居住在峡江和武陵山区的土著——濮人。氐羌是生活在我国西北部的古老民族，无论这群人是从乌蒙山区东移，还是西北的土著，这群人长期生活在我国西北部是事实，而伏羲与羌人的关系不但古书记载多，今人论述也详。伏羲与巴人的关系不仅《山海经》和《路史》等详明，而且今天土家族地区仍然广泛流传着伏羲兄妹制人烟的神话。虽然有学者主张伏羲属东夷族团，地望在黄河和长江中下游，因而主张巴人属东夷族系，这种观点是经不住推敲的。“伏羲生于成纪”（今甘肃天水），正好与巴人活动的地域和迁徙的路线相吻合。从史载和发现的巴人遗迹看，巴人是从大巴山沿汉水南下，后逐步进入鄂西南和峡江地区的。巴人在鄂西南及峡江地区居住了相当长的时期，并在这一带创造了光辉灿烂的文化。随着清江隔河岩电站和三峡水库的修建，在清江和长江三峡地区发现了大量的早期人类遗址，包括从旧石器时代到元明清各代的文化遗址。巫山人被称为目前亚洲遗址发现的最早人类。在三峡库区已发现旧石器时代遗址 50 多处，新石器时代遗址 73 处，已找到了这一带属于城背溪文化、大溪文化、屈家岭文化和长江中游龙山文化的新石器时代遗址。在考古发掘中，不仅发现了清江流域早期巴文化——香炉石文化，还在三峡库区发现了属于夏商周时期的巴人遗址 168 处。位于大宁河畔，占地 10 万平方米的巫山县双堰塘巴人遗址，经发掘判断，被认为是距今约 3000 年前巴人的经济文化中心。占地 5 万平方米，与双堰塘巴人遗址相距 80 多公里的云阳县李家坝巴人遗址是巴人的第二个活动中心。[53]虽然属于巴人遗址以前的文化类型还未断定，也许就是巴文化的前身，但巴人在这一区域内活动情况及创造出的辉煌文明已得到充分的证实。巴人在鄂西南和峡江地区创造的文化，随楚人的西进，不断被毁灭。今天考古发现的这些巴人遗址及遗失的虎钮錞于等器物足以证实巴人由东向西迁徙的轨迹，巴人在春秋战国时期不断向川东南、湘西、黔东北迁移，其中有一支似乎是沿洞庭湖、岳阳、沅水迁往湘西的，这在《摆手歌》里有反映。公元前316年秦灭巴以后，巴人的称呼逐渐被“蛮夷”代替，虽然他们仍然在迁徙，但大多未离开湘鄂川黔边，历经汉唐，到北宋出现“土人”、“土兵”的称呼，元明清三朝实施的土司制度，将原来的巴人及活动在这一带的濮人的后裔、汉人等固着在这块土地上，使居住在四省边区的这群人成为稳定的人们共同体—土家族。由于巴人自古就在这一带就建立了国家，创造了能与中原文化、楚文化、蜀文化匹敌的成就，加之人数多，致使土家族文化中保留了浓厚的巴文化因素，巴人作为土家族的重要源头从当今的土家族文化中仍然可以得到证实。

土家族的另一个源头是古代的濮人。湘西不少学者主张湘西土家族是土著居民或濮人，这种观点是有道理的。从《十道志》等史书记载，以及湘西沅水及其支流酉水流域的考古发掘材料和湘西土家族所保留的古老文化都可以证明在巴人进入湘西以前，这里已有人居住，这支人应为濮人，持濮人说者已提出了充分的理由，此不赘述。但必须指出，湘西土家族有巴人成分，巴文化在湘西文化中也有诸多的反映。同时濮人后裔也广泛地融入湘鄂川黔的土家人中。据著名史学家蒙默先生研究证实，濮人（百濮）是广泛地分布在古代巴蜀及西南地区的一个大族团。前面提出的蛮蜒人、僰人、乌蛮、僚都属濮人。据《华阳国志·巴志》载，在巴国地区，“其属有濮、賨、苴、共、奴、獽、夷、蜑之蛮。”加上《蜀志》记载的“滇、僚、僰”。蒙先生认为古代巴蜀主要有11个民族，濮人最早见于《尚书·牧誓》，杨雄《蜀都赋》说：“东有巴賨，绵亘百濮。”足见其分布广，人数多。蒙先生认为巴地有濮人，而僰、僚与濮就是一个民族，他说：“濮与僰两字在古代音同字通。先秦汉魏时期的濮（僰）就是魏晋以后的僚。晋宋时期的学者尚知濮、僚同义，可以互用。盖濮他称，僚是自称，这种情况至今还保存在贵州部分仡佬族中。文献记载上先见他称，后见自称，是符合规律的。因此，濮、僰、僚三名，只为同一民族不同场合之异称而已。”[54]蒙先生还认为，巫蜒也属濮人的支系。乌蛮虽然来自贵州，但它属彝族的一支，而彝族先民也属百濮系统。通过以上分析，就会发现，乌蛮说、僰人说、蛮蜒说、僚人说都可以归到濮人说，它们实际上都是濮人，或是属不同时代的称呼不同，或是支系不同，正因为此，土家族文化中才会出现它们固有文化的因子，并成为论者的理由。至于江西迁来的彭姓，只能是后来融入的流，而不能是土家族的源。至于“兹方、毕方说”是一种全新的观点，虽然给土家族源研究提供了新的思路，但目前证据不十分可靠，有待进一步引起关注和研究。

以上只是诸家之说的一个小结论，它的正确与否还有待于考古的不断发现和研究的进一步深入给予检验。也许这种结论本身就有商量的地方。如《世本》载："廪君之先，故出巫诞也。"也许廪君本就是濮人，徐中舒先生早就论证了"巴就是濮"的理由。[55]如果峡江地区的考古发现与濮人文化联系起来，那么巴文化与濮人文化的关系，土家族的族源也就迎刃而解了。

三、几点思考

通过对土家族族源的综合考察，似乎有以下几个问题应引起人们的重视：

1. 源与流的问题

在讨论土家族族源问题的时候，不少人把"源"和"流"混为一谈，于是出现了一些混乱，给研究蒙上了一层迷雾。从民族产生发展的规律看，世界上没有纯而又纯的民族，各民族其产生发展的历史过程中都或多或少地融入了其他民族，但任何民族都有自己的源头，也有发展进程中的支流。

土家族族源研究中出现的众说纷纭的观点固然可喜，但也可窥视出一定的偏差，那就是有的人并未在寻找源头上下功夫，抓到一点资料就阐述出一种观点，全然不顾在此之前已有人类活动，也不把这个民族共有的本质的东西加以系统周密的研究，往往只注意其中的差异性，而忽视同一性，忽视了这种文化的本源。实际上，土家族的原文化是巴文化与濮文化的结晶，土家族的源是巴人和濮人，由于融入的濮人支系繁多，再加之后来融入的苗、汉人等族，使土家族文化在群体内呈现出差异。尽管如此，土家族原文化的本质特征仍然可以从土家人身上表现出来。研究土家族族源如此，研究土家族的其他文化表象也应如此，要弄清哪些属于土家族文化原有的东西（源），哪些属于吸收的外来文化（流），才能把握住土家文化的本质特征。

2. 地缘与族源研究

共同地域是一个民族形成的基本条件之一，离开地缘条件研究民族的形成是空泛的。在研究土家族的族源时在地域上应考虑到以下几点。

第一,要考虑到古代民族和现今民族居住地域的一致性。从前分析的情况看,在今土家族分布的广大地区,自古就有巴人和濮人在这里生息繁衍,特别是巴人曾建立过国家(据蒙默先生考证,巴人至少建立了4个巴国)和不少城市(史载和考古发掘已证实)。虽然这一地带的民族分布迁徙比较复杂,巴人和濮人的主体仍未超出这一范围。隋唐以后,尽管巴人和濮(僚)人的名称消失了,但其后裔仍广布于湘鄂川黔边区,成为土家族的主体。

第二,要正确认识世居民族与外来民族的关系。从地理位置看,今土家族居住地处于祖国的腹部,是东西、南北民族交汇的要冲,特别是遇到战争或其他人为因素的影响,这块封闭的腹地就成为人们的避难所,历史上迁入这块土地上的民族不是少数。但自楚秦灭巴以后,这里的世居民族巴人和濮人的众多支系从未受到过外来民族强大的冲击,更未出现过外来民族驱逐世居民族的事件,即便唐末进入湘西的江西彭氏,虽然成为当地土司首领,但也未把当地土著驱走。因此,世居民族的文化仍占主导地位,世居民族仍是民族发展过程中的主源,外来民族只是融入的细流。

第三,武陵山区虽然自古就属一个文化系统,但从西周时建巴子国始,就划为不同的政治势力范围。秦统一后,更属不同的郡县分治,以后各朝循例分属管理,直至今天仍分属四省(市)。不同的政治分野,不仅给民族交往和文化交流造成了一些人为的障碍,也给研究工作造成了困难。建国后,土家族地区在1950年代和1980年代初,为配合落实党的民族政策进行了两次民族大调查,也随之形成了两次族源大讨论。由于学者们所属的行政区划不同,掌握了解的情况不一样,加之研究过程中缺少交流,各自为政,以至出现了以地方为单位各自研究族源的现象。因为掌握资料的差异,各自的目的不同,于是出现了众多的说法。因此,要使土家族族源研究取得突破性进展,得出科学的、实事求是的结论,还有待于打破行政区划的限制,把研究置于湘鄂川黔边区的大文化背景下,加强学术联系和交流,从而开创研究的新局面。

3. 考古发掘与族源研究

土家族无文字，有关巴人、濮人的记载只能从汉文史志中零星地反映出来,而中原文献的记载中时常以“蛮夷”笼统称之,根本无法了解其全貌。研究中猜测、推想也无法避免,诸多的疑难难以解答,诸如伏羲与巴人的关系,巴人与濮人的关系，巴人与土著的关系等一系列问题都得不到满意的解答。因而，要彻底弄清土家先民的真实情况，必须依赖于考古发掘材料。近年来在沅水、酉水、溇水、清江、三峡库区都发现了大量的早期人类文化遗址。凭借这些考古新发现，有望解决巴人之谜、濮人之谜，土家族族源也会随之大白于天下。

4. 语言与族源研究

土家族有自己的语言，除叶德书少数学者外，真正从土家语切入研究族源还不多见。按照斯大林的说法“语言的共同性是民族的最重要标志之一。”[56]不少学者从古羌语、巴语、彝语入手研究土家族源，提出了不同凡响的观点，促使了土家族族源问题的解决。因此在今后的研究中，似乎要多运用土家语这把钥匙，来解决土家族的自称、族源等问题。据统计，湘西还有10多万人懂土家语（或说50万）。[57]在湘鄂川黔边留下了数以万计的土家语地名，用土家语传承的《梯玛歌》、《摆手歌》已出版发行。这些宝贵的资料应当引起研究族源问题的学者们重视。

5. 田野调查与族源研究

由于记载土家族的文献资料十分有限，有的记载或相矛盾，或不真实，或很笼统，这都给研究土家族的族源造成了困难。因此，深入土家族聚居区，调查了解还残存于土家民众中的民族学资料，亲身感受土家文化十分必要。我们到湖南龙山土家山寨调查后就发现，我们在书斋中所获的资料，所得出的结论与实际情况根本不是一回事。如“赶年”的说法，土家族群众中根本没有这种称法，很可能是一些文化人杜撰出来的。又如说湘西土家人赶白虎，但土家老人说以往跳摆手舞时，老虎就悄悄进入摆手堂，接受土家山民的奉祭，与人同享欢乐与祝福。[58]因此，要解决土家族族源问题，很有必要对土家族居住区的山川形胜、地理环境、民族文化孑遗进行全方位考察，结合文字记载和考古资料得出恰当的结论。

6. 土家文化的多元性与族源研究

土家族文化的一个重要特征就是它的多元性和兼容性，学者们在研究过程中，之所以提出了十多种观点，从另一方面可以反映出土家族文化的多元性产生的原因。由于文化的多元决定了族源的复杂性。因此，在族源研究中要正视土家族文化的多元特征，尽量把土家族的源和流廓理清楚，揭示土家族文化多元的成因，全面推动研究的进程。

【参考文献】

[1]庄燕和:《巴史中的几个问题》，载《西南师范学院学报》，1979年第4期。

[2]林奇:《巴楚关系初探》，载《江汉论坛》，1980年第4期。

[3]伊茨著，冯恩刚译:《东亚南部民族史》，成都:四川人民出版社，1981年版，第194—202页。

[4]邓少琴:《巴蜀史迹探索》，成都:四川人民出版社，1983年版。

[5]陈启文:《鄂西土家族族源考略》，载湘西自治州编《土家族历史讨论会论文集》，1983年编印，第512页。

[6]廖子森:《土家族族源浅谈》，载《土家族历史讨论会论文集》，第550页。

[7]贵州土家学研究会编:《土家族研究》第1集，成都:四川人民出版社，1993年版，第82页。

[8]贵州土家学研究会编:《土家族研究》第1集，第83、53、508、512、82、101、69页。

[9]鄂西土家族简史编写组编:《鄂西土家族简史》(内刊)，1983年版，第11页。

[10]土家族简史编写组编:《土家族简史》，长沙:湖南人民出版社，1986年版，第13页。

[11]彭武一:《唐宋年间土家族先民的族属问题》，载《江汉论坛》，1983年第5期。

[12]彭英明:《试论湘鄂西土家族"同源异支"——廪君蛮的起源及其发展述略》，载《土家族历史讨论会论文集》，第57—58页。

[13]李绍明:《川东酉水土家》，成都:成都出版社，1993年版，第49页。

[14]贵州土家族研究会编:《土家族研究》第1集，成都:四川民族出版社，1993年版，第51页。

[15]董珞:《南部方言区土家族源探析》，载《土家学刊》，1997年第1期。

[16]《山海经·海内经》。

[17]《路史·后记》卷1。

[18]彭官章:《从语言学角度谈土家族源问题》，载《土家族历史讨论会论文集》，第101—102页。

[19]彭官章、朴永子:《羌人·巴人·土家族》，载《吉首大学学报》，1982年第1—2期。

[20]刘尧汉:《中华民族龙虎文化论》,载《贵州民族研究》,1985年第1—2期。
[21]刘尧汉:《彝族和土家族同源于虎伏羲》,载《土家族历史讨论会论文集》,第127—142页。
[22]刘尧汉:《中国文明源头新探》,昆明:云南人民出版社,1985年版。
[23]何光岳:《冉龙来源和迁徙——兼论土家、布依族的一支先民》,载《湖南民族研究》,1985年第4期。
[24]何光岳:《巴人的来源和迁徙》,载《民族纵横》,1986年第1期。
[25]何光岳:《相(襄)人的来源和迁徙——论土家族向氏的先民》,载《民族纵横》,1986年第2期。
[26]彭武文:《从葬俗特征论述土家族的族源》,载《土家族历史讨论会论文集》,第160页。
[27]谭其骧:《近代湖南人中之蛮族血统》,载《史学月刊》,第5期第2卷。
[28]湘西土家族编写组:《湘西土家族》(初稿),载《吉首大学学报》,1981年第2期。
[29]彭秀枢:《土家族族源新议》,载《土家族历史讨论会论文集》,第1页。
[30]彭勃:《土家族的祖先就是从古以来聚居于湘鄂川黔边区的土著先民》,载《土家族历史讨论会论文集》,第20页。
[31]叶德书:《从土家语谈土家族的族源》,载《土家族历史讨论会论文集》,第51—52页。
[32]田永瑞:《土家族源浅谈》、彭善坤《从保靖的历史、文物探土家族源》、向渊泉:《湘西土家族族源浅探》,载《土家族历史讨论会论文集》。
[33]向泽新:《湘西土家族来源于江西》、彭继清:《彭士愁来自江西考》、彭秀枢:《溪州彭土司来自江西考—兼与谭其骧教授商榷》,载《土家族历史讨论会论文集》。
[34]王承尧:《古代乌蛮与今天的土家族》,载《土家族历史讨论会论文集》,第115页
[35]罗维庆:《土家族源于乌蛮考》,载《土家族历史讨论会论文集》,163页。
[36]徐中舒:《论巴蜀文化》,成都:四川人民出版社,1982年版,第98页。
[37]何介均:《从考古发现看先秦湖南境内的民族分布》,载《求索》,1983年第4期。
[38]邢敏建:《从酉水流域考古发掘看楚文化与诸民族的关系》,载《民族研究》,1997年第1期。
[39]颜勇:《土家族族源新探》,载《土家族研究》第1集,第31页。
[40]彭南钧:《源远流长、正本清源——关于土家族的几个主要问题》、林时九:《湘西古代民族文化渊源探》、谢心宁:《从湘西酉水流域崖墓的族属看土家族源》,载《土家族历史讨论会论文集》。

[41]刘美崧:《试溯湘西土家族的族源—兼探土家先民“蛮蜒”与楚、巴、濮等的关系》,载《土家族历史讨论会论文集》。

[42]董其祥:《巴蜀社会性质初探》,《巴蜀历史民族考古文化》,成都:巴蜀书社,1991年版。

[43]何光岳:《虎方·白虎夷的族源和迁徙——论土家族主要的一支先民》,载《中南民族学院学报》,1986年第1期。

[44]肖国松:《古代巴人从黄河流域迁到武落钟离山略考》,载《湖北少数民族》,1991第6期。

[45]龚平在:《伏羲始作八卦考》,载《东南文化》,1997年第4期。

[46]邓和平:《土家族源研究》,武汉:湖北人民出版社,1996年。

[47]邓和平:《松滋土家族史考》,第9页、第298—299页。

[48]邓和平:《兹人的来源与迁徙略述》,载《松滋土家族史考》,第279页。

[49]朱文旭:《从彝语支土家族族称看僰及乌白蛮源流问题》,载《中央民族大学学报》,1997年第3期。

[50]伍湛:《四川土家族的形成及其发展轨迹述论》,载《土家族历史讨论会论文集》,第331页。

[51]赵大富:《黔东地区土家族》,载《土家族研究》第1集,第112页。

[52]曹毅:《土家族族源再探》,载《湖北民族学院学报》,1991年第4期。

[53]《光明日报》1997年11月5日,《文物》1995年第9期。

[54]蒙默:《试论古代巴、蜀民族及其与西南民族的关系》,载《贵州民族研究》,1983年第4期。

[55]徐中舒:《论巴蜀文化》,成都:四川人民出版社,1983年版。

[56]斯大林著,李立三译:《马克思主义和语言学问题》,北京:人民出版社,1964年版,第10页。

[57]黄柏权:《龙山苗儿滩民俗调查》,载《土家学刊》,1997年第3期。

[58]黄柏权:《龙山苗儿滩民俗调查》,载《土家学刊》,1997年第3期。

(原载《贵州民族研究》1999年第2期)

土家族爱国传统研究述论

对土家族爱国传统的研究是伴随土家族历史文化研究进行的。学者们在叙述和研究土家族的历史和民族精神时，对土家族爱国传统和爱国精神进行了讨论。50 年来，发表相关论文 20 多篇，有关论述土家族历史和民族道德精神的书籍也对土家族的爱国传统作了必要的介绍和分析。

一、土家族爱国传统研究综述

(一)土家族爱国传统研究总论

研究土家族爱国传统的总论文章并不多，有代表性的是杨昌鑫先生的《浅谈土家族历史上的爱国主义精神》[1]、《土家族维护民族团结和祖国统一史略》[2]、陈国安先生的《土家族民族精神试探》[3]、郑英杰先生的《土家族尚武赴义传统美德初探》[4]、章孟林先生的《一部民族团结进步、自强不息的正史：简析 < 湖北省志·民族 >》[5]、曾庆全教授的《近代土家族文学中的爱国精神》[6]等。

杨昌鑫在《浅谈土家族历史上的爱国主义精神》一文中，从三个方面论述了土家族的爱国主义精神：一是“深厚地爱恋家乡土地、骨肉同胞、民族历史和传统；无限地关切民族的尊严、乡国的前途和命运。”作者用大量的史实，论述了土家族热爱家乡，热爱民族历史和文化，无限关心民族和家国命运的优秀品质。“土家族这种爱家乡、恋故土，应是构成爱祖国的思想感情的基础，而爱祖国又是这种思想感情的升华。”二是“维护祖国统一，支持民族融合，反对民族分裂和割据，抵御和征讨破坏民族团结的叛乱，推动国家民族发展和社会进步。”土家族历来以祖国和中华民族的大局利益为重，维护和支持祖国的统一和民族团结。作者认为，“土家族维护和支持作为形成伟大祖国轴心的封建王朝，不但与历史上爱国主义者有共同的思想感情，而且还有鲜明的前提，有高度的民族原则。这个前提和原则,即这个封建王朝要能维护国家的统一和民族的和睦,有较开明的政治,能促进祖国的物质文明和精神文明的建设,推动历史和社会的前进。"但是土家族人民对中央王朝的支持不是无条件的,必须是中央政府能维护祖国的统一和民族团结,若不然,土家族人民也要反对中央王朝的统治的。杨昌鑫先生指出:"当历史上的封建王朝走向腐朽、衰颓、没落,不能起到维护国家统一和民族和睦团聚杠杆和轴心作用时,甚至成为破坏国家统一和民族和睦团聚的罪魁祸首,阻挡社会的发展时,土家族无论是上层人士还是百姓群众,则立场鲜明,态度坚定,行动积极,与各族群众揭竿而起,斩木为兵,反对封建王朝,维护国家的统一和民族团结、人民安居乐业。这也是列宁所指出的一种对自己独有的祖国'最深厚的感情'的表现。"三是"面对外敌入侵,正确处理国内民族矛盾,坚持以国家和全民族安危为重,不畏艰险,不惜流血牺牲,站在抗击侵略者最前线"。尽管封建中央王朝不时对土家族进行征伐和镇压,但当外敌入侵,国家安全受到严重威胁的时候,土家族总是把祖国的利益置于民族利益之上。杨昌鑫先生指出:"最难能可贵的是,土家族历来能晓明大义,正确看待和处理与封建王朝间的矛盾。对封建王朝维护国家的统一和民族友好的政策表示拥护和支持。哪怕受迫害再深,也不计较。尤其是当国家和民族遭受外来侵略者侵略和蹂躏时,土家族不纠缠国内与封建统治者之间的矛盾,立即会把对封建统治者的斗争——反抗民族歧视和压迫及暴吏苛征停止下来,让本民族的利益服从于国家和全民族的安危大局,听从代表国家和全民族的封建王朝调征部署,与各民族并肩携手,誓死捍卫祖国神圣领土不受侵犯。"在历史上,土家族官兵参加了明朝嘉靖年间的抗倭斗争、抗英斗争、反对八国联军侵华、反洋教斗争、抗日战争和抗美援朝等反侵略斗争,并做出了杰出的贡献。所以,土家族的爱国传统在抗击外敌入侵中表现得最为突出。

杨昌鑫先生撰写的《土家族维护民族团结和祖国统一史略》也是一篇重要文章,这篇文章是对《浅谈土家族历史上的爱国主义精神》观点的进一步补充和说明。该文可以说是"土家族古代爱国史纲要",以土家族古代史上发生的六件大事为依据,说明土家族自古就是维护民族团结和祖国统一的典范。文章以无可争辩的史实论述了土家族"自始至终围绕一个核心,维护民族团结和祖国统一"。杨昌鑫先生的两篇文章,是论述土家族爱国传统最为重要的成果，它以丰富的史料，鲜明的观点，较全面地论述了土家族在历史上的爱国举动，从简短的论述中可以深切地感受土家族的爱国精神。

陈国安先生在《土家族民族精神试探》一文中指出：土家族的民族精神主要包括爱国主义精神、吸收包容精神、创新精神、革命斗争精神、团结互助精神等，其中爱国主义精神又是最重要的。郑英杰在《土家族尚武赴义传统美德初探》一文中指出："土家族是一个以国家、民族大义为重而勇于征战的民族。土家儿女英勇善战、不怕流血牺牲，对我们伟大祖国的缔造和发展，做出了不可磨灭的重要贡献。"曾庆全教授在《近代土家族文学中的爱国精神》一文中从分析土家族的民间文学作品和文人文学作品入手，阐释了蕴涵于土家族文学作品中的爱国主义精神。

除以上具有代表性的文章外，胡炳章所著的《土家族文化精神》[7]、郑英杰所著的《文化的伦理剖析——湘西伦理文化论》[8]、陈国安的《土家族近百年史（1840—1949）》[9]、周兴茂的《土家族的传统伦理道德与现代转型》[10]等著作都对土家族的爱国传统作了论述。

综观以上论述，可以把土家族的爱国精神归纳为以下几点：第一，表现为对家乡故土和民族历史、文化的热爱；第二，表现为顾全大局，以祖国和中华民族的利益为重，坚定地维护国家的统一和民族团结；第三，表现为坚决地反对一切外来入侵之敌，维护祖国的独立和民族尊严。第四，表现为坚持正义，维护人民群众的利益和社会的进步，征讨一切不义之师。

（二）关于土家族爱国传统研究专论

1. 关于土家先民爱国观念产生的背景研究

列宁指出："爱国主义就是千百年来巩固起来对自己的祖国的一种最深厚的感情。"[11]杨昌鑫先生认为，土家族的先民巴人很早就形成了爱国的观念和意识。他指出，巴人首领廪君就是一位热爱乡土、热爱自己民族、为开辟疆土、为民族前途而奋进的"贤君"，把部落的前途命运放在个人情爱和幸福之上，毕生致力于乡土的开辟和民族的兴旺事业，这种精神正是质朴的恋乡爱民爱国意识的萌芽，此种意识也是土家族爱国主义思想和关心民族命运、前途的优良传统的基石。[12]

胡炳章先生认为，早在周代，土家族的先民巴人就建立了自己的国家——“巴子国”。在巴子国存在的数百年中，秦楚之威逼，蜀邓之征战，国家长期处于风雨飘摇中。国家的危亡，民族的盛衰，既刺激了巴人紧张的神经，也不断培养巴人的国家观念。虽然后来的巴国为秦所灭，但因巴与楚地缘的邻近，文化的交融，历史上的婚姻关系等因素，亡国的巴人一直视楚为己国，其心中的国家观念在巨大的历史灾难中只是发生了对象的位移，并未出现性质的变化。屈原流放于湘沅流域，其爱国精神也巩固了巴人的爱国观念。因此，胡炳章认为，土家族的国家观念至迟在周代立国时就已形成，并在后来的种种历史变故中得以强化，成为其“德性文化”的主流。胡炳章还指出，“忠君”和“爱国”是联系在一起的，土家族的“忠君”观念形成更早，可以追溯到原始部落的首领崇拜，在以后的历史长河中，“忠君”观念得到进一步强化。“忠于君，效于国”不仅作为一种思想观念为土家族人所接受，而且深化为一种社会行为准则。可见，土家族先民巴人的爱国观念早在氏族部落时期早已形成，并为其后裔土家族发扬光大。

2. 关于土家族反对外敌入侵的研究

反对外敌入侵是无可争辩的爱国主义行为，土家族自从明朝中期始参与我国第一次抗击外敌入侵以来，几乎参加了以后历次重大的反侵略斗争。伍湛在《土家族人民的反帝反封建斗争》一文中对土家族的抗倭、鸦片战争中的抗英、反对外国教会的压迫斗争、辛亥革命，以及现代史上的革命斗争进行了论述。作者指出：土家族“对外反对帝国主义侵略，争取国家独立、富强，对内反对封建主义压迫，争取民族平等。土家族人民把自身的解放同全国各族人民的解放紧密地连结在一起，把民族解放斗争同世界被压迫民族的解放斗争连结在一起。”[13]

梅振武、梅兴无在《简述土家族军民反抗外来侵略的斗争》一文中对土家族历史上的抗倭斗争和反对外国传教士的文化侵略进行较详的考察论述。[14]作者以较丰富的史料作依据，考察了土家族官兵在抗倭斗争中参加各次重大战役的情况，并分析了土家族官兵每仗皆捷的原因。文章还介绍了酉阳教案、恩施教案、利川教案的情况，肯定了反洋教的历史功勋，分析了失败的原因。

以上两篇文章虽然试图全面论述土家族在历史上的反侵略斗争，但由于掌握材料和组织运用教材的缺陷，把土家族在历史上参加的一些重大反侵略斗争遗漏了。对土家族反侵略斗争论述较全面的是李忠良的《土家族御侮斗争中的历史贡献述评》一文。[15]文章分3个问题（实际上是古代、近代、现代三个时期）叙述评价了土家族在历史上的历次反侵略的斗争。重点对土家族在抗倭、抗英、反对洋教、抗日战争中的伟大贡献作了论述。李忠良对土家族在历史上的历次反侵略战争进行论述后指出：土家族军民团结一致，抵御外来侵略的历史事实，充分说明了土家族是一个勤劳纯朴、尚武善战的民族；是一个不畏强暴，敢于反抗的民族；是一个热爱祖国，追求进步的民族。土家族与汉、苗等兄弟民族一起，用鲜血和生命，谱写了一曲曲团结御侮、保家卫国的壮歌，在中华民族历史上写下了光辉的一页。

（1）关于抗倭斗争

明朝抗倭斗争是我国历史上第一次大规模的反对外来入侵斗争，虽然《明史·湖广土司列传》等文献有载，但解放后所编的中国历史书籍都未重视这一问题。1980年代后，随着土家族研究的不断深入，土家族官兵在抗倭斗争中所起的重大作用逐步得到认识。1981年由湘西土家族编写组编写的《湘西土家族》第一次较详细地论述了土家族士兵抗倭事迹。[16]以后的《鄂西土家族简史》[17]、《土家族简史》[18]、《湖北省志·民族》[19]、《湖南省志·民族》[20]、《湘西自治州民族志》[21]、《保家卫国——少数民族反侵略求解放斗争（上）》[22]、《湖南少数民族史》[23]等书都作了介绍或论述。论文有彭官章的《土家族士兵在嘉靖年间抗倭斗争中的重大贡献》[24]、佳友的《土家族将士抗倭保国》[25]、黄柏权的《土家族官兵抗倭事迹述略》[26]等。以上著作或论文都对抗倭的形势、土家官兵参加的重大战役、做出的贡献、取胜的原因进行了介绍和分析。其观点都是一致的，谁也不能否认这次战争的爱国和正义性。

(2) 关于抗英斗争

鸦片战争是中国历史的转折点，从此以后，中华民族与外国侵略者的矛盾日益上升为主要矛盾。在鸦片战争中，土家族官兵参加了战斗，就目前所见的论述有：一是湘西镇竿总兵祥福率领永绥、凤凰、保靖、乾州等厅县的土家、苗、汉各族官兵在乌涌抗击英军的事迹；二是土家族将领陈连升率爱国官兵在沙角抗击英军，最后以身殉国的事迹。对前一件事迹论述较少，对陈连升抗英论述较多。1983年编写的《鄂西土家族简史》和《鄂西历史人物》[27]都对陈连升的抗英事迹作了介绍，以后出版的《土家族简史》、《湖北省志·民族志》等书也作了较详细的论述。最具代表性的论文是朱秀武的《土家族爱国将领陈连升》[28]，该文较详细地描述了陈连升率领爱国官兵英勇抗敌不畏牺牲的大无畏气概，并对陈连升的爱国行为进行了评述，文章指出："陈连升的牺牲是一曲爱国主义精神的凯歌。""陈连升领导着广大爱国将士，孤军奋战在祖国的南大门，虽然胜利无望，败局已定，但陈连升等将士，毫无他念，他们怀着一颗纯朴的爱国心，为捍卫祖国的疆土，击退民族的敌人，把满腔热血倾洒在反侵略的战场上。"

(3)关于反洋教斗争

反洋教斗争是西方列强入侵中国在思想文化上的反映。随着西方殖民势力不断深入武陵山腹地，武陵山区各族人民与侵略者的矛盾不断激化，表现在意识形态上就是土家族等各族人民的反洋教斗争。1983 年编写的《鄂西土家族简史》对利川教案、恩施沙子教案作了论述。1986 年出版的《土家族简史》对发生在土家族地区的教案和反教会武装起义作了全面的论述。研究反洋教的论文主要有 3 篇，一篇是王承友的《近代土家族地区的反教会斗争》[29]，一篇是汪继平的《近代湘鄂西地区各族人民的反洋教斗争》[30]，另一篇是彭官章的《清末土家族地区的两次教案》[31]。这些文章都分别分析了土家族地区教案发生的背景，详细介绍了酉阳教案、黔江教案、利川教案、恩施教案的情况。王承友在评价中说："土家族地区各族人民波澜壮阔的反教斗争，虽然一次又一次地被腐败的清政府无情地镇压下去了，但它都充分显示了土家族人民不畏强暴的革命精神。土家族人民的英勇斗争是近代中国各族人民反帝斗争的组成部分，是土家族与当地汉、苗等兄弟民族一道不屈不挠、团结战斗，用鲜血谱写的共同反对帝国主义、保卫祖国、维护民族利益的一曲壮歌，永垂史册。"充分肯定了土家族人民的爱国行为。

(4)关于抗日战争

抗日战争是中华民族与日本帝国主义的一次殊死决战，土家族人民在前线和后方积极参与或支持了这场伟大的民族解放战争。《土家族简史》、《土家族近百年史》[32]、《救亡图存——少数民族反侵略、求解放斗争》[33]、《湖南少数民族史》、《湖北省志·民族志》、《湖南省志·民族志》以及湘、鄂、渝、黔边区各地的革命史、地方志都对土家族人民的抗日活动作了论述或记载。代表性的论文有彭清洲、沈桂萍的《湘西各族人民的抗日救亡斗争》[34]，聂祖海的《彭春荣领导的湘西土家族人民起事述评》、[35]段超的《土家族人民在抗日战争中的贡献》等。[36]段超的文章在对有关土家族的抗战史料进行梳理分析后，集中对土家族人民在抗日战争中的贡献作了论述。他认为，土家族在抗日战争中的贡献主要表现在三个方面：一是上前线英勇杀敌；二是宣传抗日救亡运动；三是支援前线战斗，积极参加修筑川鄂、川湘公路和捐款，为抗日胜利做出了重大贡献。正如陈国安先生在《土家族近百年史》一书中写道："在中华民族生死存亡的紧要关头，中国各族人民奋起抵抗，湘鄂川黔边广大土家族人民和兄弟民族一道以国家生死存亡为己任，在中国共产党的领导和影响下，积极投入抗日斗争的行列，各地土家儿女纷纷组织起来，动员青年参军参战，拿起武器对日作战，后方群众积极进行抗日救亡的宣传活动，清除汉奸。对国民党消极抗战和反动统治进行了坚决的斗争。"[37]因此，土家族人民在抗日战争中的爱国主义精神永垂史册。

3. 关于维护国家统一的研究

土家族是一个勇敢善战的民族，所以，历代统治者都征发土家士兵参加各种战争，其中许多战争都是维护国家统一的正义战争。早在1950年代，潘光旦先生在研究土家族的先民巴人历史时就注意到，"唐代以前，历史上为了统一祖国而进行的若干成功的战争中，几乎都有巴人参加。"[38]如商朝末年参与的讨伐商纣王的战争，帮助刘邦平定三秦，元明时期参加辽东和西南地方的征讨，近代的护法运动，现代史上的反对国民党的统治，解放初期的清匪斗争等都属于此列。不仅如此，土家族在中央政府采取有利于祖国统一的措施时，总是顺应历史的潮流，以国家的大局利益为重，竭力维护国家的统一和民族团结。

对这一问题的研究成果不多，比较有代表性的是杨昌鑫先生的研究，他在对土家族历史进行研究后指出：土家族土官在每个王朝统治时期，都坚持维护祖国统一，始终如一地将民族自治置于封建王朝中央政府统辖之下，维护国家版图完整、政令统一。杨昌鑫先生进一步指出，从改土归流后，辛亥革命，讨袁护法，党领导下的创建湘鄂西苏区，湘鄂川黔革命根据地，抗日战争，直至建国后，土家族不断承袭这种精神，弘扬这种精神，并加以升华出适应历史发展的新的民族精神。[39]

此外,杨昌鑫先生的《浅谈土家族历史上的爱国主义精神》、郑英杰的《土家族尚武赴义传统美德初探》、章孟林的《一部民族团结进步、自强不息的正史》也对此问题作了论述。

二、关于土家族爱国传统研究的几个问题

对土家族爱国传统研究虽然取得一些初步成果,但存在的问题仍然十分明显。一是研究成果的总量不如人意,与这个民族在中华民族发展史上的贡献是不相称的;二是涉及面还很窄,主要局限在土家族的反侵略战争和维护祖国统一的少数史实上,就是土家族在历史上抗击外来侵略战争也有忽视的地方,许多领域还未涉足;三是研究缺乏整体观照和系统性,还未有一篇文章或一本著作全面系统地论述土家族的爱国传统;四是研究分析不够,有关论述土家族爱国传统的书籍或文章多是对事件的介绍或简单的评述,少有对土家族爱国传统产生的背景、基本特征以及对民族发展进步、对中华民族凝聚力的形成作用等方面进行深层次的分析。以上不足,不仅影响了对土家族的全面研究与宣传,对于加强爱国主义教育,振奋民族精神,凝聚民族力量,进行现代化建设都是不利的。因此,必须加强中华各族,包括土家族在内的爱国传统的研究,进一步增强民族凝聚力,为实现中华民族的伟大复兴提供理论支持。基于此,对土家族爱国传统的研究应重视以下几个方面。

(一)增强成果意识

其一,从前面综述的情况看,研究土家族爱国传统的成果十分有限,因此,多出成果是当务之急。对土家族的研究已进行了50多年,已形成了一批有价值的资料和研究成果,这些资料和成果中,不少涉及土家族的爱国观念、爱国事迹,这就为研究土家族的爱国传统提供了条件。眼下要做的第一项工作是组织"土家族爱国传统研究"课题,组织力量联合攻关,全面搜集相关资料和成果,对土家族爱国观念、爱国行为,以及土家族对中华民族发展的贡献,土家族爱国传统的当代启示等问题进行研究,通过二至三年的攻关,写出《土家族爱国传统》一书,并形成相关论文。

其二,发动社会各个方面力量参与研究。充分发挥土家族聚居区地方志办、党史办、民族、文化、博物、宣传等部门,以及大专院校、科研机构的研究人员的积极性,从各个方面研究土家族的爱国主义传统及其对中华民族的伟大贡献,通过专家队伍和业余研究者的共同努力,推动土家族爱国主义的研究向纵深发展。

其三,依靠湘鄂渝黔边大专院校的学报及民族研究杂志,组织“土家族爱国主义传统研究”专栏文章,形成批量成果,引起社会的关注。只有通过以上举措,才可能形成更多的研究成果,才能继承和弘扬土家族的爱国传统。

(二)注重研究的全面性、系统性

土家族爱国传统研究最大的不足就是缺乏全面和系统。从已取得的成果看,土家族爱国传统的许多方面未有人涉及。

其一,土家族民间文化中蕴藏的爱国意识被忽视。土家族民间智慧中蕴藏着丰富的爱国意识,如土家族民间谚语:“国和万事兴,家和日子旺”,“国家国家,有国才有家”,“家吵必散,国乱必败”,[40]这些民谚以朴素的语言表达了土家族希望国家统一、民族团结的愿望。土家族民间故事中有很多对爱国英雄的赞美和颂扬,如《巴蔓子》、《陈连升的传说》、《向夔堂》、《温朝钟》的传说,[41]讴歌了巴蔓子、陈连升、向夔堂、温朝钟大义凛然、热爱祖国和民族的高贵品质。在土家族民间歌谣、史诗、神话等都同样充满爱国主义的思想意识。蕴藏在土家族民间的爱国主义观念是千百年来民族精神的积淀,是爱国主义的重要组成部分。由于它隐藏在民间,很少人去注意它、发现它,这是今后研究中要重视的。

其二,土家族知识分子的爱国思想和行为被忽视。土家族是一个开放的民族,善于吸收人类的优秀成果,土家族知识分子在历次大的变革中都与兄弟民族一道走在运动的最前列。如伟大的辛亥革命中,土家族知识分子邓玉麟、牟鸿勋、温朝钟、席正铭等,全身心投入革命运动中,有的献出了生命。“五四”爱国运动中赵世炎、向警予、王剑虹等,都表现出极大的爱国主义热情。以往的研究很少关注土家族知识青年的爱国举动。

其三,一些爱国事件的研究还是空白,如抗美援朝等。

由于研究中忽视了许多重要的领域和事件,使人无法了解土家族爱国精神和爱国行为的全貌，由此带来的后果就是研究缺乏系统性。就目前所知，除杨昌鑫先生两篇文章较系统地论述了土家族古代史上的爱国传统和陈国安老师《土家族近百年史》较系统地论述了土家族在近现代史上参与的重大爱国事件外，还未有系统论述土家族爱国传统的论著。因此，必须加强缺环研究和空白研究，形成具有综合性、系统性的研究成果。

（三）混融在其他事件中的爱国倾向的研究未引起足够的重视

由于对爱国主义界定的复杂性和困难，对于被压迫人民反对统治者的斗争，国内不同势力的对抗是否具有爱国主义性质一时难以把握，所以许多历史事实不好定性。但是，土家族人民参加的辛亥革命、反袁斗争、反蒋抗日等具有明显的爱国性质。如在辛亥革命中，温朝钟领导的庚戌武装起义，提出了"义联英俊，协和万邦，推翻满清，打倒列强"的口号，并捣毁洋教堂，矛头直指帝国主义及其走狗清政府，应具有明显的爱国主义倾向。又如，袁世凯复辟帝制后，土家族将领杨荩诚、席正铭等率军讨伐，伸张正义。酉阳县土家族人民在邹杰的领导下也参加反袁斗争，川东、湘西北永顺、龙山、桑植、保靖等县土家族人民纷参加反袁斗争行列。[42]抗日战争时期，土家族人民以民族利益为重，一方面参加抗日，支持抗日，另一方面宣传抗日救国，反对国民党的倒行逆施。这些举动都是为了中华民族的独立、富强和民主，是爱国主义的表现。以往在研究这些历史事件时，只从革命性和先进性去把握，未能把它们作为爱国主义行为去评述，使事件应有地位和作用未能完全被世人所了解。因此，对此类混融于其他历史事件的爱国主义倾向，要用历史的、辩证的观点，做实事求是的分析，恰如其分的评价，以充分体现出中华各族人民在国家危亡的紧要关头都是站在正义一方的，正是这样一致性，才使中国民族形成了强大的凝聚力。

（四）对一些重大历史事件的评价问题

在土家族发展史上，始终贯穿着爱国的主线。其中最为典型的是反对外来入侵斗争，而在反对外来入侵斗争中，最为重要的是明朝抗倭斗争和现代史上的抗日战争，两次与日寇遭遇，土家族都做出了杰出的贡献。明朝抗倭是明朝政府政治腐败、军备松弛，面对倭贼日益猖狂的形势，才征调湖广土兵和广西狼兵到东南沿海抗倭。土家官兵放弃与家人过年团聚的欢乐，自备粮食和武器跋涉3000多里，取得了十多次战役的重大胜利，对扭转东南海疆局势、彻底平息倭患起了重要的的作用。以往的研究虽然力图对土家族官兵参与的各次战役进行详细描述，并分析取胜的原因，但对在抗倭斗争中的作用及其深远影响研究得不够。

再就是抗日战争中土家族所起的历史作用和历史贡献也很有进行深入研究的必要。1938年底，武汉、常德、长沙等大中城市失守后，国民政府迁都重庆。土家族、苗族等聚居的武陵山成为抵抗日寇的最后一道防线，武陵山区各族人民倾其所有全力支持抗战，铸成抗击日寇的钢铁长城，保住了大西南，为打败日本法西斯，夺取抗战胜利起了重要作用，这一胜利也是对世界人民反法西斯战争的伟大贡献。过去的研究，一是涉足少，只有寥寥几篇论文；二是对土家族等各族人民在抗战中的作用研究不够。因此，以后的研究，要把土家族人民的抗倭、抗日战争放在当时国际形势背景下，放在国内的全局中去考察和评述，从而证实在外敌当前、民族危亡时，中华各族人民都是团结一心，一致对外的，中华民族多元一体格局正是在不断交融和与外敌斗争中最后形成的。

(五)关于土家族爱国意识形成的原因分析

任何民族都是爱国的，都有各自的爱国传统和爱国行动。但是各个民族所处的地理环境、历史际遇、民族文化传统、宗教信仰、民族性格等方面的差异，导致各个民族爱国意识形成背景上的差异。

其一，土家族位于中国中部，从其先民巴人就生活在汉水、大巴山到武陵山广大地区，与中原文化有广泛的接触和交往。早在商朝，巴人就与中原有了联系，这种联系在历史进程中不断强化。同时，土家族聚居地又是进入大西南的门户，是中原人流、物流、信息流进入西南的必经之地。因此，汉文化对土家族及其先民的文化有深刻的影响，大一统思想早在周代就在巴人意识中扎下了根，在以后的历史发展进程中，通过征调出兵、羁縻控制、建立卫所、确立朝贡与回赐关系、接受册封等方式，中国一体的思想更加强化。因此，土家族从来就表现出中国一体的观念，当出现分裂叛乱或外敌入侵时，总与中央政府保持高度一致，竭力维护国家的统一。

其二，土家族居住的武陵山区历来就是“南蛮”各族的生息地，是各种文化的交汇点，各族人民共同开发了这片土地，长期和睦相处，优势互补，文化互相采借，这种历史、文化背景，促成了土家族的开放意识和接纳一切优秀文化的气度，所以土家族文化包含了相邻各族文化因子，表现出多元性和兼容特征。此种对文化认同的心理，表现在政治上就是中华各族一体，政治上的趋同认识促成土家族在任何历史时期、任何条件下，都把国家的统一、民族的团结放在本民族的利益上，甚至牺牲本民族的利益，顾全国家的利益。

其三，土家族所处的生存环境和长期的狩猎生活，铸成了民族的勇敢、顽强、直率，土家人作战勇敢早在其先民巴人时代就闻名华夏，所以历代统治者都征调土家兵丁为国效力。由于参加的战事多，报效祖国的机会就多，历史上不乏土家人爱国事迹的记载。

以上对土家族爱国传统研究中应重视的问题提出一些不成熟的看法，目的是引起人们对土家族爱国主义传统的重视，并希望更多的人参与这一问题的研究。

【参考文献】

[1]杨昌鑫:《浅谈土家族历史上的爱国主义精神》,载《民族论坛》,1991年第1期。

[2]杨昌鑫:《土家族维护民族团结和祖国统一史略》,载《湘西社科纵横》,1992年第1期。

[3]陈国安:《土家族民族精神试探》,载《贵州民族研究》,2000年第2期。

[4]郑英杰:《土家族尚武赴义传统美德初探》,载《民族论坛》,1990年第2期。

[5]章孟林:《一部民族团结进步、自强不息的正史:简析〈湖北省志·民族〉》,载《中央民族大学学报》,1998年第6期。

[6]曾庆全:《近代土家族文学中的爱国精神》,载《广西师范大学学报》,1991年第1期。

[7]胡炳章:《土家族文化精神》,北京:民族出版社,1999年版。

[8]郑英杰:《文化的伦理剖析——湘西伦理文化论》,贵阳:贵州民族出版社,2000年版。

[9]陈国安:《土家族近百年史(1840—1949)》,贵阳:贵州民族出版社,1999年版。
[10]周兴茂:《土家族的传统伦理道德与现代转型》,北京:中央民族大学出版社,1999年版。
[11]《列宁全集》第28卷,北京:人民出版社,1972年版,第168页。
[12]杨昌鑫:《浅谈土家族历史上的爱国主义精神》,载《民族论坛》,1991年第1期。
[13]伍湛:《土家族人民的反帝反封建斗争》,载《中南民族学院学报》,1990年第3期。
[14]梅振武、梅兴无:《简述土家族军民反抗外来侵略的斗争》,载《中南民族学院学报》,1990年第6期。
[15]李忠良:《土家族御侮斗争中的历史贡献述评》,载《黔东南民族师专学报》,2001年第1期。
[16]《湘西土家族》,载《吉首大学学报》,1981年第2期。
[17]《鄂西土家族简史》(内部资料),1983年编印。
[18]刘孝瑜、王炬堡:《土家族简史》,长沙:湖南人民出版社,1986年版。
[19]刘孝瑜:《湖北省志·民族》,武汉:湖北人民出版社,1997年版。
[20]洪寒松、陈玉瑾:《湖南省志·民族》,长沙:湖南人民出版社,1998年版。
[21]张应和:《湘西自治州民族志》,长沙:湖南人民出版社,1999年版。
[22]段超、邓辉:《保家卫国——少数民族反侵略求解放斗争(上)》,武汉:长江文艺出版社,1997年版。
[23]游俊、李汉林:《湖南少数民族史》,北京:民族出版社,2001年版。
[24]彭官章:《土家族士兵在嘉靖年间抗倭斗争中的重大贡献》,载《广西民族研究》,1986年第1期。
[25]佳友:《土家族将士抗倭保国》,载《民族》,1988年第1期。
[26]黄柏权:《土家族官兵抗倭事迹述略》,载《中国湘鄂渝黔边区研究》第2集,北京:中国财政经济出版社,1998年版。
[27]《鄂西历史人物》(内部资料),1983年编印。
[28]朱秀武:《土家族爱国将领陈连升》,载《中南民族学院学报》,1984年第4期。
[29]王承友:《近代土家族地区的反教会斗争》,载《中央民族学院学报》,1985年第2期。
[30]汪继平:《近代湘鄂西地区各族人民的反洋教斗争》,载《吉首大学学报》,1986

年第 1 期。
[31]彭官章:《清末土家族地区的两次教案》,载《中国少数民族》,1987 年第 12 期。
[32]陈国安:《土家族近百年史》,贵阳:贵州民族出版社,1999 年版。
[33]柏贵喜:《救亡图存——少数民族反侵略、求解放斗争(下)》,武汉:长江文艺出版社,1997 年版。
[34]彭靖洲、沈桂萍:《湘西各族人民的抗日救亡斗争》,载《中南民族大学学报》,1993 年第 3 期。
[35]聂祖海:《彭春荣领导的湘西土家族人民起事述评》,载《民族纵横》,1986 年第 3 期。
[36]段超:《土家族人民在抗日战争中的贡献》,载《中南民族大学学报》,1995 年第 6 期。
[37]陈国安:《土家族近百年史》,贵阳:贵州人民出版社,1999 年版,第211 页。
[38]潘光旦:《潘光旦民族研究文集》,北京:民族出版社,1995 年版。
[39]杨昌鑫:《土家族维护民族团结和祖国统一史略》,载《湘西社科纵横》,1992 年第 1 期。
[40]《鄂西谚语集》,成都:四川民族出版社,1991 年版,第 215—216 页。
[41]《鄂西民间故事集》,北京:中国民间文艺出版社,1989 年版,第 14、45、59、62 页。
[42]陈国安:《土家族近百年史》,贵阳:贵州人民出版社,1999 年版,第 90—96 页。

(原载《中南民族大学学报》2005 年第 5 期)

土家族田野调查回顾

田野工作(fieldwork),又称田野调查,或田野研究,是民族学或人类学研究人员深入到民族社会中,较长时间与另一种文化的民族成员生活在一起,学习使用他们的语言,参与并观察当地人的生产、生活,与他们建立良好的社会关系,以期达到认识和研究该社会文化的目的。田野研究被认为是民族学与其他学科的最主要区别之一,田野工作方法的成熟被认为是现代社会人类学、民族学成熟的标志。自从马林诺夫斯基把田野调查的方法运用到对异文化研究以来,田野研究成为中外民族学和人类学者必修的功课。土家族研究虽然起步较晚,但田野工作方法对土家族社会的认识和研究,对民族确认和民族成分的恢复,对研究的深入及学科构建都起了切实的作用。本文分四个不同时期就田野工作在土家族研究中的运用进行论述,从中可以窥见中国民族学发展的历程。

一、20世纪三四十年代的田野调查

对土家族的调查研究,起始于湘西。早在1902年日本著名民族学家鸟居龙藏就路过湘西,但未深入调查。1933年春夏之际,民族学家凌纯声、芮逸夫等在湘西的凤凰、乾城(现吉首市)、永绥(今花垣)进行了为期3个月的调查,于1939年将调查所得写成《湘西苗族调查报告》,1947年该书得以出版。纵观全书,不难发现,虽书名为湘西苗族调查报告,实际有不少有关“土人”的田野调查实录。如该书第六篇“政治组织——苗官”中就记载了保靖、永顺、酉阳土司的情况;第八篇“巫术与宗教”中就有关于“土地”、“祭四官神”、“白虎”的记载。从1950年代土家族确认时土家族的分布看,凤凰、吉首、花垣均有土家族居住,所以,凌纯声、芮逸夫两位先生是最早用民族学的方法对土家族地区进行田野调查的学者,从此开启了对土家族的田野研究。

凌纯声、芮逸夫两位先生离开湘西后,被当时的中央研究院聘为湘西苗族补充调查员的石启贵继续在湘西从事田野调查工作，于1940年4月编成了30余万字的《湘西土著民族考察报告书》，1948年又写成40余万言的《湖南土著民族风土纪实》，1951年在协助中南区兄弟民族访问团调查后，写成了《湘西兄弟民族介绍》，计20余万字。1986年由湖南人民出版社出版的《湘西苗族实地调查报告》就是以《湘西土著民族考察报告书》为基础，并增补了《湘西兄弟民族介绍》等书稿的内容编辑而成的。该报告虽为湘西苗族的调查记录，实则有不少土家族社会面貌的反映。如"县乡人口"一节中有"土户"、"客户"、"苗户"之分，"生活习俗"一章有"上刀跳马"一节。"跳马"习俗，据学者考论，应为土家族的一种娱乐祭祀活动。[1]这些十分珍贵的民族志资料仍是今天进行变迁研究和对比研究不可多得的财富。因此，石启贵先生实为湘西本土学者研究本族和本地文化的第一人。

除学者的调查研究外，1930年代国民政府也派员深入到武陵山区进行调查。如民国二十三年（1933年）夏天，当时的国民革命军第二十一军酉属专员甘明蜀深入到川东（今渝东南）的彭水、黔江、酉阳、秀山视察，写成了17000余言的《酉属视察记》[2]，对当时川东地区的政治、经济、交通、教育、社会状况、人民生活、风土人情、物产、市镇等作了比较详细的记载。尽管出自政府官员之手，没有按一般田野调查方法设置问题，但因当时当地闭塞落后，自然生态、民族文化特征保留得较完好，所记的资料仍真实可信。报告开篇就记道："境内崇山绵亘，河流纾回，森林密茂，矿产富饶，汉苗杂居，风俗朴实。"此处所说的"苗"，实际上包括了后来确认的土家族。

1935年，陈济涛在对川东酉阳少数民族进行调查后，写成了《酉阳苗族调查》（该文初载于1935年3月，《川东季刊》，第1卷第2期，社会类第209—211页），这个调查报告虽不到1000字，但对酉阳等地的少数民族的居住、婚丧、语言及其他习俗作了真实的记录，调查报告的开篇就指出："酉阳县与湖北毗连，各地如里耶、隆头、原洞及八面山等处，均为苗、汉杂处，汉人仅占全数十分之四。……关于苗族之民情、风俗、居住、生活、婚姻、丧娶等情形，与内地迥异。"[3]此处所指的"苗人"主要是后来确认的"土家"。陈济涛对酉阳"苗族"之调查虽然留下的文字很少，但对土家族、苗族所做的民族志记录是十分珍贵的。

抗日战争全面爆发后，特别是武汉、宜昌、常德、长沙等大中城市失守后，政府机关、学校等不断向大西南迁移，在迁移之前，国民政府也相继派员到今湘鄂渝黔边区视察。如 1938 年 8 月，湖北省主席陈诚，为了筹划省政府西迁和以后施政的进行，派国民党军事委员会政治部之设计委员会的委员、高参李侠公等一班要员，到鄂西各县进行了为期 45 天的巡视，后写成《鄂西视察总结报告》[4]，这份长达 25000 言的报告对鄂西少数民族地区的政治、经济、军事、人民生活、地理、资源、环保、风俗等都做了扼要的记录，虽不是严格意义上的民族志记录，但仍可窥知三四十年代鄂西土家族、苗族的一些大致情况。

1940 年代对土家族地区的田野调查研究有如下特点：

第一，由于土家族还未被政府确认，所以在调查记录中多涵盖在苗族里面，有的地方以“土人”称之。族际分界的不明确性所留下的记录，给以后的研究带来一定的麻烦。

第二，这种田野调查一开始就实现了“本土研究”与“异地研究”的很好结合。凌纯声、芮逸夫二位先生调查湘西苗族和土家族可以视作对异文化的研究，而石启贵、吴良佑、吴文祥等人则是对“本文化”的研究，无论是异族学者对“异文化”的调查，还是本土学者对“本文化”的记录，都留下了一些珍贵资料，这为以后苗族、土家族以至国内的田野工作提供了一种成功的范式。

第三，具有政府行为的调查，由于其目的是为政治、军事和开发边地服务的，所以不是严格学术意义上的田野工作，但其目的指向性和对现实社会的参照仍对后来的田野研究有启示作用。

第四，由于 20 世纪三四十年代的调查是在武陵山区未曾开发的背景下进行的，所以，获得的资料原始、真实，可信度大，是我们今天认识了解历史上土家族、苗族等族历史文化的珍贵资料，为进行民族的变迁研究和比较研究提供了资料和参照。

第五，石启贵等学者一开始就用当时最先进的记录方式（照相技术）进行田野工作，留下了生动形象、真实可信的图片，为后来的田野工作做了很好的示范。

二、20 世纪五六十年代的田野工作

1949 年底人民解放军基本上解放了土家族聚居的武陵山区，随着党的民

族平等政策在土家人民中的广泛宣传，土家族人民的民族意识开始觉醒。1950年起就不断有人提出自己是“土家”。特别是田心桃同志在参加国庆一周年庆祝活动期间，不断向中央领导和相关部门反映“土家”人民的要求，请求中央派人深入土家聚居区调查，以确认“土家”的民族成分。在此背景下，1952年，湘西筹建苗族自治区期间，中南民委任命著名语言学家严学宭教授为湘西工作队队长，到湘西后，严学宭教授深入永顺对山、龙山县的靛房、坡脚等土家族聚居区进行实地调查，调查结束后，严学宭教授写成了10万多字的调查材料，分别呈送给中央民委、中南局、湖南省民委。这是中华人民共和国成立后，民族学者第一次深入土家族聚居区从事田野调查，也是历史上民族学者第一次针对土家族的实地考察。可惜的是直到目前，仍未见到这份珍贵的田野调查报告公诸于世。

1953年9月，中央又派汪明瑀等，深入湘西北的龙山、永顺、古丈、保靖等24个自然村，对“土家”进行了全面调查，并对土家语录了音。调查组返回后，汪明瑀先生写成了《湘西土家概况》，王静如先生写成了《关于湘西土家语言的初步意见》，另外潘光旦先生的《湘西北的“土家”与古代的巴人》也采用了此次田野调查的资料。《湘西土家概况》是在1954年完成的，分为“人口分布”、“经济生活”、“社会组织”、“风俗习惯和宗教信仰”、“民族关系”等五章内容，比较全面真实地记录了1950年代初湘西土家族的情况，是目前所见有关土家族田野调查最早最权威的报告，在土家族田野研究方面具有里程碑的意义。

1956年5月，为了统一各方面对土家识别的认识，获取科学的结论，中央民委组成了中央土家识别调查组，调查组由谢鹤筹等5人组成。调查组深入到土家居住最集中的保靖、永顺、龙山等县，进行了为期3个月的调查。1956年8月，调查组写成了《关于土家问题的调查》，该报告在1952年严学宭教授和1953年中央调查组的调查基础上，特别注重了土家的风俗习惯的调查和族谱的搜集运用，通过对田野调查资料和历史资料的结合考察，调查组就土家问题提出了自己的观点。这些看法成为确认土家族和以后继续研究的重要依据。

在中央土家问题调查组赴湘西调查的同时，著名社会学家潘光旦先生以全国政协民族组负责人的身份于1956年5月20日至6月30日也深入到湘西北土家聚居区调查。调查结束不久，即1956年7月25日，潘光旦先生完成了《访问湘西北“土家”报告》的写作。[5]该报告分为“缘起与目的”、“行程摘要”、

“访问的方式与方法”、“访问所得”、“地方领导的看法与态度”、“两点意见”等六个部分。重点是“访问所得”，该部分分为“土家”人的自称、人口与其聚居程度，语言与其使用程度、汉“土”关系、“土家”人的“民族”要求。在这一部分里，潘先生用访谈、调查所获的第一手资料及实地感受，对湘西北“土家”族特征及“土家”人民要求确认民族成分，实施民族区域自治等情况作了如实的反映，并就“土家”的民族成分问题和如何说服地方领导的问题谈了自己的看法，对“土家”的确认和土家族聚居区民族区域自治的实施起了十分重要的作用。

为了进一步全面了解“土家”，1956 年 11 月 25 日，潘光旦先生等再一次深入川东南和鄂西南的“土家”地区考察。这次考察前后经历 65 天，历经 18 个县市，行程 14000 余里。这次调查收集了大量第一手资料，拍摄一些珍贵的图片，可惜我们目前还未见到这些资料，但从 1957 年 3 月 18 日向达和潘光旦先生在政协第二届全国委员会第三次全体会议上的联合发言中可以看出此次调查的收获，向、潘发言的题目是《湘西北、鄂西南、川东南的一个兄弟民族——土家》(原载 1957 年 3 月 24 日《人民日报》)[6]，这个发言主要结合两次实地调查所掌握的情况，向政府提出的政策性建议，发言分为“民族政策的宣传教育问题”、“成立土家自治区的问题”、“‘土家’与‘土家’自治区域应有的正式名称问题”、“‘土家’地区的进一步调查问题”。所以这个发言对土家族地区实施民族区域自治和进一步调查研究土家族具有很强的指导性。

1957 年秋，中国科学院民族工作第 4 队队员田德生带领冯金凤等人到龙山县坡脚乡对土家语进行专门调查。

在中央、中南局、湖南等方面对湘西北“土家”进行调查的同时，鄂西南不断有人提出确认“土家”民族成分的要求。为了满足人民群众的意愿，1954 年，湖北省人民委员会民族事务处对来凤土家族作了重点调查。1956 年冬，省委统战部派朱家煊参加了潘光旦先生一行的川、鄂土家调查。1957 年 5 月，湖北省视察团民族工作组对来凤、鹤峰、宣恩三县的土家族进行了调查。1958 年 3 月至 5 月，湖北省民族处吴传一副处长率 5 人调查组，以来凤县为重点，对恩施专区土家族进行了为时 36 天的调查。调查结束后，于 1956 年 6 月写出了《恩施地区土家族调查报告》。与此同时，恩施地委统战部，在对全区土家族调查的基础上，写成了《恩施专区土家族情况》的调查报告(1958 年 6 月 22 日)。这两个调查报告反映的情况基本一致，它们是最早实地调查研究恩施土家族的权威资料，对鄂西南土家族成分的确认、恢复和民族区域自治的实施，对了解 1950 年代土家族的社会状况都具有重要参考价值。

为了挖掘抢救土家族民间文化，1958 年至 1959 年，由中南民族学院（当年被称为中央民族分院）和武汉大学中文系师生共同组织了一次大调查。他们深入鄂西、湘西 10 多个县，对土家族民间文学艺术资料进行全面采录，为时 3 个月。在获得大量资料的基础上，经过专家指导，1959 年写出了《土家族文学艺术史》（30 万字初稿），被列入全国少数民族文学史编写计划，以后由于种种原因此书未能出版，但经过师生们的共同努力，仍然整理出版了几部单行作品，即上海文艺出版社于 1959 年出版的《哭嫁》和《土家族歌谣选》。这次调查，虽然受到大跃进“浮夸风”的影响，但仍然获得大量文字资料和口碑资料。1958 年秋，中国科学院民族研究所和湖南少数民族社会历史调查组，深入湘西土家族地区进行社会历史调查，形成了《湘西土家族苗族自治州永顺县凤栖寨调查报告》和《湘西土家族苗族自治州龙山县草果社调查报告》等，对土家族地区民主改革和社会主义改造前后的情况作了全面的调查和记录。

在湖南方面，为配合中央对土家族的调查研究，也对土家族的民间文艺资料进行了全面的挖掘、搜集、抢救。1959 年，湖南省文化部门为发掘湘西少数民族的民间艺术宝库，曾组织省群众艺术馆等单位赴湘西自治州，与自治州文化部门共同组成调查组，对土家族苗族民间艺术，包括民间文学进行了为时 1 个月的调查，分别写出了《湘西土家族民间艺术调查报告》和《湘西苗族民间艺术调查报告》（各 15 万字），其中对土家族民间文学资料分类进行了评价，为弄清湘西土家族民间文学的蕴藏提供了大量线索。

1960 年代初，对土家族聚居的龙山、永顺、保靖、古丈、桑植、大庸等县的民族民间文学开展了全面调查，将调查的资料编印成以县为单位的资料本，共达 600 多万字。在掌握大量资料的基础上，省民族民间文学工作委员会考虑到土家族资料比较齐全，1961 年初决定继续抽调彭继宽、彭勃、田德凤三人回省民委全面清理资料，并着手编写《湖南土家族文学概况》。同年秋天，《湖南土家族文学概况》（30 万字初稿）完成，并付印分送有关领导审查。以后，由于“文革”运动的干扰，整个民间文学的调查整理工作被迫停顿，民间文学资料被污为“封资修的黑货”、“封建复古的典型”，但省调查组对搜集的各民族民间文学资料（包括土家族资料）经有心人的妥善保管，“文革”中幸免于难，仍保存在湖南省民委的档案室内，致使党的十一届三中全会后，成为民间文学三套集成、民族古籍整理以及民族研究的重要基础。

20世纪五六十年代土家族研究的田野工作有如下特点：

第一，针对性强。主要针对确认“土家”民族成分和实施民族区域自治而进行的。参加调查的学者多受政府部门委派，不但要做脚踏实地的田野工作，还要做地方领导的思想认识工作，政治色彩浓厚，充分反映出解放初期少数民族地区的工作重心和民族研究的中心任务。

第二，起点高。参加田野调查工作的多为知名学者，严学宭、汪明瑀、潘光旦等都在国外留过学，受过严格的田野工作训练，又有深厚的历史学、语言学、民族学、社会学等学科的专业基础知识，调查前都做了细致充分的准备，所以在调查过程中，既能熟练地运用西方民族学的调查研究方法，又能切合“土家”社会的实际，所形成的报告真实、全面，所得的结论和建议具有科学性、合理性、可行性、预见性。前辈学者所采用的方法和得出的结论，仍是我们今天从事田野工作的重要参照。

第三，成果显著。20世纪五六十年代对土家族社会的田野调查属于拓荒性工作，虽然困难多、条件艰苦，但当时土家族聚居的武陵山区受现代文明冲击小，民族特征和文化特征还保持得较为完整，所以田野调查者开掘的都是最纯、最真的富矿。在10多年的调查中，形成了数十个调查研究报告、《土家族简史简志合编》（初稿）、《土家族文学艺术史》（初稿）等成果，以及上千万字的田野调查资料，这些民族志著作和民族学资料成为以后研究的基石。

第四，调查内容的取向性明确。由于当时的田野工作主要是配合中央确认“土家”的民族成分，所以根据斯大林关于民族的定义，调查研究者多注重从共同语言、共同地域、共同经济生活、共同文化（心理素质）4个方面入手，尤其对体现民族特征的语言特别关注。

第五，实现了异地学者、本地学者、政府部门三者的很好结合。民族学（人类学）田野工作历来有“本土研究”与“异地研究”的争论，就中国的实际情况来看，政府民族、文化等工作部门从事的调查也应属田野工作的一部分，而且政府部门的田野工作是非常重要的。土家族研究的田野工作一开始就实现了三者的有机结合，每次田野工作既有汉族等民族的学者，也有土家族知识分子和当地政府部门的官员或工作人员，三者有机结合，使每一次田野工作都很顺利,并取得了很好的效果。这种结合方式,在以后土家族研究的田野工作中仍然得以继承和弘扬。

第六,田野工作的面还较窄。由于1950年代"土家"问题最为突出的是在湘西,所以从中央到地方主要集中对湘西的"土家"进行调查。虽然潘光旦先生一行曾对川东南、鄂西南作过调查,但一是未能深入,二是未形成具有代表性的调查报告。湖北省和恩施地区也对土家族做过调查,但调查的面没有湘西那么广,次数也少得多。黔东北方面虽然潘光旦先生多次提出应该调查,但因当时特殊的政治背景未能实现。所以我们从1950年代田野调查资料中很少见到鄂西南、川东南、黔东北土家族的社会情况,给以后的民族成分恢复和深入研究带来了一定困难。

三、1980年代的田野调查

十一届三中全会后,民族工作迎来了春天,因受极"左"思想影响而未完成的土家族聚居区民族区域自治问题重新提上议事日程。1978年湖北民族宗教事务处成立,第二年春天,民族事务处负责人率领工作组到鄂西南来凤的卯洞、旧司和鹤峰县土家族聚居区开展土家族历史文化及现状的调查研究,从此开启了土家族研究史上第二次大规模的田野工作。此次调查的结果,还促成了来凤、鹤峰两个土家族自治县的成立。

来凤、鹤峰两个土家族自治县成立后,鄂西南、川东南、黔东北、湘西北的干部群众不断提出恢复民族成分和实施民族区域自治的要求,为了落实党的民族政策,实事求是地全面了解湘鄂川黔边土家族地区的社会历史情况和人民群众的要求,国家民委和湘、鄂、川、黔四省都分别派员深入土家族聚居区进行实地调查。

国家民委方面,1981年秋天,国家民委委托中南民族学院刘孝瑜先生到鄂西协助湖北和恩施进行民族调查、识别工作。刘孝瑜一行在查阅土家族相关资料后,深入利川进行田野工作。为了全面了解当时土家族社会的基本情况,调查组分别选择了原土司区(忠路)、原卫所地区(汪营)、原卫所与汉族交界区(柏杨)等三种不同类型地区,对部分群众的民族成分进行调查研究,探索划分鄂西民族成分的标准。1982年3月,应湘、鄂、川、黔四省的要求,中央也需要研究解决恢复土家族成分的标准，国家民委派政法司副司长张尔驹、民族区域自治处处长杨一星和《土家族简史》编写组主要成员王炬堡、刘孝瑜赴湘、鄂、川、黔边进行调查。1982年4月19日至24日，国家民委在北京召开了“湘鄂川黔四省边境邻近地区部分群众恢复土家族成分工作座谈会”，会议通过了《湘鄂川黔四省边境邻近地区部分群众恢复土家族成分工作座谈会纪要》，作为对土家族进行调查识别的依据。

之后，各地为配合恢复土家族成分和实施民族区域自治进行了广泛的田野调查。湖北方面，1980年夏，中南民族学院彭英明、张雄先后到湖南吉首、保靖、永顺、龙山，四川的秀山，湖北恩施、来凤、利川等县调查土家族的历史、文化、习俗。1983年5月，中南民族学院学者彭英明、张雄、谢志民和西南民族学院田德生等深入长阳、五峰调查，写成了《关于长阳县恢复土家族民族成分工作的调查报告》。恩施地区民委、统战、文化部门也深入乡村从事田野工作，所获的调查材料，在各县的民族志或概况都有反映，《鄂西土家族简史》、《鄂西土家族苗族自治州概况》和《鄂西土家族苗族自治州民族志》等书运用了此次田野调查资料，《鄂西少数民族史料辑录》也收入少量的调查材料。

湘西北主要是大庸、桑植、石门等县的土家族民族成分恢复问题。1982年，北京座谈会议后，湘西自治州派田荆贵、龚葆桂等组成五人工作组，到桑植、大庸协助调查。之后，中央民族学院、中南民族学院、湖南省民委也派人到慈利等县调查，形成了《关于慈利县三合乡土家族民俗的调查报告》（中央民族学院调查组，1988年7月）等材料。湘西北慈利、石门的土家族成分直到1990年代初才恢复完毕，在此过程中，湖南省和地方也进行过多次田野调查。

黔东北土家族的存在是潘光旦先生在1950年代就提出来的，但由于多种原因一直未能对这一地区的土家族进行过调查。国家民委关于恢复土家族成分座谈会议后，在黔东北地区进行了一次广泛深入的田野调查工作，参加这次田野工作的有贵州省民委、省民族研究所的学者及铜仁地区、各县（市）民族工作部门的领导、本地学人。由于对黔东北来说是拓荒性的工作，所以搜集了许多珍贵的资料，形成了数十个调查报告，这些调查报告一部分收入向零、陈国安等人编辑的《民族志资料汇编》第九集“土家族”专集里。[7]这个调查资料集是1980年代土家族社会历史调查最为集中、最有价值的民族志材料。

川东南各县是1950年代调查过程中未深入的地区，而川东酉水地区又是土家族传统文化保留较完好的地区。1980年代初，与川东毗邻的来凤、鹤峰两个土家族自治县成立后，酉阳、秀山首先开始了民族调查和申请成立自治县的工作。四省边境临近地区部分群众要求恢复土家族民族成分座谈会后，川东南各县都进行大规模的民族调查工作，搜集了大量资料，虽然未形成集中的资料集，但在各县编写的民族概况都有反映。

川东南五县实施民族区域自治以后，四川方面十分重视对川东土家族的研究。1986年，将“川东酉水土家族的研究”列入四川省哲学社会科学“七五”重点课题，课题组长由著名民族学者李绍明研究员担任。课题组从1987年7月开始，先后四次进入川东酉水地区作田野调查。这次调查严格按民族学田野工作的范式进行，调查前作了精心的准备，调查中采用了参与观察、个别访谈、谱牒追溯、历史人类学等多种方法，是一次严格学术意义上的田野调查。调查结束后，撰写了《川东酉水土家》，该书计25万字，由成都出版社1993年出版。该书的出版在土家族研究史上具有划时代意义，它不仅是土家族研究的第一部社区民族志，而且开启了土家族研究的一种新范式，把土家族研究从书斋引向田野，表明土家族研究进入一个新的时代。

纵观1980年代土家族田野研究，有如下特点：

第一，目的十分明确，仍带有很浓的政治色彩。调查主要是配合恢复土家族成分，在土家族聚居区实施民族区域自治。1950年代确认土家族民族成分，并在湖南成立了湘西土家族苗族自治州后，鄂西南、川东南、黔东北的土家族迫切要求确认他们的民族成分，享受民族区域自治政策。由于极“左”思潮的影响，土家族人民的愿望受到压制。十一届三中全会后，土家族人民压制在心中20年的愿望突然喷发。从中央到地方都十分重视土家族人民的正当要求，一方面派民族工作部门和专家学者调查，一方面制定相应的政策措施。但其基础工作是田野调查，所以此次对土家族聚居区全面调查的直接动因是中央恢复部分土家族的民族成分，并为鄂西南、川东南、黔东北土家族聚居区实施民族区域自治作学理准备。

第二，规模大，范围广。1980年代的调查工作与1950年代相比最大的不同是：1950年代主要是中央为了确认土家族民族成分，中央派著名学者直接深入土家族地区进行调查，地方主要是协助调查；而1980年代则是为了恢复部分群众的民族成分,中央和省政府委派民族工作部的领导和专家主要是指导地方调查和鉴别,调查工作主要由地方完成。调查组必须按条件逐村逐户调查登记,了解风土人情,还要宣传党的民族政策。在此背景下,1980 年代的调查中,各地(州)、县(市)都派出了大量工作人员深入到土家族居住的乡村,所以参加调查的人员之多是 1950 年代调查无法比拟的。同时,此次调查是要恢复湘、鄂、川、黔四省边土家族民族成分,所以必须深入到四省边有土家族居住的所有乡村,其调查的范围是拉网式的,涉及土家族聚居的 30 多个县,面积 10 多万平方公里。

第三,主要是面上调查,缺乏深入的田野调查和典型调查。由于此次大规范调查的目的所决定,参加调查的人数多,专业文化素质参差不齐,未受过专门的田野工作训练,所以在调查中多按上级框定的条件依样画葫芦,多是从存留在民间表层的风俗习惯着眼,少有对某一事象或某些典型社区作深入的调查。除贵州东北地区一些较典型的调查报告外,其他地区还未见像 1950 年代调查中那样典型的调查报告和专题报告,影响了调查的学术价值。

第四,调查中形成了一批介绍性的小集子。在调查过程中,各地根据调查所得,参考文献资料编写一些具有民族常识性质的小册子。这些资料对编写《土家族简史》、《土家族文学史》、《土家族经济史》、《土家族通史》、《中国少数民族自治地方丛书》都具有重要的参考作用。

第五,本土学者是调查研究的主力军。除各地(州)、县(市)抽出的调查人员都是本土本民族的人员外,从大专院校和研究机构委派的学者也不少是土家族。本土学者参与调查研究,为推进土家族研究的本土化起了重要作用,但是绝对的本土化也限制了对新成果、新方法的吸收,影响了学术质量。

第六,开始了严格学术意义上的田野工作。这一时期田野调查虽然是为配合恢复土家族民族成分和实施民族区域自治,但也不乏完全学术意义上的田野工作。如 1982 年,李敬忠等人对湘鄂川黔边土家语的调查;1987 年至 1990 年"川东酉水土家族研究"课题组对川东酉水三区的田野调查,特别是对川东酉水土家族的调查,开了土家族社区研究的先河。这一研究范式,对传统土家族研究的方法提出了挑战,在土家族研究进程中起了承前启后的作用。从此以后,不断有学者深入土家族社区作个案研究,推动了研究进程。

四、1990年代的田野调查

1987年11月20日和23日，印江土家族苗族自治县和沿河土家族自治县成立，标志着土家族聚居区民族区域自治的全面实施。1990年代初，慈利、桑植、石门等县的土家族群众的成分得以恢复，土家族民族成分恢复工作基本告一段落。从此以后，对土家族社会的调查研究不再是以配合中心工作和政治任务为目标，而开始了以真正的学术研究为己任。通过研究土家族的历史、文化和现实问题，揭示土家族社会发展规律及其变迁脉络，总结历史经验教训，解决土家族经济社会发展过程中的重大理论问题，从而为土家族地区两个文明建设服务。正当土家族研究完成内容和目标转换的时候，文化人类学、民族社会学在中国日益成为显学，大批民族学、社会学、人类学学者不断译介西方新的研究成果和方法，并为人类学（民族学）的本土化而做切实的工作。在此背景下，异地学者和本土学者，不断深入土家族聚居区，做深入细致的田野工作，推动了土家族研究进入一个新的时期。这一时期，学者们的田野工作主要从以下几个方面入手。

第一，对土家族社区的调查研究。"川东酉水土家族"课题组成员李星星1990年深入酉水上游的大溪、新堤做了40多天的田野调查，继续补充前几次调查的不足，他的调查把土家族研究的田野工作引入一个新的时期。对酉水三区调查后，调查组于1991年完成了《川东酉水土家》的写作。与此同时，李星星完成另一部土家族社区考察报告《曲折的回归——四川酉水土家文化考察札记》，这部书被上海三联书店收入"中华本土文化丛书"，于1994年10月出版，是继《川东酉水土家》之后又一部关于土家族社区研究的民族学著作。与《川东酉水土家》不同的是，作者主要通过对酉水土家文化的考察，揭示了土家族文化在外来文化的压力下的整合方式和生存适应机制，对全面认识土家族文化富有启示意义。

1991年，北京大学社会学人类学研究所潘乃谷教授和邱泽奇教授为完成"中华民族凝聚力"课题，深入湘西、川东和鄂西土家族地区作田野工作。1994年，他们又一次对湘西和鄂西的一些村寨进行调查，重点调查了湖南龙山县的兴隆街乡和湖北来凤县的河东乡。他们严格按社会人类学的调查方法，对土家族社区的社会结构、居住格局、家庭构成、语言使用、教育、经济活动与生计、干部的民族成分构成、日常交往与社会生活、风俗习惯等进行了全面调查，最后对土家族的家族观念、社区和民族认同意识进行讨论。这是异地学者对土家族社区的一次颇具典型的田野调查。

此外，湖北民族学院对清江流域的考察研究，对洗车河社区和双凤村的研究也属此列。

第二，个案研究。进入 1990 年代后，从事土家族研究的学者不断以申报课题的方式对土家族社会的文化事象进行专题研究，如吉首大学叶德书教授对土家语的调查研究，湖北民族学院田万振教授对鄂西土家族人文资源研究，陈湘锋副教授对土家族民俗及其变迁的研究，黄柏权教授对土家族器物文化的研究，吉首大学钟海平、田祖国对土家族苗族民间体育的研究，中南民族学院董珞教授对土家族文化事象的研究。

第三，对土家族社会变迁研究。随着中国现代化步伐加快，民族传统文化在现代文明的冲击下不断发生变化，所以对少数民族传统文化的变迁研究日益受到关注，不少学者也把研究视角转向土家族社会的变迁。如中南民族学院孙秋耘教授等对土家族宗族组织及其变迁研究，柏贵喜教授对土家族社会结构的变迁研究。随着西部大开发的不断推进，研究土家族社会变迁将会成为一大热点。

第四，关于土家族地区可持续发展的调查研究。随着土家族民族成分恢复工作的完成，土家族地区扶贫开发和现代化步伐的加快，很多学者转向对土家族地区可持续发展的研究方向上来。如吉首大学刘一友教授主持的国家社科基金课题“湘鄂川黔四省边少数民族地区文化模式与社会主义市场经济研究”、李学东等参与的“渝鄂湘黔接壤贫困山区综合开发与持续发展研究”、吉首大学田官平教授等对武陵地区经济发展研究，还有不少学者就土家族地区的农业产业化、旅游资源的开发利用、生态环境保护、基础设施建设、教育、城镇化、社会保障等问题做了深入细致的调查研究，为地方政府的决策提供了科学依据。

第五，国外学者加入。由于土家族聚居在中国腹地武陵山区，对土家族的调查研究长期未有外国学者介入。进入 1990 年代以后，由于改革开放的深入，自身研究和宣传的扩大，土家族研究日益受到境外学者关注。1990 年以来先后有美国、日本、新加坡等国学者深入土家族地区作田野工作，外国学者到土家族地区进行田野研究，标志着土家族研究已引起了国外学者的广泛重视。

1990年代以后土家族研究的田野工作有如下特点：

第一，田野研究从以政府中心工作为导向转向真正意义上的学术研究。1990年代以前，土家族研究中的田野工作主要是为配合确认、恢复民族成分，实施民族区域自治而进行的，随着土家族民族成分恢复工作的完成，土家族研究中的田野工作逐步转向严格意义上学术研究，研究方法和研究手段，理论的运用都遵循学术规范，并从学理上探索田野工作的本土化、民族化，为构建土家学提供理论支持。

第二，本土学者田野工作经验和理论储备日益成熟。随着异地学者介入，学术交流的加强，加上民族学突飞猛进的进步，迫使本土学者不断学习，了解民族学新的理论成果，掌握科学的田野工作方法，并把所掌握的理论与方法运用到田野工作中，在此过程中，本土学者运用规范的田野工作方法日渐熟练。

第三，田野工作引导着研究内容和目标的转移。1990年代以前，土家族研究主要是对历史、语言、风俗习惯的研究。在这之后，由于田野调查的广泛运用，加上国内改革步伐加快，学术研究引导政府决策的作用强化，学者开始把注意力转向土家族社会可持续发展问题上，关注土家族地区的扶贫开发、经济社会发展、生态环境保护等一些重大问题，试图以调查研究的成果为地方经济社会发展服务。

第四，田野工作的手段不断现代化。由于科学技术的发展，照相、摄像技术的普及，在田野工作中，学者们除普遍采用照相机、录音机外，影视人类学在土家族研究中也得到广泛运用，土家族民歌、摆手舞、茅谷斯、梯玛、傩戏、年俗等都摄制成了影视人类学专题片，既保存了土家族传统文化，又为宣传土家族提供了素材。

第五，涌现出一批具有时代特色的成果。1990年代的田野工作既有对一个社区的全面调研，也有就某一事象的个案分析，无论是广泛的考察，还是深度的研究，都紧扣时代脉搏，反映出土家族社会的历史文化变迁和现实面貌。这些成果中具有代表性的有李星星的《曲折的回归——四川酉水土家族文化考察札记》、董珞的《巴风土韵》（武汉大学出版社1999年版）、朱炳祥的《土家族文化的发生学阐释》(中央民族大学出版社1999年版)、邱泽奇的《湘鄂西山居民族的社会与经济——土家族社区发展调查》(见《中国民族社区发展研究》,北京大学出版社2001年版)等。以上田野调查成果为土家族研究成果的重要组成部分,为学科建设做出了贡献。

土家族研究中的田野工作虽然开始了几十年,也取得不少成果,但存在的问题仍然不少,如选点缺乏周密考虑,不一定具备代表性和典型性;调查者参与社区生活的时间往往很短,不能持久深入;还未见对一个社区的重访和持续研究;写出的民族志作品很少反馈到田野工作的原发地,这势必影响成果的质量和调查的初衷,所以还未出现在国内外有影响力的经典性作品。以上不足,都是以后田野工作中必须改进的。

【参考文献】

[1] 伍秉纯:《土家族"跳马"初探》,载张子伟主编《湘西傩文化之谜》,长沙:湖南师范大学出版社,1991年版。

[2] 四川黔江地区民族事务委员会编:《川东南少数民族史料辑》,成都:四川民族出版社,1995年版,第447—466页。

[3] 四川黔江地区民族事务委员会编:《川东南少数民族史料辑》,第467页。

[4]《鄂西文史资料》第3集,1986年编印,第184—201页。

[5] 潘乃穆、王庆恩选编:《潘光旦民族研究文集》,北京:民族出版社,1995年版,第331—352页。

[6] 潘乃穆、王庆恩选编:《潘光旦民族研究文集》,第353—362页。

[7] 贵州省志民族志编委会编:《民族志资料汇编》第9集,1989年编印。

(原载《民族研究》2002年第2期)

潘光旦先生与土家族研究

潘光旦先生1889年8月13日生于江苏省宝山县罗店镇。1967年6月10日逝世于北京。是我国著名的优生学家、社会学家、民族学家、教育学家。在生物进化与遗传、优生学、社会思想史、家族制度史、儒家哲学、民族史等方面有独到建树，他曾先后深入到土家族、畲族等少数民族地区调查，对土家、苗、瑶、畲等民族有深入的研究，尤其对土家族的研究做出了不可磨灭的贡献。

潘光旦先生对土家族的研究始于1952年，当时为了确认土家族的民族成分，中央确定了一批学者调查研究“土家”，分配潘光旦先生研究“土家”历史。通过调查研究，潘光旦先生先后写成了《湘西北的“土家”与古代的巴人》、《访问湘西北“土家”报告》、《湘西北、鄂西南、川东南的一个兄弟民族——土家》等3篇文章，这3篇文章成为土家族研究的奠基石。潘光旦先生对土家族研究的贡献主要表现在以下方面：

第一，在研究方法上，运用理论与实践的结合，文献资料与田野调查资料的结合，研究土家族与研究其他民族相结合，从而开创了土家族研究的新时期。对“土家”的研究最早可以追溯到清朝中叶的严如熤所著的《苗防备览》，该书的《风俗考》对湘西“土人”（即土家）的生产生活、语言文化、居住饮食、风俗礼尚等进行了收录和考识。1930年代，著名学者凌纯声、芮逸夫到湘西苗区进行调查，写有《湘西苗族调查报告》，对永保“土人”的语言、习俗等进行了初步探讨。以上研究都把“土家”放在苗族里面，研究者并未注意到“土家”作为一个单一民族存在，所以他们的研究未有更多的突破和发现。

建国初期，潘光旦先生接受了研究“土家”历史的重任后，一改以往史家对南方少数民族笼统模糊的研究方法，运用辩证的历史的方法，把历史的记载与“土家”现实的聚居情况结合考察，把文献资料与田野调查资料相互参照，把“土家”置于中华历史文化的大背景下，将“土家”与相邻民族进行比较研究，不仅追溯了“土家”先民的历史渊源，也找到了“土家”作为一个民族与其他民族差异所在，论证了“土家”是单一民族的理由。

为了追寻“土家”先民的来龙去脉，潘光旦先生在浩如烟海的文化典籍中探寻，广泛阅读了先秦史籍、二十四史，各代记载南方民族的史籍、地志、野史笔记以及其他文献。摘抄了有关“土家”资料卡片几万张，前后经过4年时间，写出了《湘西北的“土家”与古代的巴人》一文，这篇长达130800字的论著，参考征引史籍50部、地志52部、野史杂记30部，其他经、诗、集、文55部，此外，还运用了严学窘、汪明瑀等人赴湘西的调查材料，从而对“土家”聚居的范围、土家语言、土家人口进行了较为正确的估计和界定。尤其值得称道的是，潘光旦先生把“土家”及其先民“巴人”置于中华民族大历史大文化的背景下进行研究，摸清了巴人到“土家”发展的基本脉络，也注意到了巴人融合到汉族和其他民族的历史事实；运用丰富的资料，纵横比较的方法，论证了“土家”与“蛮”的联系性，与瑶、苗、獠的区别，从而为“土家”的确认提供了历史的依据。

为了解“土家”的真实情况，弥补书斋研究的不足，潘光旦先生不畏右腿抱残，毅然于1956年夏、冬两次深入到“土家”山寨进行考察，采用听取汇报、小型座谈、个别叙谈、逢人便谈等方式，详细地了解了“土家”的自称，人口及聚居情况、语言及使用情况、与其他民族的关系、“土家”人的民族意识和要求等，调查了解所得不仅论证了《湘西北的“土家”与古代巴人》观点的正确性，为确认“土家”为单一民族提供了有力的证据，其调查研究方法以及对学术研究的严肃性、踏实精神，至今还是后学学习的楷模。

第二，在族源问题上，第一次提出了“土家”是巴人后裔的观点。潘光旦先生在《湘西北的“土家”与古代的巴人》一文中论证的核心问题就是“土家”的族源问题。该文分前论和本论两大部分，在“前论”中，潘光旦先生指出：“‘土家’的祖先，在汉代属武陵蛮，在南北朝属‘五溪蛮’，在宋代属‘南北江诸蛮’的一种，是可以肯定的。”[1]并用大量史实说明，湘西北的“土家”不是瑶，也不是苗和獠，因为“土家”在聚居地域、语言特征性、信仰礼俗等方面与以上民族都有差异。

既然“土家”不是瑶，也不是苗或獠，那又是什么呢？潘光旦先生认为“‘土家’是古代巴人的后辈”。他说：“巴人的历史是极为悠久的，我们根据文献加以追溯，可以远到夏代，乃至和汉人一样的可以远到伏羲氏所代表的传说性的年代。”[2]巴人从西北不断向东南迁徙，到夏代与中原有了政治上的联系，西周初年建了巴子国，春秋战国时期与中原诸侯国和族类多有接触。巴子国灭亡后,巴人以鄂西川东为根据地,向四方散布,隋唐统一,把散布的巴人吸收到汉族中去了。在迁徙过程中,一部分巴人进入湘西北。巴人进入湘西的时间分作三种情况,一是鄂西有巴人之日起,或稍晚一些,湘西北便有巴人;二是春秋战国时期,北方族类的强大,特别是楚人、秦人的逼迫,迫使巴人迁入湘西北;三是经常性的迁入。巴人进入湘西北以后,从五代起,巴人的记载不见了,代之而起的是"土"司、土兵、"土人"、"土家",从巴人到"土家"的过渡是有连续性的。潘光旦先生从巴人与"土家"的自称、白虎崇拜、语言、姓氏等方面论证了巴人与湘西北的"土家"是有历史的延续性的,湘西北的"土家"就是巴人的后裔。

潘光旦先生研究的这一结论证明了"土家"是一个历史悠久的民族,成为"土家"确认的理论基石。不仅如此,关于"土家"是巴人后裔的科学结论不仅为多数研究土家族的学者所接受,而且为当今的考古发现所证实。潘光旦先生所处的时代,还没有起码的考古材料为其研究提供证据。随着甲骨文的发现和研究,证实了在商代有一个强大的"巴方"存在,它所在的地域包括潘光旦先生推测的汉水流域。特别是长阳香炉石文化的发现和三峡库区考古的新发现,足以证实早在中原夏、商、周时期,巴人已在峡江和清江中下游创造了辉煌的巴文化。[3]早期巴文的存在与辉煌,为巴子国与中原的政治联系和各诸侯国的交往提供了有力的证据,也证实了巴子国亡后巴人向西南(即湘西北)迁徙的可能性。所以,潘先生所揭示的巴人是土家族先民的观点,至今看来,仍然有其客观的依据。这一结论,也奠定了土家族族源研究的基础。

第三,在自称上,第一次揭示了巴人与"土家"的一贯性。潘光旦先生根据历史记载和田野调查资料,运用语音学、地名学、姓氏学、文化发生学等对"土家"的自称第一次进行了深入细致的研究。他指出:湘西北的"土家"自称为"比兹卡","比兹"是名称本身,"卡"等于"族"或"家"。"不但湘省以外的'土家'与不自名为'土家'而事实上与'土家'同出一源的一些支派也自称为'比兹',并且古代与中古的巴人当时也自称为'比兹'。换言之,这'比兹'的自称是先后贯串着巴人与'土家',而不是从'土家'人开始的。再换言之,'巴'的名称只能代表这一族类的前一半发展过程,而'土家'的名称只能代表后一半过程,这'比兹'的名称才代表着他们的全部发展过程。"[4]为了说明以上观点,潘光旦先生在史籍中找出大量的与'比兹'音相近的地名、人名、族名加以说明,如地名中的“平氏”、“白雉”、“必际”、“比节”；人名中的“丕氏”、“班子”(班氏)；族名中的“比夷”(复夷)、“比跻”、“毕际”、“鼻息”、“毕”等，都与“比兹”相关联。甚至于巴人的鼻祖伏羲与“比兹”有联系。伏羲二字之音，和“比兹”或“比跻”、“比际”是接近的。“伏”与“比”可以相通，“羲”与“兹”、“跻”、“际”至少有叠韵的关系。由此看来，“土家”的自称可以追溯到伏羲，从伏羲到今日的“土家”在自称上有前后的一贯性。

为了弄清“比兹卡”的含义，潘光旦先生1956年夏天在湘西北土家山寨调查期间，访问了许多“土家”人。在调查中，潘光旦先生更加感受到“土家”自称的高度一致性，表明这是一群富有共同传统意识或心理素质的族类。遗憾的是，潘光旦先生没有弄清“比兹卡”的含义，土家人自己也不知道“比兹卡”是什么意思。直到今天，“比兹卡”的含义仍然是不解之谜，虽然有人说是“本地人”的意思，无论从巴人到土家族自称连贯性看，还是从其本意诠释都是没有根据的。

潘光旦先生对巴人及“土家”自称的研究所得出的结论，不仅为解决土家族的族源问题提供了思路，也为这个民族所具有的强烈的民族意识找到了历史依据。

第四，在信仰问题上，论证了巴人和“土家”的图腾是白虎。图腾信仰是一个民族赖以存在的重要标志，是一个人们共同体联系的纽带。潘光旦先生在研究土家与巴人的联系性的时候，发现二者有共同的图腾信仰。他认为：“老虎在巴人与‘土家’人的物质生活与精神生活里占有中心的地位。”[5]他从生态环境角度论述了巴人信仰白虎的原因，认为多虎的环境是巴人信仰白虎的认识根源。虎与巴人的生活密切相关，巴人不但以虎皮衣楯，还用虎取名，铸虎于器物上，崇虎还造就了勇敢的民族精神。崇虎的结果，导致了虎与人的等同，人可化虎，虎可以变人，于是产生了白虎信仰。潘光旦先生不仅论及了巴人白虎崇拜产生的原因和表象，还廓清了巴人崇虎的发展变异脉络，巴人崇虎的发展线条：崇拜廪君→白虎神崇拜→白帝崇拜→白帝天王崇拜，“从白虎神到白帝天王，是一个完整的发展过程，贯串着巴人与‘土家’的信仰生活前后至少已有两三千年之久。”[6]潘光旦先生以丰富的学识和敏锐的眼光，注意到了贯穿于巴人到“土家”人民精神生活中这条主线，成为确立“土家”族的突破口之一。大量的事实证明，潘光旦先生对巴人图腾研究所得出的结论是富有创见性和客观性的。后来经过多次田野调查证实，白虎是土家族全民信仰的图腾，作为一种民族的自我意识至今仍残留于土家族民众之中。同时，潘光旦先生也注意到了湘西“土家”存在着排斥白虎的现象，如巫师赶白虎，阿密妈妈防白虎。他认为，这是江西彭氏进入后产生的一种以龙换虎行为。

第五，在语言问题上，指出巴人有自己通用的语言。潘光旦先生从全唐诗等作品摘录了11位诗人描写“巴语”的作品，认定巴语存在的事实。并举出“虎”、“鱼”两个名词加以说明。据杨雄《方言》第八说：“虎，陈、魏、宋、楚之间，或谓之‘李父’；江、淮、南楚之间，谓之‘李耳’。”他又结合严学窘、汪明瑀等人的调查指出：“现在我们知道，至少龙山县的‘土家’语称公老虎为‘李爸’(li-Pa)，母老虎为‘李你卡’(li-ni-ka)。……‘父’与‘爸’，‘耳’与‘你’，在声音上原是相通的。”[7]通过对比，潘光旦先生认定，称“虎”为“李父”或“李耳”是古巴人的语言，而且此种称法还存留于“土家”语中。

他还指出：巴人称鱼叫作“娵隅”，《世说新语》卷7有：“蛮名鱼为‘娵隅’”的话。经过考证，认定这里的“蛮”就是巴人。接着进一步指出，巴语称鱼叫“娵隅”，土家语称鱼为“suoŋ”，和“娵隅”音接近，他认为这种接近但不相同的情况，也许是当初巴语发音未定型，或是传到“土家”人时已发生了变化。

潘光旦先生对巴语的研究具有开创意义，虽然当时因材料和时间所限，未能更详尽对巴语进行研究，但他的研究给后来者以诸多启示。经过后人的研究，一些学者不但认为巴人有自己的语言，还创制了“巴蜀图语”。[8]还有学者肯定潘光旦先生的观点，认为土家语是在古羌人氐族部落方言——巴语的基础上发展起来的。[9]此外，他还对湘西北“土家”人使用土家语的情况进行了调查研究，认为土家语使用面积广，有强固的持续性，内部的统一性很强，表明“土家”语言特征十分明显。

第六，在家族研究上，开创了土家族历史上家族史研究的先河。潘光旦先生是我国著名的家族制度史家，在家族史研究领域颇有建树。潘光旦先生也把对家族研究的方法运用到“土家”的研究中。他根据《后汉书·南蛮西南夷列传》所载的巴人五姓——巴、樊、瞫、相、郑以及《华阳国志·巴志》所载的罗、朴、昝、鄂、度、夕、龚等进行了追踪考察，还对田、冉、李、杨、赵、屈徐、谢资、蹇、药、廖等十三姓进行了推测考论，通过对巴人主要姓氏的考察，潘老得出结论，“土家”中，至少潭、覃、谭、向、相、度、庹、龚、田、罗等姓是从巴人发展而来的，尤其是向、田、覃等大姓，这种贯穿形式更为明显，为了说明问题，还将此三姓在各代中的有名人物列了一份表。

潘光旦先生考察巴人到“土家”的姓氏家族，其目的是为了解决“土家”的族源问题，其客观效果不仅有助于族源问题的解决，还为研究巴人和土家族的社会组织结构、家族制度、婚姻关系、人口迁徙和分布等提供了翔实的资料和诸多启示。似乎可以这样说，潘光旦先生是研究土家族家族制度史、社会组织结构、人口学的奠基人。

第七，在民族关系问题上，充分体现出各民族团结是主流，多元一体是中华民族历史文化发展必然结果的思想。潘光旦先生是一个著名的民族学家，他对世界民族和国内民族都有研究，特别关注中华民族的命运和发展振兴，先后写了《中国民族生命线之东省》(1932 年)、《当前民族问题的另一种说法》(1935 年)、《民族的根本问题》(1936 年)、《中国民族自救运动中的人口问题》(1936 年)、《中国之民族问题》(1937 年)、《环境制度与民族》(1945 年)，以及《检讨一下我们历史上的大民族主义》(1951 年)等 19 篇文章，对国内外民族问题做了全面观照。潘光旦先生把对中外民族研究所得运用到土家族的研究中，从民族平等、民族团结为出发点研究土家族，把对土家族研究放在中华民族的大家庭中，他在《湘西北的“土家”与古代的巴人》引语中说：“我们也不能忘记，历史上绝大部分的巴人，今日湘西北‘土家’人的一部分祖先也不例外，在发展的过程中，变成了各种不同程度的汉人，终于与汉人完全一样，成了汉族的组成部分。……因此，这种历史研究又必须与汉族，乃至全部中华人民的大共同体，是如何形成的这样一个总问题密切地结合起来进行，至少第一步也应该不断地互相参照着进行，才有希望把头绪整理出来，孤立地搞是绝对不行的。在祖国漫长的几千年的历史里，这样一个族类之间接触、交流与融合的过程是从没有间断过地进行着，发展着，我们现在还在过程之中，从人文学的方面看，也不妨说，这过程就是祖国的历史。”[10]

潘光旦先生不但注意到了许多巴人融合到汉族的历史现象，也注意到汉族人，甚至一些汉官融合到“土家”里面。正是汉族与少数民族的相互交往、相互融合，才形成了统一的多民族国家，才有多元一体的民族分布格局，在这里已经有了“多元一体”的理论构架，表达了中国的历史是各民族共同创造的思想。从这一基点出发，潘光旦先生拥护共产党的民族平等政策，反对大汉族主义，主张民族团结。他在《访问湘西北“土家”报告》中对解放以前的“汉族”与

“土家”,“土家”与苗家的关系进行分析,他认为,历史上“土家”与汉人、与苗族的隔阂甚至对立是由统治阶级造成的,“严格地说,历史上的这种矛盾是存在于‘土家’统治阶层与‘土家’人民及苗族人民之间,但在不甚理解阶级矛盾的道理的前代,总像矛盾是存在于‘土家’与苗族之间,就是把阶级矛盾完全看作民族矛盾。”[11]因此,潘光旦先生主张要对少数民族进行宣传教育,要使少数民族兄弟客观地对待本民族的特征,若具备一个民族的特征,能够提出平等的要求;另一方面要对汉族,特别是汉族干部进行宣传教育,要他们克服大汉族主义,接受少数民族提出的合理要求。并结合“土家”问题,阐明了加强民族政策宣传教育的重要性和必要性。

第八,在社会制度方面,潘光旦先生已经注意到了土家族历史的几种重要的制度,并作了初步的探讨,他指出:“祖国的各个少数民族成分,在和中原族类发生接触以前,是各有他们自己的政治组织与领导关系的,而参加组织与处领导地位的也无疑的都是他们的自己人。及发生接触以后,中原统治者开始把自己的权力伸展到他们中间去,形势就起了变化。”[12]由于中原统治者的插入,“土家”地区就先后出了羁縻制度、土司制度、流官制度。潘光旦先生关于这三种制度的划分和界定为后来的研究者普遍接受,《土家族简史》就是采用这一观点。虽然只是简单的论述,但他已注意到这些制度与中原统治者介入有关,中原统治者从周初起就欲控制巴人所在地,东晋的桓诞、唐末江西的彭氏无不如此,中原统治者的“用夏变夷”术,有时只是形式而已,运用的多是土官;有时甚至是“以夷变夏”,但最终还是改土归流,纳入了中央的统治。潘光旦先生的研究,对研究中国的民族关系、羁縻制度、土司制度都有重要的参考价值。

第九,最早对溪州铜柱记进行研究。溪州铜柱是国家重点文物,它是后晋天福五年(940 年)楚王马希范与溪州刺史彭士愁战后议和所立,双方将盟词镌于上面,计 2100 余字。潘光旦先生为了弄清湘西北的民族关系和彭氏的来历,特别对铜柱铭文进行了研究。根据铜柱的铭文,就湘西“土家”地区的风俗、地方首领的权利、社会组织结构、土地所有制、兵役劳役、赋税、司法等情形提出了自己的观点,并对铜柱铭文所带来的后果进行了分析。尽管其观点有待商榷的地方,但潘光旦先生已注意到了铜柱铭文对研究“土家”社会的重要作用,其研究结论为后来研究者提供了重要的参考。

第十,对“土家”形成的时间作了初步界定。潘光旦先生在对巴人的历史进行详细考察后指出:从五代起,巴人的称呼在这一地区不见了,代之而起的是带有“土”字的一些称呼。这种名称上的变化似乎意味着一种新的人们共同体的形成,虽然潘光旦先生没有说明,但以后的研究者根据他的研究,提出了土家族形成于唐末五代或宋代的观点。[13]

第十一,对“土家”实施民族区域自治提出了稳妥的建议。潘光旦先生1956年夏冬两次深入土家族地区考察,一是欲通过调查充实和改正以往的研究;二是以全国政协民族工作组组长的身份去了解“土家”人的要求和地方对“土家”问题的态度,以便早日确认“土家”族,并实施民族区域自治。两次考察结束后,潘光旦先生深感“土家”人要求确认民族成分和实施民族区域自治的强烈要求,所以他在《访问湘西北“土家”报告》和《湘西北、鄂西南、川东南的一个兄弟民族——土家》中,用大量的篇幅就“土家”实施民族自治谈了许多富有见地的看法。还在中央未正式确认“土家”民族成分之前,就提出应对“土家”自治形式及早研究,并谈了自己的看法。土家族被确认为一个民族后,又对土家族自治问题谈了看法。他认为,湖南省境内的“土家”区域自治应先行一步,湖北、四川境内的土家地区则缓一步;关于湘西苗族和土家族是联合自治还是单独自治要慎重考虑,要多协商,不要怕麻烦,不要怕多费一点时间,“要破除成见、心平气和地从事协商,同时要满怀地信任我们的政府,在协商的基础之上,一定终于会作出合乎政策而使各方都获得满意的结论来。”[14]潘光旦先生的看法与邓小平同志在1950年7月21日欢迎赴西南地区中央民族访问团大会上的讲话精神一致。邓小平多处强调,对少数民族的许多事宜,要稳当,不盲动,要跟他们商量,用协商的办法去解决问题。[15]潘光旦先生在对待“土家”民族地区自治的问题上的主张,既符合中央的精神,也切合土家族的实际。1980年代,土家族地区实施民族区域自治的步骤完全是按潘光旦先生的建议进行的,表现出一个学者的远见和洞察力。

第十二,就进一步调查“土家”提出了很好的建议。潘光旦先生虽然着重研究的是湘西北的“土家”,但他在研究过程中已感到除湘西北外,湖北的西南部、四川的东南境、贵州的东北境也是“土家”的居住地。他还未到“土家”地区调查之前就对“土家”的分布范围进行了预测。1956年调查后,进一步证实了以上结论的正确性。为了彻底弄清土家族的分布及其他情况，为整个土家族地区实施民族区域自治作准备，潘光旦先生极力主张进一步调查土家族。他与向达教授在1957年3月18日全国政协第二届全国委员会第三次全体会议上的联合发言中呼吁，尽快组织力量对整个湘鄂川黔边的“土家”地区进行调查。他们认为：全国人大赴湘黔调查组应建立一个分组，“提前把工作展开到湘境以至毗连湘西北的川鄂地区。这样一个分组的工作应即规定以‘土家’与其他巴人后裔为对象，除和其他调查组一样，就这一地区的民俗与社会性质做比较长期的调查以外，应配合地方的民族政策宣传教育工作，先解决两个问题：①湘、鄂、川乃至黔等四省边区，除已填报了的‘土家’人外，没有填报而准备填报的究竟还有多少；②他们所聚居与散居到底地方究有多大，究有几块。这两个问题与区域自治有最直接的关系，必须首先解答。”[16]后来，由于各方面的原因，他们的建议未能完全实现。但在十一届三中全会后，随着党的民族政策的恢复和落实，中央和地方组织力量对鄂西南、川东南、黔东北土家族地区进行调查，恢复了这些地方土家族的民族成分，并建立了一个自治州、九个自治县。这些工作的开展和落实，仍得力于潘光旦先生等人所做的基础工作。

此外，潘光旦先生在研究“土家”的同时，还对苗、瑶、畲等族的历史有所涉足，并提出富有创见的观点，为南方民族研究提供了参照。

潘光旦先生对土家族的研究不仅奠定了土家族研究的基础，还迎来了一个新的民族的确认。在潘光旦先生诞辰100周年之际，特撰此文，以资纪念。

【参考文献】

[1]《湘西北的“土家”与古代的巴人》，载《潘光旦民族研究文集》，北京：民族出版社，1995年版，第167页。

[2]《湘西北的“土家”与古代的巴人》，载《潘光旦民族研究文集》，北京：民族出版社，1995年版，第164页。

[3]《文物》1995年第9期；《光明日报》1997年11月5日。

[4]《湘西北的“土家”与古代的巴人》，载《潘光旦民族研究文集》，北京：民族出版社，1995年版，第210页。

[5]《湘西北的“土家”与古代的巴人》，载《潘光旦民族研究文集》，北京：民族出版

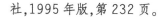

社,1995 年版,第 232 页。
[6]《湘西北的“土家”与古代的巴人》,《潘光旦民族研究文集》,北京:民族出版社,1995 年版,第 261 页。
[7]《湘西北的“土家”与古代的巴人》,《潘光旦民族研究文集》,北京:民族出版社,1995 年版,第 263 页。
[8]李复华、王家佑:《关于“巴蜀图语”的几点看法》,载《贵州民族研究》,1984 年第 4 期。
[9]彭官章:《从语言学角度谈土家族源问题》,见湘西土家族苗族自治州民族事务委员会编《土家族历史讨论会论文集》,1983 年编印,第 101 页。
[10]《湘西北的“土家”与古代的巴人》,载《潘光旦民族研究文集》,北京:民族出版社,1995 年版,第 165 页。
[11]《访问湘西“土家”报告》,载《潘光旦民族研究文集》,北京:民族出版社,1995 年版,第 358 页。
[12]《湘西北的“土家”与古代的巴人》,载《潘光旦民族研究文集》,北京:民族出版社,1995 年版,第 295—296 页。
[13]马寅编:《中国少数民族》,见黔江土家族苗族简况编写组编《黔江土家族苗族简况》(内印),1984 年编印。
[14]向达、潘光旦《湘西北、鄂西南、川东南的一个兄弟民族—土家》,载《潘光旦民族研究文集》,北京:民族出版社,1995 年版,第 360 页。
[15]邓小平:《关于西南少数民族问题》,载《邓小平文选》第 1 卷,北京:人民出版社,1983 年版,第 161—171 页。
[16]《湘西北、鄂西南、川东南的一个兄弟民族——土家》,载《潘光旦民族研究文集》,北京:民族出版社,1995 年版,第 360—361 页。

(原载《中南民族大学学报》2000 年第 1 期)

土家族研究的若干问题

半个世纪以来，土家族研究所取得的成绩已为众人瞩目，但研究中的缺陷和存在的问题却少有人思考。只要稍微冷静地审视过去已进行的研究就会发现，无论是研究前的材料准备和运用，理论储备和规划组织，还是研究过程中的操作技巧和视野所及的范围，抑或是研究后的成果数量与质量等都存在严重的不足。这些不足不仅影响了土家族研究的进展和学科建设，也影响了土家族研究在学术界应有的地位。因此，很有必要对土家族研究进行审视，找出问题和差距，以便有的放矢地加以改进或解决，从而推动土家族研究上一个新的台阶。土家族研究存在的主要问题表现在：

一、有限的材料未能得到很好地运用

材料是人类从事一切活动的物质条件，学术研究也不例外。土家族虽然是一个古老的民族，但由于历代封建王朝忽视对少数民族的调查记录，加上土家族无文字，历史文化信息主要靠口耳相传。解放以后的几次调查也未能形成像其他许多民族那样的成批资料，所以资料显得十分奇缺。

首先是历史文献资料零散稀少。据专家们研究，土家族的先民早在传说时代就生活在峡江地区到武陵山区，但文献中对土家先民“巴”、“濮”等族类的记载都十分稀少和零乱，先秦时期的文献虽然时有提及，但根本无法把握土家先民的本来面貌，这种缺陷，是造成土家族族源长期得不到圆满解决的重要原因。

秦汉以后，在现今土家族地区先后建立了黔中郡、武陵郡、南郡等地方行政机构，把这一地区的少数民族形式上纳入中央统治，于是封建王朝的正史里有了“巴郡蛮”、“南郡蛮”、“武陵蛮”、“五溪蛮”、“酉阳蛮”等称呼，这些笼统的称呼背后不仅语焉不详，而且难以分辨出“蛮”字所涵的民族成分，必然给研究者蒙上了一层迷雾。汉魏以后的野史笔记、杂记、地志，如《拾遗记》、《搜神记》、《朝野佥载》、《虎荟》、《华阳国志》、《蛮书》、《溪蛮丛笑》、《容美纪游》等等，虽然记载较详,但有的荒诞不稽,有的只载某事,有的只记一地方之情,仍没有一种系统的文献资料可资。清朝时期的地方志较详细地记载了各州府县的情形,但多是“改土归流”后的情况,土家族的真实历史和本源文化仍难以窥其全貌。文献资料的匮乏本身就给研究者造成了困难,又由于从事土家族研究的学者多在武陵大山中,远离大都市和大图书馆,就是仅存的文献资料也难以见到。

其次,田野调查资料挖掘不够,也未能发挥其应有的效用。土家族有语言无文字,千百年来,土家族的历史文化主要靠古老的土家语一代一代口传心授,借用汉语的土家人也利用汉语口传自己的历史文化。土家族大量有价值的资料蕴藏在民间。解放以后,为了确认土家族的民族成分,中央和地方多次组织力量深入到土家山寨调查,最早的一次是1950年代初,著名学者严学窘、汪明瑀、施联朱、潘光旦等人先后深入湘西北、鄂西南和川东南土家地区调查,调查后形成了系列调查报告,如严学窘先生1952年写给中央和地方的调查报告,约10万字左右;1954年王静如先生写的《关于湘西土家语言的初步意见》;1954年汪明瑀先生写的《湘西土家概况》;1956年7月潘光旦先生写的《访问湘西北“土家”报告》;1956年8月,谢鹤筹等调查湘西土家后写的报告;1957年3月,向达、潘光旦写的《湘西北、鄂西南、川东南的一个兄弟民族——土家》。以上报告,除王静如和汪明瑀的调查报告收入《中国民族研究集刊》第4集,向达、潘光旦合写的报告在《人民日报》上发表外,其他调查资料长期以来未公诸于世,有的至今封存在档案馆内,未能与研究者见面。

1950年代初,湖北省恩施专区和湖南省湘西北地区为配合中央的调查,也搜集了一些资料,有的形成过报告。这些资料除少部分从各地修的民族志或介绍性的小册子有所反映外,许多资料仍不见去向。

1950年代末和1960年代前期,湖北和湖南先后组织了两次大规模的抢救搜集土家族民间文艺资料的活动。两者的调查共搜集了1000万字以上的资料。调查后,湖北方面写形了《土家族文学艺术史》约30万字,后来未能出版,后由上海文艺出版社出版了《土家族哭嫁歌》,湖北人民出版社出版了《哭嫁歌》、《土家族歌谣选》。湖南方面写出了《湘西土家族民间艺术调查报告》15万字和《湖南土家族文学概况》30万字。其他资料有的保存于档案馆,有的已丢失。保存下来的资料有的为三套集成编写、民族古籍整理所用,但有的资料仍未能与广大研究者见面。

1980年代初，配合土家族成分的恢复和实施民族区域自治，又在湘鄂川黔边区进行了一次广泛的调查，调查中搜集了一批口碑资料。这些资料有的整理后汇集成册，最具典型的是贵州民族志编委会编辑的《民族志资料汇编》第九集，收集社会调查报告、文物文献资料、族谱等40多篇，是所见土家族社会调查资料中最丰富最全面的一个册子。其他如《鄂西少数民族史料辑录》、《慈利县土家族概况》等也收集了一些社会调查资料。大多数调查资料未能汇集成册，使之不能为研究者所运用。

其三，考古资料的缺陷。新中国成立后，考古工作者在土家族居住的酉水、澧水、溇水、乌江、清江流域进行了考古发掘，发掘了一批从旧石器时代到明清时期的文化遗址。特别是清江隔河岩水库和长江三峡水库的兴建，发现一大批相当于中原夏商周时期的巴文化遗址。这些考古发掘材料无疑为揭示土家族的原文化提供了参照。但问题是，这些材料不仅数量有限，而且也难说明它们与土家族文化的联系性，这是问题的一个方面；另一方面，已发掘的考古资料，也少有人进行综合汇集（除清江香炉石文化外），研究者运用起来十分不便，所以土家族研究中利用考古材料的不多，未能使有限的考古材料发挥巨大作用。

其四，语言材料未引起研究者的高度重视。土家族有语言无文字，土家语作为这个民族的最显著特征至今仍存在于土家族人民中。据有关资料显示，目前使用土家语的人有30万之众。在土家族聚居区还存在着大量的土家语地名，土家语中保留的大量的历史文化信息，是解决土家族研究中诸多问题的钥匙。目前除叶德书、彭勃、田心桃、张维权等几位先生在致力于土家语的抢救和研究工作外，少有人运用土家语的材料研究土家族的历史文化。目前从事土家族研究的学者中大多不懂土家语，要解决土家族研究中的难题只能望洋兴叹。

其五，音像图片资料仍被忽视。近些年，民族工作部门和研究土家族学者们在运用影视人类学方法介绍研究土家族方面做了一些工作。贵州拍摄了《贵州土家族史料风情》、《黔乡土家情》，湖北拍摄了《土家族山歌"太阳钟"》，湖南拍摄了《土家风情》，湖北民族学院民族研究所拍摄了《还坛神》、《摆手舞》、《茅谷斯》、《土家族风情》等资料。虽然做了一些工作，但与土家族地区现存的民族学资料和运用影视人类学研究民族问题的态势还有相当的距离。

由于土家族研究中资料的缺陷，有限资料又未能很好地运用，结果导致了以下问题：一是上下两头凭借所占的资料优势各持一端。长期在大中城市的研究人员凭借图书馆的文献资料进行着细致的历史问题考察；生活在基层的研究者充分利用对文化本身的感受和民族学资料对风俗习惯和民间文艺进行不厌其烦的介绍描述。二是由于资料本身的欠缺和运用中的不当，争先采用某一点资料说明不同问题，引用二手、三手资料的情况相当多。三是由于以上两点所导致的引用资料错误和论证站不住脚的情况比较多。以上种种，不仅影响了学术研究的真实性和严肃性，也严重影响了土家族研究的进展。

二、理论储备不够

学术研究是一种理性思维活动，是研究者把所获得的材料经过综合、比较、考证、推理从而得出尽量客观真实结果的过程。研究结果的真实程度和学术价值的高低，除了资料占有等客观因素外，研究者自身的理论储备起着关键性的作用。土家族研究可以划分为三代：第一代是以杨成志、罗常培、严学窘、潘光旦、王静如、汪明瑀、施联朱等代表；第二代是以王炬堡、刘孝瑜、张雄、李绍明、彭英明、彭继宽、彭勃、彭秀枢、彭武一、彭秀模等为代表；第三代主要是指60岁以下的正在岗位上的研究者。

在从事土家族研究的三代人中，第一代都是专家学者，大多留过洋，受过严格的专业基础训练，有渊博的学识和深厚的理论功底、科学的调查研究方法和严谨的治学态度，因此，他们在1950年代研究中得出的许多结论，至今仍然为学者们推崇和肯定。

第二代学人中大多受过专门的训练，有深厚的理论功底和专业基础知识，多参加过民族社会调查，经历曲折，治学严谨。他们与第一代不同的是，他们大多是土家族，对本民族的历史文化有深切的感受和深厚的情感，他们的研究有一种高度的民族自豪感、责任感。第二代在土家族研究中起了承前启后的作用，为土家族研究做了大量的基础工作。

我们所说的理论储备不够，主要是指现在正从事土家族研究的中青年学人，他们的理论储备不足表现在：第一，文、史、哲专业基础知识不够深厚，第三代学人虽然大多是“文革”之后从大学走出来的，但他们和第一代、第二代学人相比，无论是中外文史哲专业知识、还是相关的其他专业基础知识都难以企及。第二，专业理论知识缺乏，第三代学人大多是从历史、中文等专业转过来的。他们虽然自学了中西方的民族学、文化人类学的理论和调查方法，但毕竟未经过专门系统的训练，做起学问要上升到理论写出高质量的论著还有困难。第三，语言基础知识欠缺。第三代学人中大多不懂土家语，也不会国际音标，所以要研究土家族本原文化十分困难。第四，缺乏亲身感受和调查实践环节，第三代学人中虽然大多出生在土家山寨，但多是从学校到学校，对土家族社会文化并没有深刻的感受，大多没有第一代和第二代深入土家族地区调查的机会，缺少理论与实践的结合，必然影响理论的发挥和升华。特别是第三代的青年学人，还要经过较长时间的知识积累和理论准备，才能进入深层次的研究领域。

因此，土家学研究要进入全面系统的研究阶段，要进入深层次的研究领域，要跳出自身的天地进行全方位的比较研究，要用最新的理论和方法解决重大学术问题和疑难问题，必须要在理论储备上狠下功夫。

三、研究中的无序状态

研究工作是人类的一项有意识、有目的、有组织、有计划的活动。纵观土家族研究的过程和现状，表现出一种无序的混乱状态。

一是各行政区划内各自为政。经过湘鄂渝川黔各方面的努力，五省市的协作研究有所加强，相互来往增多，合作的成果也开始出现。但从总的趋势看，各地各行其事，互不统属，不通信息，缺少合作的情况仍十分严重。几大块各有各的做法，研究课题重复，出书的内容大同小异，甚至有互相矛盾的地方。如有关介绍土家族风俗习惯的书籍特别多，恩施有《鄂西风情》，湘西有《湘西民族风情》、《土家族风情集锦》、《中国土家族习俗》，川东有《土家族风情录》，张家界市有《张家界市民族风情》，长阳有《夷水古风》等，这些介绍性的书籍内容大同小异。若能统一计划，统筹安排，编一部能全面反映土家族风俗习惯箱的书效果会更好。

二是研究人员的研究缺乏系统性。由于研究人员资料占有和理论基础等限制，多数研究人员的研究都很杂乱，难以在某一领域进入系统的、深层次的研究状态，形成的成果品位也不高。

三是相关学术刊物联系不够重复，刊载时有发生。刊载土家族研究论文的学术刊物只有十几家，由于编辑之间缺少沟通和联系，有的可能未仔细地读对方的文章，发表的文章中内容相同、观点相近的不少，有的甚至一篇文章同时在几处发表。

土家族研究中的无序态势，给研究工作造成严重危害，一是无序性造成了课题重复和研究的重复，造成大量的人力物力浪费；二是无序性造成研究的诸多空白点，由于研究中的无序，文化事象及流于表层面的风俗习惯涉触的人特别多，而能代表土家族文化精神的民族性格、哲学思想、道德伦理、审美取向、音乐美术、教育科技等少人问及；三是无序性为抄袭或变向抄袭提供了方便，玷污了学术的神圣性和严肃性；四是无序状态导致的封闭研究，影响了学术的交流和学术水平的提高，致使力作少见；五是无序性产生的知识性错误和观点的相悖，不仅影响了学术研究的真实可靠性，甚至会影响民族团结。

四、研究方法的单一陈旧

土家族研究尽管已经经历了半个世纪，但研究方法基本没有跳出传统考据学的框框，用文献资料、考古学资料、语言材料、民族学资料论证某一观点成为研究者们采用的普遍方法。虽然也有学者采用文化人类学的理论和方法研究解决一些问题，如李绍明先生编著的《川东酉水土家》，但毕竟是凤毛麟角。有的虽然想运用新的理论和方法，但由于不能融会贯通，也难以熟练地解读土家族文化的相关问题，更难用新的理论（如解构主义、"本体性否定"理论、文学人类学、音乐人类学、影视人类学、数学人类学、计算机人类学）和方法（如三重证据、精神分析、原型批评、结构分析、历史阐释、比较参照等方法）去全面审视和融通土家族历史文化，去破译土家族文化的谜团，去比较土家文化与其他文化的相似性和不同点，揭示其文化精神和特征。

造成研究方法单一陈旧的现状与理论储备不够有关，也与学者所处的区位环境有关，因为研究者多处于大山区，更有部分研究人员在乡村，与外界信息联系不畅，新的理论、新的研究成果、新的信息动态不能及时获得，甚至永远不能获得；还与学者性情浮躁，急于求成，懒于收集新理论、新成果、新信息有关。以上因素造成研究的徘徊不前，深入不够，总是抓住老问题老生常谈，无法进入新的研究领域，重点和疑点也难于突破，更无法解决一些重大的学术问题。

五、研究选题盲点多

土家族研究除了《土家族语言简志》、《土家族简史》、《土家族文学史》、《土家族历史人物》、《中国民族传统文化百科全书·土家族》、《土家族文化志》、《土家族通史》等课题是由政府和相关部门组织的课题外，多数研究课题是自发进行，自发行为导致的第一个后果是前面已提到的选题重复现象严重；第二个后果是研究中出现的空白和盲点相当多。就目前掌握的情况看，土家族研究的空白点有土家族的科技、美学思想、散杂居问题、跨文化研究、妇女问题、社会生活史、家庭婚姻史、家族制度史等等；研究中涉及很少的有历史分期问题、土家族形成研究、语言问题、教育问题、体育娱乐、生态环境问题、物质文化等等。

土家族研究中没有涉及或少有涉及的问题，或是文献记载很少，资料奇缺的问题，或是属于研究难度较大的问题。研究选题盲点多，影响了土家族研究的整体推进，也制约着研究的深入和学科建设。

六、挖掘抢救工作未引起足够的重视

解放以后，国家尽管组织了几次大调查，挖掘抢救了一批资料，但有关土家族历史文化的资料在民间至今仍然有较大的存量。具内行专家估计，土家族800多万人中，至今仍有30万左右的人懂土家语。[1] 懂土家语的人中都在一定程度上保留着土家族历史文化信息，特别是在一些梯玛、掌坛师和民间老艺人中，还保留着大量的十分珍贵的资料。在龙山、永顺等地一些地方，还有一些老梯玛，他们能流利地用土家语唱梯玛神歌和摆手歌。至今还在湘西一些土家族山寨举行的摆手舞和茅谷斯活动，还有人能用土家语演唱和对话。在龙山的坡脚、靛房、他砂、洗车、苗儿滩、岩冲、兔吐坪和永顺的对山、双凤等地，有不少人能用土家语唱山歌。在土家族地区还存在着大量的土家语地名，构成土家语文化的重要内容。

除用土家语保留的大量土家族历史文化信息外，在使用汉语的土家人群中也保留了不少土家族历史文化资料，如土家族地区的道士、民间老艺人、故事讲述家，在他们当中蕴藏的资料还远远未抢救完。

同时,土家族的民间文化事象和表演艺术中,也有相当多的资料需要挖掘抢救。如文化事象中宗教信仰、婚丧嫁娶、修房造屋、穿戴饮食、生产劳动等,表演艺术中的傩戏、摆手舞、茅谷斯、地方戏曲等等,都有大量的抢救工作要做。

文物抢救已迫在眉睫,一方面是地上文物,如建筑、古迹、民间工艺品,需要很好地保护和抢救;另一方面是地下文物,需要配合工程的兴建系统地发掘,为研究提供大量的实物证据。

七、悬而未决的重大学术问题长期得不到解决

所谓重大学术问题是指影响土家族研究进展的关键性问题和关节性问题。归纳起来这些问题大致包括以下方面:

一是语支问题。最早对土家语进行研究的是著名学者杨成志、罗常培、严学宭三位先生,他们一致认为土家语属汉藏语系藏缅语族。1954 年王静如在前几位先生研究的基础之上,根据湘西土家语材料进行研究,写出了《关于湘西土家语言的初步意见》一文。这篇论文奠定了土家语言学的基础。王静如先生经过研究后开宗明义地指出:“湘西土家语是土家人自己特有的语言。他们称自己的语言为“比兹”(piŋ tsiv)。这个语言不属于汉语,更不是汉语的方言;也不是苗瑶语族的语言(包括和土家邻居的湘西苗及仡佬);又不是侗傣语族的语言(包括和土家较远居的布依)。湘西土家语乃是在汉藏语系中属于藏缅语族,比较接近彝语的语言,甚至于可说是彝语支内的一个独立语言。”[2]这一结论是王静如先生在与藏缅语族、苗瑶语族、侗壮语族等各种语言比较研究后得出的,具有一定的权威性。

王静如先生之后,从事土家语研究的田德生、陈康、何天贞、彭秀枢、叶德书、谢志民等人也对土家语进行广泛深入的研究,试图对土家语的语支研究有一个重大突破,但难度大。田德生、何天贞的《土家语简志》,以及叶德先生的《土家语研究》等著作都未能解决土家语的语支问题。土家语到底是接近彝语支,还是独立的语支,仍需语言学家做艰苦地探索。

二是自称问题。自称是一个民族的标志,是一个民族区别于其他民族的重要特征。土家族自称“比兹卡”、“比际卡”、“贝锦卡”等,对其自称已无争议。关键问题是“比兹卡”的含义问题仍然是一个谜。有些资料说,“毕兹卡”是本

地人的意思，如《辞海》称："土家族，中国少数民族之一。自称'毕兹卡'，本地人的意思。"《湘西土家族》说："土家族人民自称'毕兹卡'($pi^2tsi^1kha^4$)，译成汉语，就是本地人。"[3]解译较多的是《黔江土家族苗族简况》，该书说："土家族自称'毕兹卡'，有的地方称'毕几卡'或'贝锦卡'。对'毕兹卡'的本意，目前尚不清楚，一般认为就是'本地人'的意思，有的则认为是'白虎夷人'之意，也有的说是其意就是'土家'，还有的说'毕几卡'，应为'讲土话的人'。"[4]由于对"毕兹卡"的意思不明，许多著作未能对自称作解释，包括《土家族简史》等一些权威性的著作。

最早对土家族自称进行研究的是潘光旦先生，他在1956年写的《访问湘西北"土家"报告》中写道："'土家'人自称为：pi′ tsi′ ka′ 。这是用国际音标比较准确的拼出的，如用汉文还音，则大致相当于'毕兹卡'。我们根据历史材料，知道这名由来源很古，但它究竟代表什么意思，不要说我们说不上，连他们自己也早已说不上了。但我们知道，它是和'土家'之称全不相干的。'土家'之称原是外来的。"[5] 1957年3月15日《光明日报》第一次对外宣传土家族时写道："土家族自称'毕兹卡'(译音)。在很久以前他们即居住在现今居住的地方，汉族和苗族人民是后来进入这个地区的，所以土家族对外来的人自称'土家'，即本地人的意思，对汉人称客家，即外来人的意思。"[6]

从以上可以看出，"毕兹卡"绝无本地人之意，本地人是对"土家"的诠释。那么"毕兹卡"到底是何含义，正如潘光旦先生所说"不要说我们说不上，连他们自己也早已说上不了"，即是说土家族的自称含义至今仍然是个谜，还有待于学者去研究。

三是族源问题。自潘光旦先生在《湘西北的"土家"与古代的巴人》一文中揭示了"土家"与古代的巴人的关系后，土家族源于古巴人的观点为大多数学者所认可。但进入1980年代以后，不断有人提出很多新观点，如氐羌说、土著说、乌蛮说、濮人说、僰人说、东夷说、江西迁来说、毕方兹方说、多元说，到目前仍未得出一致的结论。

四是巴文化与中华文明的起源问题。长江流域是中华文明的最早发祥地早已为童恩正、段渝、刘尧汉、张良皋等先生提出。随着三峡库区考古发现的不断推进，巫山人的发现，长江文明更为国内外学者所关注。巫山人距今200万年前，是迄今在我国乃至全亚洲发现的最早人类。巫山人属于古代巴文化的中心地带，在其范围内，发现过长阳人(20万年前)、大溪文化、城背溪文化。

近年来又在清江发现了早期巴文化——香炉石文化，在峡江地区发现早期巴文化遗址157处。这些发现虽然目前还缺少中间的联系环节，难以说明其亲缘和归属关系，但巴文化所在的地区是中国，乃至世界人类的发祥地已是实事。巴人是否是中华文明最早的创造者，已有学者提出了这一问题。张良皋先生认为，中华文明起源于大西南，是由南向北逐步渗透的，五帝当中的黄帝、颛顼、帝喾都是巴人，巴人对夏、商、周的文明都做出过巨大贡献。[7]

由此看来，中华文明乃至人类文明都与巴文化、巴地相关，要完成这一宏伟工程需要大量的资料和相当的人力投入，土家族研究者理所当然地要担当起这一历史重任。

五是土家族社会的历史分期问题。土家族的社会历史分期是一个未引起人们足够重视的学术问题。1981年编写的《湘西土家族》未对土家族社会进行明确的分期，1983年编写的《鄂西土家族简史》把土家族的历史分为羁縻州郡时期、土司制度时期、改土归流、半殖民地半封建社会几个时期，未对秦汉以前的历史进行廓清。1986年出版的《土家族简史》把土家族的历史分为封建社会、半殖民地半封建社会，也未对封建社会以前的历史进行划分。1995年，曹毅先生在《土家族社会形态历史分期管见》一文中把土家族的历史分为传说时期（远古— 公元前11世纪）、巴子国时期（公元前11世纪— 前316年）、羁縻州县时期（前316— 940年）、土司时期（940— 1735年）、改土归流后至民国前（1735— 1949年）。[8]对土家族的历史进行了较为详细的分期，并把秦汉以前的历史作了划分。周兴茂先生在此基础上又把土家族的历史分为原始时代、奴隶制时代、封建时代（羁縻阶段、土司阶段、改土归流以后）、社会主义时期，把土家族从古至今的历史进行了分期。

以上诸家的划分法虽然都有一定的依据，但有些提法的理由仍显不足，而且也少有人参加讨论，所以也难获得一致的认同。因此，还需学者们进行广泛深入讨论研究后才能得出合理的结论。

六是土家族的形成时间问题。土家族作为一个人们共同体何时形成，目前仍纷争不定。主要观点有：

其一，认为形成于汉代。祝光强先生在《对土家若干历史问题探讨》一文中说：“早在汉朝这里的人们就形成了一个具有四个特征的、比较稳定的共同体了。”[9]

其二，认为形成于唐朝中叶。彭南均先生在《源远流长正本清源——关于土家族的几个主要问题》中说："我们以土家族先民于唐代中叶已具备共同地域、共同语言、共同经济、共同文化及其共同心理素质等基本条件，作为民族形成的依据，是可以成立的。"[10]

其三，认为形成于唐末五代。马寅先生主编的《中国少数民族》持这一观点。编者认为，唐末五代彭仕愁和马希范进行溪州之战后，签订了互不侵犯盟约，划疆分治，形成了稳定的地域，为土家族的形成创造了条件。因此，溪州之战是土家族形成的标志。

其四，认为形成于宋代。《黔江土家族苗族简况》说："到了宋代，原对土家族先民以'巴'、'賨'、'夷'、'蛮'的称呼逐渐减少，而'土兵'、'土丁'、'土人'等称谓开始出现。……在此时期，川鄂湘黔比邻地区的土家族，逐渐形成了一个比较稳定的人们共同体。"[11]

其五，认为形成于元明清土司时期。胡挠、刘东海在《鄂西土司社会概略》中说："在元明清实行土司制度时期，也有'汉不入峒，蛮不出境'的规定，故民族间交往甚少，再是在羁縻州和土司制度下，羁縻州刺史和土司与土民大多数是同一民族，故民族语言、风俗习惯以及民族心理素质得以长期保存，因而没有被汉族融合，终于形成了一个单一的民族体。"[12]土家族的形成是民族发展中的大事，众说纷纭的观点得不到统一，必将影响研究的进程。

八、成果总量和质量不尽人意

土家族是一个历史悠久的民族，其先民巴人至迟在4000年前就在大巴山到武陵山的广大地区创造了辉煌的成就。若把其发展上线向前推到城背溪文化、大溪文化、长阳人、巫山人的话，那么土家族与中华文明的起源，与人类的产生就有着不可分割的联系性。土家族又是一个人口众多的少数民族，据1990年第四次全国人口普查，有570万人，今天已达802万人，在全国少数民族中名列第六位。土家族所处的武陵山是中国南北东西文化的交汇点，也是入川进入大西南的交通孔道，不仅地理位置十分重要，而且沉淀着丰富多彩的民族文化。

无论是从其历史地位、地理位置，还是其文化的丰富性和多元性看，土家族能够提供给人们的研究视角是全方位的，也是十分典型的，研究成果也应是丰富的。然而，情况并不如此，从解放后开始的对土家族研究已经50多年，据粗略统计，发表各类介绍研究文章约2000篇左右，平均每年40篇，其中许多属介绍性的文稿；出版种类书籍约200多部，平均每年4部左右，真正的学术著作不多。

研究成果的数量和质量与这个民族本身所占的位置是极不相称的，还需研究土家族的同仁做出更大努力，多出成果，快出成果，拿出有分量的东西来。

九、人才危机十分严重

土家族研究存在的诸多问题，关键是人才问题。从前面的比较分析中可以看出，人才断层现象十分严重，土家族研究队伍问题已日渐显露出来。据统计，现在从事土家族研究的人(包括已退休的在内)不到200人，这批研究者当中50岁以下的约30人左右，35岁以下的年轻人更少。再过几年，一批老学者退休后，仅靠几十个中青年学者无论如何也支撑不起土家族研究的大厦，土家族研究后继无人的现状已严重地摆在人们的面前。造成这种严峻形势的原因：

一是“十年浩劫”造成的后遗症。“文革”十年不仅整个教育受损，少数民族人才培养损失也很大，十年中人才培养的断层，造成土家族研究队伍中缺了一个年龄段的研究人员。

二是恢复招生后民族学等其相关专业受冷落而学者甚少。恢复高考后，民族学、民族史等专业一直是冷门，为大多数学子所轻视，报考者少，即使学了相关专业也无稳定的专业思想，毕业后大多转行。

三是受社会价值观念的影响。随着改革开放步伐加快，社会主义市场经济的确立，人们的价值观念也发生了变化，从事基础理论研究，特别是从事民族研究与人们时下的追求相去甚远，这种既要坐冷板凳，又要到深入田野吃苦的活计再也不是青年一代的理想工作，因此，年轻学者当中，从事民族研究的更少。

四是土家族作为一个内陆的山地民族，就其所处的位置而言不会引起人们的高度重视，有关方面在课题规划、资金投入、人才培养等方面显得没有边疆民族那么被重视。政府行为的不够重视，对研究者的积极性也造成一定的影响。

严峻的现实已摆在面前，土家族研究不可能停止，相关部门应采取相应的措施，使这项事业能够继承下去。

十、学科建设任重道远

学科建设是中国各民族研究路程中相当艰辛的工作，要建立完整的中国民族学学科体系，必须以56个民族学科建设为前提。经过几代学者的努力，中国少数民族中已建立了藏学、蒙学、壮学、苗学等分支学科，为建立中国民族学科做了扎实的基础工作。土家族研究经过几十年的努力已取得了初步成果，所以有人在20世纪之末提出建立土家学的设想。湖北民族学院创办的《土家学刊》"创刊献辞"正式提出了"土家学"的命题。刘守华先生在为田发刚、谭笑编著的《鄂西土家族传统文化大观》写的序中说："我相信在一批热爱土家族历史文化的中青年学人坚持不懈的耕耘下，民族学园地的土家学也将有引人注目的迅猛进展！"对建立土家学提出了殷切的希望。向熙勤先生和谭必友先生主编的《中国湘鄂渝黔边区研究》也提出了"土家学研究"的概念。

土家学在世纪之交提出不是偶然的，既是土家族研究发展的必然趋势所致，也是内外压力促成。土家族研究经过几代人的努力，在资料搜集整理、学术成果、经验教训等方面都有了一定的积累，为土家学创立准备了条件，提出创立土家学的设想已成为可能。在人类即将跨入新纪元的时候，各国各民族都在对自己的文化进行清理，文化的发展问题已成为全球性的焦点问题。联合国教科文组织在1998年3月30日至4月2日召开的"文化政策促进发展政府间会议"，曾以"文化与发展"为主题，把文化问题列为未来10年中全球发展的首要问题。在国内，人们在清理中发现，越是民族化的东西越引人瞩目，纳西族东巴文化所产生的轰动效应，瑶族古乐《盘王之女》，使当代人在巨大的隔世感和漂泊感中聆听到一个民族的血脉之音，充分展示出民族文化的永久魅力；再则，处于世纪之末，国内一些民族在对以往研究进行总结以后，提出了构建本民族研究学科的建设。1999年4月15日至18日广西社会科学院、武鸣县人民政府、广西壮学学会在广西武鸣县召开了"壮学首届国际学术研讨会"，对壮学产生的历史背景、壮学的概念、壮学的内涵等进行了讨论，对壮学的建立，并走向世界起了十分重要的作用。

在以上背景下，土家族研究者们也大胆提出构建土家学的设想，并为建立土家学做出了不懈的努力。虽然提出了建立土家学的构想，并做了大量的努力，但真正使其建立起来，并为国内外学术界所认可，还需做大量的工作，任务相当繁重。前面所论及的土家族研究中的资料准备、理论储备、研究的无序性、研究方向、研究的空白点、悬而未决的重大问题等都是构建学科所需要解决的问题。除这些方面外，学科建立本身的讨论、对外的宣传、内部研究中心和研究群体的形成，都是土家学建立中所要完成的工作。因此，要完成以上系统工程，需要研究者们同心协力，艰苦创造，作长期的努力，可谓任重道远。

十一、对策

土家族研究中存在的问题已十分明显，找出问题的目的是为了解决问题，弥补不足。针对以上问题，今后的研究要加强以下工作：

第一，加大资料挖掘与抢救的力度。土家族文献资料的搜集整理已基本告一段落，基本上收录于《湖南地方志少数民族史料》、《川东南少数民族史料辑》、《土家族土司史录》、《鄂西少数民族史料辑录》、《容美土司史料汇编》等几部集子里。历史上用汉文记载的有关土家族的史料基本上做了收录，为研究者提供了方便。当前要挖掘抢救的是地下埋藏的死资料和地上蕴藏的活资料。通过以往的考古发掘证实，在土家族所处的峡江地区直到武陵山区，地下文物十分丰富，除了兴建水利工程组织发掘外，还有许多地下文物需要进行抢救性的发掘，土家族的诸多历史文化之谜也有待于考古发掘的材料来解决。

民间蕴藏的活资料主要保存于民间老艺人、巫师、故事讲述者的记忆中，这些人大多年事已高，说不定一天两天就不存于世。因此，利用影视人类学、田野调查等方法，采用当代先进的录音录像手段进行抢救是最为当紧的工作，相关行政部门和业务部门，以及学术组织和机构，要有紧迫感，尽量让民族文化遗产尽可能多地保留。

挖掘抢救还有一个整理资料的问题，搜集上来的资料不加以整理出版发行，不与研究者和读者见面，仍然发挥不了应有的作用。目前，还没有一本系统关于土家族社会调查资料和考古发掘资料，给研究人员带来了极大的不便。希望在不久的将来有这样的集子问世。

第二，制定计划，规范研究。土家族研究中存在的诸多问题都与研究过程中的盲目性有关。为了使土家族研究有目的、有步骤地进行，须得依托相关的部门（如民族工作部门）、学术机构（如民族研究所）、学术团体（如全国土家族经济文化协作研究会）制定中长期研究规则，根据土家族研究的进程和现状列出课题，落实到相关地区和单位，甚至个人，依靠组织的力量，全面系统地研究土家族历史文化及现代化过程中的一些重大问题，有针对性地解决一些疑难问题，填补研究中的空白点。

同时，依靠学术团体制定详实的可供操作的学术规章，就学术研究中的相关问题、奖励办法做出具体规定，尽量避免研究中的重复和抄袭现象发生，体现学术研究的严肃性和权威性。

第三，转变观念，扩大研究视野。以往的土家族研究，始终未超出自己的自留地，是一种传统式的封闭性研究。要改变这种状况，必须在研究方法、研究视野等方面进行观念性的转变。在研究方法上，要突破传统的考据方法，采用中西方理论的结合，在辩证法和唯物论的指导下利用解构理论、文化人类学、符号学、音乐人类学、数学人类学、文学人类学、计算机人类学等理论和手段，采用文本解读、历史阐释、原型批评、精神分析、符号破译、比较研究跨文化研究等方法，研究土家族历史文化及现代化建设中的一些重大问题。在研究方法问题上，袁仲由先生《在土家族经济文化研究协作会第三次会议上的工作报告》中提出的观点可供参用，他说：土家族研究要做到七个结合，即理论与实践相结合；研究土家族聚居区与研究散居区相结合；研究土家族、土家族地区与研究其他民族其他地区相结合；研究土家族与研究世界民族相结合；民族工作部门与高等院校、科研院所相结合；加强土家族研究队伍建设，做到老、中、青相结合；在职人员与离退休人员相结合。袁仲由先生的看法具有针对性和普遍的指导意义。土家族研究一定要突破自身的封闭系统和狭小的天地，把土家族研究置身于中华民族大系统中，甚至置于世界民族中，加强与兄弟民族、与国外学者的对话，加强学术交流，这样才会使研究有所突破，才会获得国内外行家的认同，土家族研究才可能上档次上台阶。

第四，加快人才培养步伐。一切规划设想的实施都要人来操作，土家族研究队伍的青黄不接已表现出来。因此，土家族研究中的头等大事就是人才培养。土家族研究的人才培养仍然需要坚持两条腿走路的办法。一方面加强专业研究队伍的人才培养。通过院校培养一批高学历、高素质的专门研究人员，中南民族学院和湖北民族学院已联合培养土家族研究方向的硕士研究生，还可以通过中央民族大学、中南民族院校培养更高层次的研究人员；另一方面大力培养业余研究人员。土家族研究的许多基础工作大多靠业余研究者完成，他们为土家族研究做出了特殊的贡献。今后还要继续依靠广大的业余研究人员的辛勤耕耘，发扬土家族研究专业研究人员与业余研究人员相结合的优良传统，共同托起土家族研究的大厦。相关单位理应为他们的研究提供支持和方便。

土家族研究存在的问题及解决问题的办法不只是以上所举，只是希望通过冷静的审视，提出问题，引起广大研究者及相关人士的深思，并为土家族研究献计献策，为土家族的现代化提供理论支持和可行性参照。

【参考文献】

[1]彭勃编著:《土家语研究及实录》,永顺县民族事务委员会编印,1998 年版。

[2]王静如:《关于湘西土家语言的初步意见》,见《中国民族问题研究集刊》第 4 辑,中央民族学院研究部编,1955 年编印,第 135 页。

[3]《湘西土家族》,载《吉首大学学报》,1981 第 2 期,第 3 页。

[4]黔江土家族苗族简况编写组编:《黔江土家族苗族简况》,1984 年编印,第 27 页。

[5]《潘光旦民族研究文集》,北京:民族出版社,1995 年版,第 338 页。

[6]《我国少数民族简介》,载《光明日报》,1957 年 3 月 15 日。

[7]张良皋:《华夏宗源新探》,载《理论月刊》,1994 年第 9 期。

[8]曹毅:《土家族社会形态历史分期管见》,载《民族论坛》,1995 年第 3 期。

[9]祝光强:《对土家若干历史问题探讨》,载《容美土司研究文集》第 1 集,第 12 页。

[10]彭南均:《源远流长正本清源——关于土家族的几个主要问题》,载《土家族历史讨论会文集》,1983 年编印,第 249 页。

[11]黔江土家族苗族简况编写组编:《黔江土家族苗族简况》,第 30 页。

[12]胡挠、刘东海:《鄂西土司社会概略》,成都:四川民族出版社,1993 年版,第 11 页。

（原载《贵州民族研究》2000 年第 2 期）

关于构建土家学的思考

一、“土家学”的提出

“土家学”是在世纪之交，从事土家族研究的学人在土家族研究已取得令人瞩目的成就，国内外民族学界对民族学研究提出新的要求的情况下提出来的。1997年，湖北民族学院创办的《土家学刊》正式提出了“土家学”这一概念，该刊的创刊词说：“随着土家族作为一个单一民族的被认定，对这个民族的研究从起步到取得可观的成果，经历了一个曲折的过程。改革开放以来，这种研究进入了一个新的时期，大量专论和专著的研究范围，几乎涉及土家族历史和现状的所有方面，这就为建立土家学的构想奠定了坚实的基础。我们创办《土家学刊》将为这一领域的研究提供一个更为深入、集中、系统地探讨有关问题的论坛。”之后，不断有学者强调这一概念。著名民间文学专家华中师范大学刘守华教授在《鄂西土家族传统文化概观》序言中说：“我们相信，在一批热爱土家族历史文化的中青年学人坚持不懈的耕耘下，民族学园地的土家学也将有引人注目的迅猛的进展。”对建立土家学充满了信心。向熙勤、谭必友二位先生在《中国湘鄂渝黔边区研究(3)》的总导言中也提出了“土家学研究”的概念。在1999年召开的“面向21世纪土家族研究学术讨论会”上，不少学者又一次提出建立土家学的强烈要求。不少学者认为，在新世纪即将到来之际，构建土家学是历史赋予我们的使命，土家族研究者必须对此做扎实艰辛的工作。

二、构建土家学的必要性

提出“土家学”的概念不是学者们头脑一时发热的盲动行为，而是社会发展、时代进步对民族学科提出新的要求的结果，体现出科技进步和全球一体化趋势下人类对民族学的依赖，是现实和未来的诸多困惑，人类需要重新审视自己的必然结果。

首先，土家学的构建是民族学发展的必然趋势。民族学作为一门独立的科学产生于19世纪中叶，它是以人为研究对象的科学，它不只是研究单个的人，而是着眼于人的群体。民族学在西方确立后，大致经历了三个阶段。

第一阶段是1860年代至1890年代，由于当时资本主义处于上升时期，当时的民族学主要是为资本主义国家殖民侵略服务的，他们把重点放在对亚、非、拉及大洋洲的落后民族的研究上，在研究过程中，也探索到民族学自身的一些规律，在达尔文思想的影响下，形成了“进化学派”。

第二阶段是19世纪末至1940年代，随着自由资本主义上升到垄断资本主义，资产阶级学术思想也受到影响，走向全面反动。为了与马克思主义的影响相对抗，在民族学研究中出现了一系列反进化论的学派，影响较大的主要有德奥的“文化历史学派”，法国的“社会学年刊学派”，美国的“历史批判学派”，英国的“功能学派”。这些学派的学术观点仍有可取之处。

第三个阶段是二战以后到现在。二战以后，美国一跃成为资本主义世界的首领，西方民族学中心也随之转移到美国。随着战后的民族解放运动的不断高涨，殖民体系的不断崩溃，西方民族学出现了危机。同时马克思主义对西方民族学的影响也日益扩大。在以上背景下，民族学研究的范围有扩大的趋势，一方面使民族学与民俗学、社会学合流；另一方面，造成了民族学不断分化，产生许多新的边缘学科，如民族政治学、民族经济学、民族语言学等。这一阶段影响较大的民族学派主要有由美国的“历史批判学派”分化出来的“民族心理学派”、“文化相对论学派”、“新进化论学派”以及法国的“结构学派”。

当人类即将跨入新的世纪的时候，发展中国家大多开始了本国的民族学研究，第十届国际人类学和民族学大会于1978年在发展中国家的印度召开，说明了发展中国家对民族学研究的重视和取得的成就。当前，全世界有80多个国家进行着民族学的研究，都在努力为建立切合本国实际的民族学体系，从而为国家和民族的现代化服务。

西方民族学传入中国是在20世纪初期，开始译为民种学、人种学、人类学等。1903年北京京师大学堂译书局出版了由林纾、魏易合译的《民种学》（德国哈伯兰著）；1904年，梁启超创办的《新民丛报》刊载了蒋智的《中国人种考》。1916年孙学悟的《人类学概略》、陈映璜的《人类学》、李济的《中华民族之形成》等文发表后，引起了学术界的注意。把“民族学”一词正式介绍到中国的是蔡元培先生。1926年，蔡元培先生写了《说民族学》，发表在《一般杂志》第1卷第4上，之后又发表了《社会学与民族之关系》、《民族学上之进化观》等文章，引起了学术界对民族学的关注。从此,民族学作为一门独立学科传入中国。

中国民族学为一门独立学科经历了将近一个世纪的发展,初步形成了自己的学科体系。但中国民族学学科还有待进一步完善的地方,这就必须有各民族的系统研究作为前提,土家族的研究和土家学的建立也将是进一步完善中国民族学科建设的有机组成部分。

因此,无论是国际民族学发展的态势,还是国内民族学发展的总要求,都对土家族的全面研究,并建立自己的学科体系提出了要求。

其次,国内一些少数民族学科体系的建立所带来的压力。解放以后,由于党和政府实行民族平等和民族团结政策, 十分重视对少数民族的研究工作。经过半个世纪的努力,已建立了蒙学、藏学、苗学、壮学等以一个民族为研究对象的学科体系。土家族作为一个人口多,又处于中国南北、东西交汇点上的一个重要少数民族,理应建立自己的学科体系,以适应形势发展的需要。

其三,土家族悠久的历史要求它尽快建立自己的学科体系。土家族是一个历史悠久的民族,其先民巴人早在新石器时代就生活在峡江地区。考古发掘证实,在巴人的故地发现的“巫山人”距今200万年,比原来发现的我国最早的元谋人还早30万年,“巫山人” 的发现有可能改写人类起源于非洲的传统观点。除了“巫山人”以外,长阳人(20万年前),城背溪文化、大溪文化、屈家岭文化、石家河文化以及相当于中原夏商周时期的巴文化遗址,在巴人故地湘西北、鄂西南、川东地区有大量的发现,虽然目前还难以完全证明这些文化序列与巴人的联系性,但巴文化在中华文化中的地位已日益显露出来。因此,对土家族文化及其主源巴文化进行研究,对于揭示人类起源和进一步认识中华文明的起源都会有极大帮助。要对巴文化和土家族文化进行全面系统的研究,就要建立完整的学科体系,规范研究,把研究提升到重新认识人类起源和重新认识中华文明起源的高度。

其四,土家族是位于中国腹心地带的一个山地民族,以武陵山为核心创造了自己的历史文化。这里自古是进入天府之国和大西南的孔道,同时又是各种文化交汇的聚点,成为民族交往和文化融合的舞台。有人说土家族没有自己的民族特征,实际上是没有认真分析土家族所处的特殊地理位置。没有特别突出的民族特征而表现出的文化多元性和兼容性,这正是土家族文化的特征。土家族在华夏腹部所扮演的特殊角色,以及能与任何民族、任何文化和睦共处的特性,正是中华民族多元一体的典型。研究这一典型,对于建立平等、互助、和睦的民族关系，切实解决国内外民族问题都具有普遍的指导意义。

其五，土家族正处于中国东部发达地区和中西部欠发达地区的分界线上，研究土家族可以为我国正在实施西部大开发战略向中西转移提供可行性参照。党中央国务院提出的西部大开发战略，是新世纪我国能否持续稳定发展的大局问题。这一战略转移必须要有强有力的理论研究作支撑，土家族聚居的武陵山区属于全国八大连片贫困地区之一，正好处于发达地区和欠发达地区的结合部，因此，对土家族在现代化过程中和西部大开发中所遇到的一系列问题进行全面系统的研究，找出存在的问题，提出强有力的解决措施，不仅能为土家族聚居区的现代化建设提供强有力的理论支持，还能为中西部地区的发展提供理论依据。构建土家学，对土家族地区进行全面研究，对实施西部大开发和加速我国中西部地区的发展具有普遍的指导作用。

其六，土家族研究本身存在的困惑，也要求建立学科体系，协调规范研究，明确研究的目标和任务。土家族研究虽然取得了很大成绩，但还存在着研究力量分散、未能形成良好的学术规范、研究目标不是十分明确、一些重大的学术问题长期得不到解决等问题。要解决这些问题，就需要在学科构建过程中不断加以解决，使研究步入良性发展的轨道。

以上所举的压力和需要都表明，建立土家学已是历史的必然，应当引起土家族学人及有关方面的高度重视，有意识地为之。

三、构建土家学的可行性

建立土家学不仅十分必要，而且土家族历史文化的丰富性以及长期研究所作的准备工作为学科的构建提供了可能性。

第一，土家族历史文化本身的丰富性。经过半个世纪的研究证实，土家族是以巴人为主体在发展中融合了其他族类而形成的人们共同体，所以研究土家族历史文化必须研究巴人的历史文化。经过解放以后，特别是近 20 年的考古发掘，神秘的巴文化已逐步破译。考古材料证实，巴人至迟在新石器时代晚期已在峡江地区创造了自己辉煌的文化。[1]夏商周时期的巴文化遗存更为丰富，仅在三峡库区淹没区就发现了巴文化遗址 157 处。[2]巴文化遗址的大量发现，不仅为研究中国文明的起源以至人类的起源提供了丰富的材料，也为研究巴文化和土家族的历史文化提供了依据。

巴文化随巴人融合到其他民族而逐渐消融，隋唐以后，巴人的称呼就少见于文献的记载，巴人创造的文化为土家族等民族所继承。土家族虽然没有文字，但有自己的民族语言，土家族的历史文化通过土家语得以流传，《梯玛歌》、《摆手歌》以及大量的神话传说和民间歌谣，记录了大量的民族历史文化信息。除此而外，丰富多彩的民间文艺活动、民间巫术、民间技艺、物化了的建筑和器物等等，都成为认识了解土家族的依据。

同时，土家族所处的特殊地理位置，使这个民族对异质文化有极大的包容性，土家族文化中融汇了汉文化、苗族文化、侗文化等多种文化因子，使其文化呈现出丰富性和多彩性。

以上这些，为构建土家学提供了先决条件。丰富的材料，使构建土家学的学科大厦成为可能。

第二，半个世纪研究作了坚实的铺垫。土家族研究开始于1950年代，经过半个世纪的努力，取得了巨大成就。

一是搜集整理了大量的资料。对土家族社会历史的大规模调查主要有两次：一次是1950年代至1960年代初，为了配合土家族的确认和挖掘抢救民间文艺资料，中央和湖北、湖南方面组织力量深入到湘西北和鄂西南土家族地区调查，获得了一批珍贵的调查资料，有的结集出版，有的还保存于档案馆。第二次是1980年代，为了配合土家族成分的恢复和民族区域自治的实施，湘西北、鄂西南、川东南、黔东北都分别组织力量对土家族社会进行了广泛深入的调查，搜集抢救了一批资料，与此同时，把有关正史、野史、杂志、方志、谱牒的有关史料辑出，编印成册，为研究者提供了极大的方便。

二是研究取得了丰厚的成果。半个世纪以来，发表介绍研究土家族的文章2000多篇，出版各类专著和文集近200多种。这些研究涉及土家族研究的各个领域，并形成了《土家族简史》、《土家族文学史》、《土家族经济史》、《土家语简志》、《土家族风俗志》、《土家族近百年史》、《土家族通史》、《土家族研究丛书》、《土家族问题研究丛书》、《五溪文化丛书》等具有代表性的著作，基本上形成了土家族研究的学术构架。

三是研究过程中积累了一定的经验，并在学理上作了必要的铺垫。在研究过程中，无论是田野调查，还是在理论研究方面都积累了一些经验。特别是20世纪末在对土家族研究进行回顾和展望的过程中，对以往的研究进行了认真的总结，对各个时期土家族研究的成就和特点做了有益的探索，在学理上作了认真的辨析，提出了以后土家族研究应努力的方向。

第三，有一支老中青结合的研究队伍。土家族研究过程中不仅形成了一批成果，也培养了一批人才。从年龄结构看，老中青各年龄段都有从事土家学研究的学人；从学历结构看，博士、硕士、学士、大专、高中、初中学历俱有；从研究人员分布看，有大专院校的教师、科研机构的研究人员，各级民委、文化以及党政部门的干部，甚至有少数农民。各种层次的研究人员形成了一个宝塔状的研究群体，是土家学构建的基本力量。

第四，有了自己的学术研究中心和学术阵地。半个世纪的土家族研究已形成了自己的学术研究中心，中南民族学院、吉首大学、湖北民族学院是研究人员集中、成果较多的几个研究中心，特别是湖北民族学院致力于土家族研究，建立了土家族文献资料信息中心、土家族研究中心，创办了《土家学刊》，并得到了广大土家族研究者的大力支持。《土家学刊》的创办成为广大学人联络的纽带和展示研究成果的阵地。

第五，土家族研究已引起了国外学者的关注。随着土家族研究的深入，原来被国外学者长期轻视的内地民族土家族越来越受到重视。进入1990年代以后，日本、韩国、美国、欧洲一些国家和地区的学者不断进入土家族地区进行考察，研究土家族的历史文化和风俗习惯，并取得了初步成果，表明土家族研究已冲破长期的封闭状态受到广泛的关注。

第六，有广大学者的强烈主观愿望。一门学科的构建除客观条件具备外，学者的积极参与并为之努力是必不可少的条件。进入1990年代后，从事土家族研究的学人根据民族学发展的大趋势和土家族研究的实际，提出了构建土家学的设想，并得到许多学者的热烈反映，不断有人在文章中或学术会议上提出这种愿望。广大学人的强烈要求会引起更多的人来关心这门学科的构建。

四、构建土家学的几个问题

一门学科的构建是一项系统工程，需要学理上的建树，并不是一两天能完成的事业，也不是少数几个人能做到的事情，它的建成也难以用什么作标志。构建中要注意以下问题。

第一，明确定义、研究范围和任务。土家学是以土家族群体及其文化为对象，进行历史性和整体性的系统研究的综合学术领域，属于民族学的分支学科。它的研究范围应该包括土家族的起源、社会形态、现实状态、今后发展的趋势,包括历史、语言、文化、政治、经济、军事、科技、教育、资源、生态、风习等各个方面。目的是通过研究,促进土家族与其他民族的交往,参加大流通,推动土家族地区对外开放和现代化建设,并为解决国内外民族问题,为中西部地区的持续发展,为土家族社会未来的发展找到一些带规律性和普遍指导意义的结论,为丰富马克思主义民族学理论服务。

第二,增强自觉意识,开展学术讨论。学科的构建需要学者们的艰苦努力,首先,土家族学人必须有强烈的自觉意识,认识建立学科的必要性和紧迫性,有了自觉意识,才会做出实践上的努力。在具备自觉意识的基础上,针对学科的构建进行学理上的辩论,就构建过程中的一系列理论问题和操作技巧开展全面讨论,明确目标和任务,避免盲目和无所适从。

第三,增强成果意识,注重学理研究。学科构建的根基是研究成果,土家族研究虽然取得了不少成果,但由于研究中的盲目性和学术上的欠规范,研究成果的档次还需提高,特别是在研究的基础上提升到理论,拿出能够在学术界有影响的理论著作和权威著作,并推出学科带头人,从而为学科的构建奠定坚实的学术基础。

第四,借鉴学习别人的成果。人类发展史上创立了许许多多的学科,世界民族学产生后的一百多年就出现众多的学派,中国各民族中也建立了一些为学术界所公认的民族学分支学科,如蒙学、藏学等。以上学科理论既是指导土家学构建的理论基础,也为构建土家学提供了实际操作范式。土家学构建过程中既要做脚踏实地的工作,也要借鉴别人的做法,要请学术权威进行指导。因为一门学科的确立,最终要得到学术界的承认和权威的肯定,它既是一种群体的长期的行为,又是一种个体的有时段的行为,确立的标志是无形的,又是有形的,需要人的把握和界定。

土家学是一个全新的概念,提出以上很不成熟的想法,是想引起学者们的广泛关注,并积极投身到讨论和构建中来,以推动土家族研究向纵深发展。

【参考文献】

[1]《考古改写巴文化起源旧说》,载《恩施日报》,2000 年 1 月 14 日第 3 版。

[2]《光明日报》1997 年 11 月 5 日。

(原载《土家学刊》2001 年第 1 期)

后 记

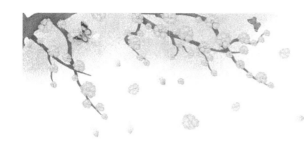

这个集子是30年来自己研究土家族的心得，趁学院出版《武陵文库·民族学研究系列》之机，将过去发表的有关研究土家族的文稿清理了一下，选出20多篇文章汇集成这个册子。在重新校正中发现，以前写的文章多数不够成熟，有的材料引用有误，有的观点和结论幼稚可笑。在这次结集出版中，所有的观点和结论保持原样，仅对错误明显的引用和参考文献进行了修正。之所以这样处理，一是精力有限，没有闲暇进行全面补充修正；二是欲客观记录自己研究的历程。因此，集子中的错误在所难免，敬请读者批评指正！

在结集出版过程中，刘冰清教授做了许多联系和协调工作，刘兴亮博士和李为、李学敏二位同学帮忙校对了书稿，世界图书出版广东公司杨力军编辑付出了许多辛劳，在此，一并表示感谢！同时，感谢三峡大学科技处的支持！

黄柏权

2014年春于宜昌